汤兆基 著

篆刻自学与欣赏

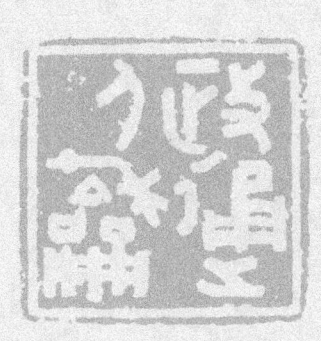

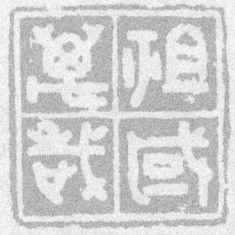
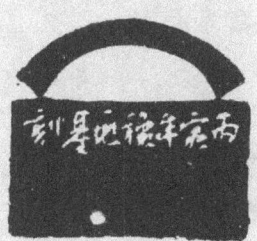
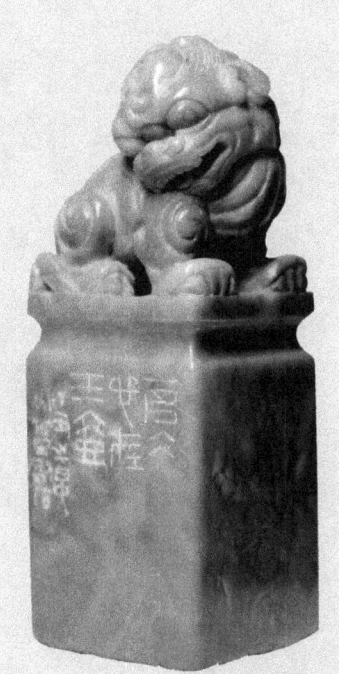

上海书店出版社

篆刻自学与欣赏

汤兆基　编著

自序

《篆刻自学与欣赏》，是早已售罄的《篆刻自学指导》和《篆刻欣赏常识》两书合并、增订后的一个新版本。在当前的情况下出版此书，是为了适应社会文化事业的蓬勃发展的需要，因这也是社会传承传统优秀文化责任的一种担当而深感欣慰。

篆刻是一门优秀的传统文化艺术。自先秦至今已有两千多年历史，在这两千多年间，篆刻艺术发展波澜起伏，光彩夺目，显现了篆刻艺术的活力和生气。篆刻艺术的功能也不断拓展，早已不再限于印鉴的概念。

日前，西泠印社举办社会主义核心价值观主题篆刻创作展，在展览高超篆刻艺术的同时，弘扬当代中国先进价值观，取得了非常好的社会效益。此间，上海市文史馆也举办了"爱国·和谐"朵云轩杯全国青年篆刻艺术比赛和展览。这使篆刻艺术的应用有了更大的发展空间。

这一景象出现，使我们认识到加强优秀传统篆刻艺术的发掘、梳理，以通俗易懂的语言系统地表达的重要性。这便是出版此书的宗旨。

汤兆基

二〇一五年八月

目录

自序

篆刻自学

序　钱君匋　3
绪论　4

第一章　工具、材料及工具书　6
　　一、工具　6
　　二、材料　10
　　三、工具书　12

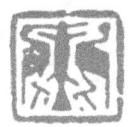

第二章　习篆　18
　　一、习篆的姿势　18
　　二、习篆的运腕与用笔　21
　　三、篆书的笔顺　25
　　四、小篆结构美　29
　　五、篆书临摹方法　32

第三章　识篆　35
　　一、文字的起源　35
　　二、文字的构成　36
　　三、篆书的演变　42

第四章　刀法　48

一、刀法的形成　48
　　二、执刀法　49
　　三、刀法　50
　　四、刀法的弊病　55
第五章　摹印　56
　　一、选印　57
　　二、钩摹　60
　　三、上石　61
　　四、摹刻　63
　　五、临摹的分解与综合　64
第六章　章法　66
　　一、章法总述　66
　　二、章法原理　68
　　三、印文排列　76
　　四、章法与创作过程　80
　　五、章法与内容　81
　　六、章法与字法　82
　　七、章法与刀法　86
　　八、章法与破损　86
　　九、章法与材料　88
　　十、章法与应用　89
第七章　款法　91

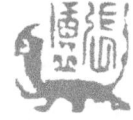

一、边款的形成 91
　　二、切刀边款的成熟 94
　　三、边款的基本内容 95
　　四、边款的文采 97
　　五、边款的形式 99
　　六、边款的刻制 102
　　七、边款的顺序 106
　　八、边款的拓制 107
第八章　古代篆刻艺术（一）
　　　　——古玺篆刻艺术 110
　　一、篆刻的起源和应用 110
　　二、战国官私古玺 113
第九章　古代篆刻艺术（二）
　　　　——秦汉篆刻艺术 122
　　一、秦印 122
　　二、汉印 123
　　三、凿印 134
　　四、肖形印 136
第十章　明清流派篆刻艺术 139
　　一、丁敬与浙派 140
　　二、邓石如 145
　　三、吴让之 147

四、赵之谦　149
　　五、徐三庚　151
　　六、黄牧甫　154
　　七、吴昌硕　156
　　八、齐白石　159
图例　164

篆刻欣赏

序言　179
第一章　疏如晨星　密若潭雨
　　　　——篆刻艺术的章法美　181
　　一、均等占位　182
　　二、增减笔画　184
　　三、空寓龙脉　185
　　四、粗细相生　187
　　五、残破空灵　188
第二章　昆刀截玉露泥痕
　　　　——篆刻艺术的刀法美　191
　　一、切刀美印灯继焰　192
　　二、快剑斩蛟冲刀美　193
　　三、冲切游刃更有余　195

第三章　古印有笔尤有墨
　　　　——篆刻艺术的书法美　198
　一、朱简草篆开流派　199
　二、昌硕石鼓成巨擘　200
　三、石如何处让冰斯　202

第四章　百般红紫斗芳菲
　　　　——篆刻艺术的字法美　205
　一、同体的变化　206
　二、异体的巧用　207

第五章　战国秦汉各代异
　　　　——篆刻艺术的时代美　210
　一、战国古玺　211
　二、秦代玺印　214
　三、汉代印章　215

第六章　一家横割一江山
　　　　——篆刻艺术的流派美　223
　一、斑驳强挺之最——浙派　224
　二、刚健婀娜之最——邓派　227
　三、挺劲光洁之最——黟山派　231
　四、高浑苍劲之最——吴昌硕　233

第七章　精骛八极　心游万仞
　　　　——篆刻艺术的意境美　236

第八章　浓妆淡抹总相宜
　　　——篆刻艺术的款式美　240
　一、先秦小玺形态万千　241
　二、一印多面别出心裁　245
　三、适用款式随需而治　247

第九章　神州万象虎龙姿
　　　——篆刻艺术的形象美　251
　一、装饰造型，稳中寓变　252
　二、造型简练，妙于传神　254
　三、图文并茂，相得益彰　256
　四、以图射文，巧设隐谜　258
　五、肖形封泥，奇丽多趣　259

第十章　篆刻边款天地宽
　　　——篆刻艺术的边款美　261
　一、单刀双刀各具其美　262
　二、短款长跋各有千秋　264
　三、四体书法尽得风流　266
　四、图像边款形神兼备　269
　五、寄情抒情文采风流　271

第十一章　龙腾虎跃　千姿百态
　　　——篆刻艺术的钮首美　273
　一、简洁的线条造型　274

二、生动的动物形象　276

三、别致的私印铜钮　277

四、灵活的巧色应用　279

五、周密的薄意布局　280

第十二章　自然文理属天功
　　　　　——篆刻艺术的材料美　282

一、奇妙的肌理　283

二、艳丽的色彩　284

三、古朴的斑蚀　286

结语　288

篆刻自学

序

  我国独特的篆刻艺术，经过辉煌的两千多年的发展，至今又进入到一个崭新的历史时期。随着人民群众文化生活水平的不断提高，篆刻的普及出现了前所未有的盛况。这也是当代篆刻的一个重要特点。并可预言：今后一个时期，爱好篆刻的人还将越来越多。

  学习篆刻很少有专门学校，极大多数篆刻家都是在自学的基础上，争取专家的指点，而逐步成熟起来的。可以这么说，篆刻爱好者的成长过程，基本上是一个自学篆刻的过程。

  自学篆刻，应该是一个"系统工程"。掌握怎样使用刀具在石上刻字，固然重要，但这决不能成为艺术。至关重要的还必须在书法、字法、章法、款法等方面下功夫。只有这样，才可能真正登入篆刻的殿堂。这是经过千百年实践证明了的经验。《篆刻自学指导》一书，正是遵循了这一道理。它的出版，无疑是初学者学习篆刻的津梁。

  汤兆基素以书、画、篆刻三绝称著，而且他在篆刻教学中，特别是对青少年和老年篆刻教学方面，积累了丰富的经验。此书就是长期教学实践的经验总结，符合实际情况，具有重点突出、深入浅出的特点。由于选用的印例都为历来名作，所以也是篆刻欣赏和研究的理想书籍。

钱君匋

一九九一年十一月十二日

绪论

篆刻，是我国所特有的古老艺术，源远流长，自产生起，至今已有两千多年的悠久历史。由于篆刻应用性强，艺术欣赏价值高，所以几千年来经久不衰。特别是经战国、秦汉和明清这两个历史阶段，篆刻艺术取得了空前的发展，影响也不断扩大，并已走出国门，成为具有国际性的艺术形式，在日本和东南亚等国更为流行。

如今爱好篆刻的人已越来越多，除了中青年之外，还有广大的少年和老年爱好者，篆刻活动已成为群众文化生活中一个重要的组成部分，这标志着我国篆刻艺术进入一个新的历史发展时期。

篆刻艺术在普及过程中，也遇到一些新的情况，那就是对于广大篆刻爱好者来说，往往苦于没有机会得到正确的学习指导。编写此书的基本宗旨，正是为了弘扬祖国传统艺术，满足广大初学者自学篆刻的需要。

自学篆刻并不难，关键在于要有正确的学习方法。自学篆刻首先需处理好理论与实践的紧密结合。如果光有理论知识，而没有实践能力，那么光说不练，最后也是无法入门的。反之，只有实践而脱离理论指导，那么即使刻成所谓的印章，但也难以称得上具有艺术性。

同时在掌握篆刻技法时，要注意循序渐进，任何一门艺术，都有其一定的规律性，只要遵循规律，由浅入深，分阶段，有步骤地学习，那么篆刻技法便能逐步掌握，入门则完全能办到的。对于初学者说来，要注意排除两种错误干扰，一种是遇到一些困难，就畏惧不前，产生消极的情绪。另一种是在学习上稍有一些收获，就沾沾自喜，于是好高骛远。这些都是自学者的大敌，如果不加以克服，都会严重影响初学者的进步。

自学篆刻要注意基础技法的系统掌握，篆刻技法具有综合性。掌握如何运刀奏石，显然重要，但光做到这一点，还是不够的。在其同时，努力掌握篆刻表现的基本对象篆书及其表现艺术是至关重要的，离开了篆字结体知识，篆字的书写艺术以及章法经营技巧，那么要创作一方成功的印章，那是绝对不可能的。所谓篆刻是"三分刀法，七分篆法"，正是表达这层意思。根基打得越扎实，那么取得的成就必然越大，本书内容的安排正是遵循这一原则。

此外，自学篆刻要持之以恒。要登上篆刻艺术的殿堂，只有经过长期刻苦的磨炼才能实现。对于艺术的追求，仅有一时的热情是不行的。但要使这种热情长期地保持下去，则是比较困难，这需要有锲而不舍的毅力。要做到这一点，需要有一个自我修炼的过程。千里之行，始于足下，关键在于能安排一个便于每天进行的学习时间，只要坚持下来，就能逐步养成习惯。坚持数年，学业就必然大进。

历来的篆刻家，大多是在自学的基础上争取名师的点拨而立业的，所以自学篆刻，前途无量。

第一章　工具、材料及工具书

学习篆刻，必须具备一定的工具、材料及工具书，否则就无法进行。为此，我们首先谈学习篆刻所必备的工具和材料。

一、工具

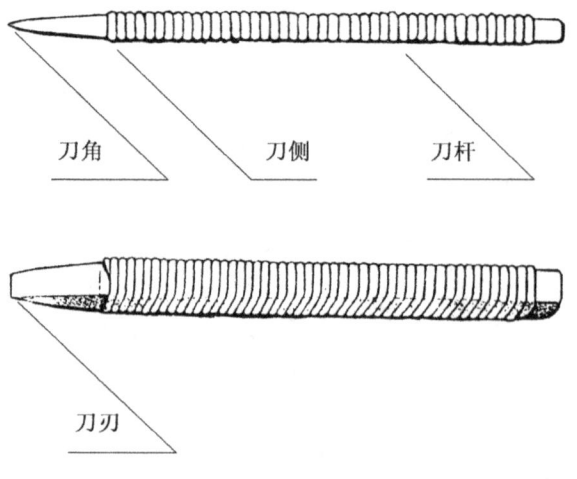

1. 刻刀

刻刀是篆刻最主要的工具。由于印章材料的质地不同，使用的刻刀也各异，有的要用平口刀，有的要用斜口刀，还有的要用单头刀、双头刀等等。作为篆刻艺术的主要取材是石章，故通常采用的是单头平口式刻刀。

单头平口刻刀简称平口刀。市场上有专门的规格，分大、中、小三种，市售"吴昌硕刻刀"与之相类。为了便于选购或自制，现对吴式刻刀略作介绍如下：

吴式刻刀，刀身长最好14厘米左右。太长则执刀时手背上端余出过多，运刀时头重脚轻，易产生晃动，就不能将劲使在刀刃上；过短则刀柄部没有依靠，就无法借助手腕的力。因而长短适中，行刀就具稳定性，执刀时重心易落在刀口上。

吴式刻刀刀口约在5毫米至9毫米之间。小、中、大三种型号的刀刃分别为5毫米、7毫米、9毫米。

刀刃的厚薄（即刀刃出锋的角度）以20—45度为宜。刀刃厚一些，便于把线条刻得浑厚古朴；刀刃薄一些，则便于把线条刻得瘦劲挺秀。总之，适度为宜。如果刀刃过于锐薄，刀锋奏于石上极容易损坏，而留下的线条则显得光削滑溜，缺少力感厚度；刀刃过于钝厚，入石不易，更难运行，留下的线条，往往是破碎滞涩，便失去表现能力。故而刀锋的厚薄直接影响到篆刻线条的艺术效果。

刀口两角为90度，故刀口的宽度，一般即为刀柄的直径。刀角大于90度，入石时就容易偏滑。

自制刻刀的规格可参照上述处理。材料可选用弹簧钢、高碳钢、白钢和乌钢等。为了使刀柄便于执握，可在刀柄上盘绕绳子、布条。这样执刀时就不会打滑和勒痛，以便于运刀。

2. 印床

印床，为治印时用的夹固印章的工具，可用金属或木料制成。刻印时，木制的印床用木隼固定，金属印床用齿轮旋固（类似台钳）。除此法外，还有用手夹握的方式。目前篆刻家基本上采用手夹握的方法，因为用手夹握印石，便于与执刀的手相互配合，使石章能迎刀刃相应转动。这样刻出的线条可以克服呆板的毛病，气息比较流畅。但如遇到坚硬的印材，或刻精微的作品时，用印床作固定，操作起来就要方便得多。

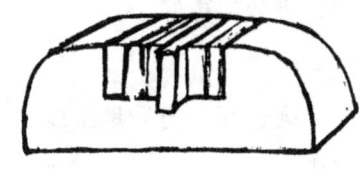

印床

3. 砂纸

打磨石章要用砂纸。砂纸的种类很多，粗的有铁砂纸和木砂纸，细的有细号木砂纸和水

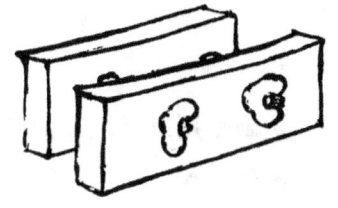

砂纸。除了水砂纸外，其他砂纸均不能与水接触，以免砂粒脱落。铁、木粗砂纸可用白乳胶，固定在玻璃板或木板上，经过固定后的砂纸平服，易于打磨。粗的砂纸能快速地将石章磨平；细的砂纸主要用于打光石面。

除用砂纸外，旧砂轮、磨刀砖、羊肝石等，也可作为磨章工具。

4. 笔

笔的种类很多，现介绍几种：

① 摹印用笔：宜选用硬性的狼毫笔，或硬中带柔的兼毫笔。如"描笔"、"七紫三羊"、"湘江水笔"、"小红毛"等等。初学摹印时，宜用新笔，笔锋尖锐，便于钩勒。自己设计篆写印稿时，宜用旧笔，下笔的线条较粗，容易表达效果。

② 习篆用笔：习篆宜先大后小，需选备羊毫大楷、中楷。

③ 拓边款用笔：宜选蘸清水毛笔一枝。

选笔要求笔杆正直，笔锋"圆、齐、尖、健"。即笔锋要圆实饱满、笔毫整齐和顺，笔头尖颖锋锐，笔毛挺健刚韧。

毛笔使用后要及时洗清。特别摹描用笔时，墨特别浓，余墨洗净，就能使笔锋保持弹性。否则，余墨粘滞会使笔锋脆折。

5. 墨

墨的种类有松烟和油烟之分。篆刻用墨宜选油烟墨。油烟墨色泽黑而光亮，且有胶质，故不易渗化；松烟墨黑而无光泽，因无胶而易渗出，故不宜摹写印稿。现在最方便的是，取现成的"一得阁"、"曹素功"以及"中华墨汁"等。优质墨汁再略加研磨，则效果更好。

6. 砚

砚选用一方质地细腻、光洁平整、容易发墨的即可。初学者不必选购价格昂贵的名砚，如端砚、歙砚一类。也不必用过大的砚，因摹写印稿用墨甚少，而练习篆书用墨汁即可。砚台用后需即洗净，新研的墨色光亮，亦利于行笔，便于拓款。宿墨色泽灰暗，也易渗墨，影响出拓的效果。

7. 牙刷

牙刷是用以涤刷印面的工具。可取废旧牙刷，待石章刻好后用来刷去石屑粉末，以免污染印泥。经常钤用的印章因受油污的影响，会使原来的印文模糊不清，也需用牙刷或布拭理。

8. 棕刷

棕刷俗称"棕老虎",为拓制边款的主要工具。因其用棕丝捆扎而成,故名。它的长度一般为8公分,直径为3公分。市场上有现成的,买回后需进行适当的处理。因为买来的棕老虎,其棕毛扎捆得较紧,使用的一面露出的棕丝过于短硬而缺少柔性。如果不加以处理,拓制边款时就会将纸刷破。外露的棕丝一般宜在5毫米左右,不足此长度时,可将扎在外面的棕绳拆去一至两圈。然后在使用面上稍施植物油,将使用面按在地上,反复旋转摩擦,使之增加柔韧度。最后,用剪刀把斜出在外面的棕丝剪齐。经过加工之后的棕老虎,既可以增加拓款时磨刷的强韧度,又不会擦损拓纸。

如果买不到现成的棕老虎,亦可以自制。制作时取棕榈树的棕皮,按需要的长度将棕丝理出排齐,中间匝匝扎紧,留出天头约一公分,其余部分用刀截去。如果没有现成的棕丝,亦可用猪棕代替。

9. 拓包

拓包,为拓制边款时上墨的工具。拓包均为自制。方法简便,先取一小团棉花团紧成大小如玻璃球状,然后用塑料薄膜裹之,再取稍大一些的毛呢或毡相衬垫,最后用细软光润的薄绸软缎包在外面,再用细绳或橡皮筋扎紧,多余部分就作为拓包的握柄。拓包不必过大,直径约2公分即可。

拓包使用后不要弃废,只要蘸些许清水在吸水纸上反复扑打,将余墨拓出后下次仍可继续使用。

10. 印规

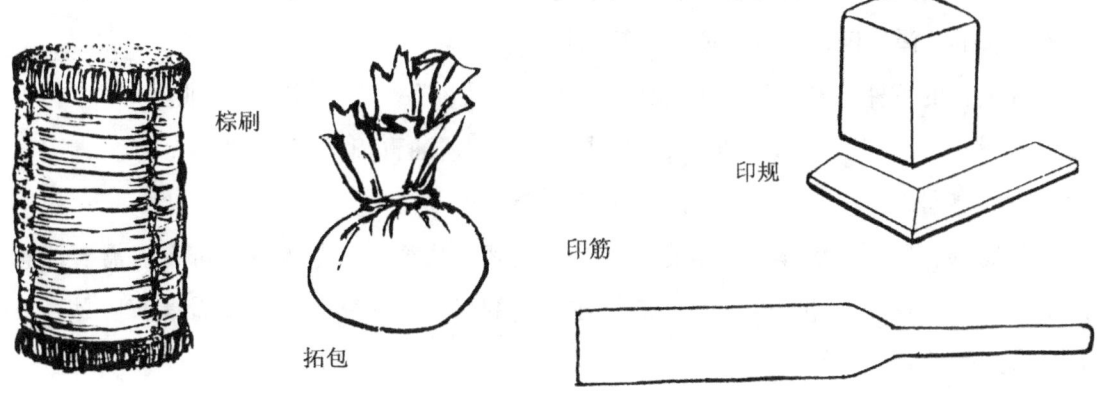

印规是钤印时使用的辅助工具。印规犹如木工的"角尺",内角为正90度。钤印时,将印规放在需钤印的位置上。然后将印紧靠内角按下,把印取起时,印规不可移动,如果所钤的印不清楚,可以倚印规重钤第二次或第三次,以求得印文的完整。初学者钤印,常常不易钤正或钤出的印清晰度不够。使用印规就可以克服上述的弊病。印规以金属材料制成的较好,因为金属分量较重,不易移动。印规一般内角边长4公分左右,厚约0.8公分左右。钤印熟练后,便可不用印规了。

11. 印筋

印筋,调拌印泥之用。印泥经常使用后,会导致印油干润不匀,影响钤印的质量。此时需用印筋加以调拌。这样不仅可以使印油润匀,而且还可以使印泥中的植物纤维得到保护。印筋有出售,亦可自制。自制取骨或竹,稍加削磨加工即成。

二、材料

1. 印石

刻制印章的材料不下数十种。金属的材料有金、银、铜、钢、铝;矿质的有石、玉;植物的有竹、木;动物的有牙、骨、角等。作为现代篆刻艺术的用材,主要是石料。因为石料资源丰富,雕刻便易,一般石章的价格也较低廉。

石章的起用,相传是由元末的王冕开始的,他首先发现了花乳石,并用来刻印。后人沿而用之。如今,石质印材除了原有的青田石、寿山石和昌化石这几大类外,这些年又相继开采发掘内蒙古赤峰石等。

青田石,产于浙江青田县。它的特点是石质温润细爽、软硬适宜,脆而不易燥裂。此外,它的色泽清朗,所以是理想的篆刻材料。

青田石的品种很多,其中属上品的,如"白菜冻"、"封门冻"等。此外,"兰花青田",也是上品,其色泽如兰叶,通体晶莹。而"酱油青田",色泽似酱油,为青田石中石性最糯润的印石,也是由于长期浸沥摩挲形成。

普通的青田石,色泽比较丰富,青绿、酱紫、淡黄、粉绿等各色都有。需要注意的是,我们选择成品印石时,不要被封在表面的蜡衣所迷惑,一定要看清石质是否细腻,有无裂缝和砂钉等。

寿山石，也是篆刻理想的材料之一。寿山石产于福建寿山乡，寿山石中之佳品石性细嫩温润，石色亦颇丰富，有红、黄、白、蓝等色。寿山石中名贵的印材很多，其中最著名的有"田黄"、"牛角冻"、"芙蓉冻"、"鱼脑冻"等。其中尤以田黄最为名贵。田黄产自寿山田坑，石块在田间长期受溪水的浸润，逐渐形成特殊的石性。按其色泽的不同，有黄田、黑田、白田的区别。田黄石的一个主要标志，就是石中映出较有规则的或似萝卜丝或似橘瓢丝的形状。

昌化石产于浙江昌化县，其中最出名的是鸡血石，因石上具有鸡血般的鲜红色斑而名。各色相间得好，就更名贵了。鸡血石中以红、白、黑三色相间的和通体全红的大红袍最为名贵。鸡血石中以质地软熟细腻的称好，但一般的鸡血石，石质坚燥，多砂钉，这种石料无法奏刀，俗称"水门汀"底。

内蒙石，产于内蒙古赤峰县。这是近年来新开发的石种。此类印石原先作为刻制石饰、石雕件的原料，后来引为制印。内蒙石之佳者色泽透明，颜色繁多，石性近昌化石，但奏刀常有粘滞感。内蒙石中也有色如鸡血的，俗称内蒙鸡血。然而颜色的鲜艳程度和形态与昌化石有很大的不同，只要加以比较，就能辨别出真伪。

此外，石章还有取材于宁波的大松石，山东挺县的莱石，陕西的煤精石，湖南的楚金石，河北的房山石，福建的莆田石，温州的平阳石等。对于初学者说来，不妨可以采取几种石料作尝试。这样既可以练习刀法，还有利适应能力的提高，在实践中也有利于增强对印材的选择和识别的能力。

2. 纸

篆刻用纸，品类较多，如毛边纸、生宣纸、蜡纸坯纸、拷贝纸、连史纸、香烟纸、玻璃纸等等。这些纸分别用于习写篆书、摹写印稿、钤盖印花、拓制边款等。具体怎样选用纸张，放在有关的章节中再作详细的介绍。

3. 印泥

印泥是钤盖印章的材料。篆刻用的印泥与用于公文的印油是不同的。印泥主要以艾叶纤维、朱砂和蓖麻油为基本原料，经过精细的加工制成。好的印泥钤出的印文，色泽鲜明沉着，具有立体感，不会渗油，文字醒目清晰等优点。

印泥的品种十分繁多，档次的差异相当大。特别是色泽的差异更为明显。它主要是朱砂的取材不同，朱砂磨制成乳浆时，最上层的是细朱磦，色呈红黄，最下层的是朱砂，色呈紫色。如再加上银朱、洋红等其他颜料，就可以配制成好多种各具特色的红印泥来。

除了红印泥外，还有各色特殊的印泥。如绿色、黑色、褐色、蓝色等。由于印泥的色彩多样，就扩大了印章的使用范围。

选择印泥除了色彩以外，还要注意质量和产地。上海、杭州、漳州、苏州都产有质量很好的印泥，并各具特色。上海、杭州产的西泠印泥，质地浓厚，色泽沉着，钤出的印文富有立体感；福建产的漳州印泥，质地软，色彩鲜和，钤出的效果富有脂润感。这是中国印泥的两大主要门类。

印泥要注意保养。盛放印泥的器具宜用瓷缸，并注意缸盖抿缝，不使印油挥发。切不可用金属作盛器，以防锈蚀影响印泥的质量。使用了一段时期要加以搅拌，保持油分和纤维的均匀，不使局部板结。印泥久用之后，要及时到店里"修理"，不要等油用尽，已结成了硬块后再去调理，此时已无法处理了。此外，印泥不要曝晒和防止灰尘的进入。

三、工具书

篆刻用的工具书籍主要有三大类：1.字典类、2.印谱类、3.碑帖类。

（一）字典

学习篆刻，首先必须掌握篆字。篆字包括甲骨文、大篆、小篆、缪篆等。对于一般人来说，要掌握篆字就得凭借字典。为此，这里介绍几本有代表性的字典。

1. 小篆文字

《说文解字》，东汉许慎所著。它是我国第一部系统分析字形，考究字源的文字学专著。共收入汉字九千三百五十三字，重文一千一百六十三字。按文字形成及偏旁结构，系列五百四十个部首，首创部首排列法。以小篆为主，古文等体例则为重文。每字下面有注释，先说字义，再说结构，最后为读音。《说文解字》是掌握小篆必备的字典。该书由中华书局影印出版。书后附有检字表，便于查阅。

2. 小篆印章文字

《汉印文字征》，现代罗福颐编，一九七八年文物出版社出版。它引用明清以来诸家所藏汉印谱录四十余种，按原大摹写汉魏官、私印文字二千六百四十六字，重文七千四百三十二字，共计一万零七十八字。它是最有代表性的一部关于汉代官、私印文字的资料工具书之一。此外还有现代方介堪编纂的《玺印文综》，合古钵、汉印文字为一册，查检方便，亦极富学术价值。由于这些文字皆按原谱摹出，故线条结构均能保持原印的风貌，对篆刻家，特别是对初学者说来，更是必不可少的。

3. 大篆文字

《古籀汇编》，为徐文镜编著。它编集甲骨刻辞、钟鼎款识、周宣石鼓、秦汉吉金以及古玺、古陶、古币、古兵器等文字，依诸家之注释编辑而成。这是一部收集大篆最多的字典，其中"《说文》提行之字为二千四百四十五字，《说文》重文为七百零二字，古籀重文为二万七千七百七十二字，《说文》所无提行之文字为五百九十字，《说文》所无古籀重文为一千二百五十二字"。故它是一部集大篆文字之大成者。

此外，容庚编纂的《金文编》也是一部很好的大篆字书。

4. 大篆印章文字

《古籀文编》，现代罗福颐主编，一九八一年文物出版社出版。此书集故宫博物院所藏古玺、有关单位所藏部分古玺打本、《文物》《考古》杂志所发表的解放后新出土的古玺，以及传世印谱中著录的古玺印等，共收古玺文字二千七百七十三字。按《说文解字》顺序编辑，书后附有笔画查检表。

5. 甲骨文字

《甲骨文编》，中国科学院考古研究所编辑，现代孙海波主编，一九六五年中华书局出版。此书正编和附录所收共四千六百七十二字，为查阅甲骨文最好的工具书之一。

其他还有：

《缪篆分韵》，上海书店出版社出版。

《篆隶大字典》，西泠印社出版。

《正草隶篆四体字典》，上海书店出版社出版。

《汉印分韵合编》，上海书店出版社出版。

《金文续编》，中华书局出版。

《古文字类纂》，中华书局出版。

《金石大字典》，天津古籍出版社出版。

《中国书法大字典》，光华出版社出版。

以上诸种都可选用。需要指出的是《六书通》，因其中不少字以讹传讹，所以是不足取的。

（二）印谱

印谱是历代篆刻作品的汇录，是学习篆刻艺术必备的参考书。但由于各类汇集性印谱和个人印谱浩如烟海，难以枚举，所以不必贪多求全。可选择有代表性的，以供研究、临摹之用。初学时，只要选备以下列举的数类即可：

1. 古玺印类

《古玺汇编》，一九八一年文物出版社出版。收集故宫博物院和各省市博物馆藏印，以及前人印谱中收录的古玺，共五千七百零八方。其中官玺三百六十九方，姓名私玺七百八十五方，单字玺六百零十方，补遗一百七十二方。这是一部收集秦以前古玺数量最多的印谱，全面地反映了古玺的概貌。

2. 历代印章类

《故宫博物院藏古玺印选》，罗福颐主编，一九八二年文物出版社出版。共收集战国至明代官印、私印六百四十五方，可供研究、临摹。每印上附该印钮首，摄制精良，显示出古代雕刻艺术的精华，具有极高的艺术价值。

《上海博物馆藏印选》，一九七九年上海书画出版社出版。印章均选自上海博物馆所藏的战国至清初的官印和私印。其中战国至晋代的印章，均有泥封墨拓附印在该印的下面，以使我们能了解古代玺印钤于泥的原本面目和特殊效果。此印谱选取的汉印较多，故更适宜初学者学习。

《十钟山房印举选》，一九八五年上海书画出版社出版。作品选自《十钟山房印举》，原书由清代陈介祺辑，所收印章皆为六朝以前的玺印。按印式、印材类举，共十部，五十册，后增编至一百九十四册。该书精选有代表性印作两千方，增补释文，重谋版面而成。

《二百兰亭斋古铜印存》，一九八三年西泠印社出版。收集先秦及两汉以来的各类官、私印，其中尤以汉印为多，而且选印精湛，印面清晰。除此之外，上海书店出版社陆续出版的《澂秋馆印存》、《齐鲁古印攈》、《十六金符斋印谱》、《双虞壶斋印存》和《赫连泉馆古印存》等印谱，撷用既精，含量亦多，皆不失为初学者理想的工具书。

3. 古代肖形印类

《古图形玺印汇》，康殷辑，一九八三年河北美术出版社出版。收集古代肖形印八百余方，包括人物、兽畜、鱼禽肖形印、带饰文字印、鸟虫书印等。

《古肖形印臆释》，王伯敏编辑，一九八三年上海书画出版社出版。作者通过古肖形印与商、周铜器及秦汉画像的综合分析比较，阐述了古肖形的形成、含义及艺术特色，对初学者理解古肖形印能起指导作用。

4. 明清流派印章类

自明代文彭、何震普及石章刻印以后，文人治印蔚然成风，印谱与日俱增，品类也日益繁多。初学者可选择流派代表人物的个人专集学习参考。

《吴让之印谱》，一九八三年上海书画出版社出版。吴让之是邓石如得意弟子包世臣的学生，他的篆刻将邓石如流派推到新的境界，学习邓派的人，往往多从吴让之的作品中领略邓石如流派的表现方法。印谱收吴让之作品四百三十余方，是目前收集吴让之作品最多的印谱，充分展现了吴让之篆刻艺术风格特征。

《赵之谦印谱》，一九七八年上海书画出版社出版。赵之谦为晚清篆刻大家，作品取材广阔，意境清新，广泛地将秦汉诏版、汉碑篆额、钱币镜铭等篆体入印，特别取用六朝造像、阳文款识，亦为刻款开拓了新的途径。印谱收入作品三百四十余方。

《黄牧甫印存》，一九八二年杭州西泠印社出版。黄牧甫为晚清印坛巨匠，黔山派创始人。他的作品主要法取三代吉金文字，间参汉砖瓦文字，线条光洁挺劲，平正中见流畅，既无板滞之嫌，也无狂怪之失。《印存》收入他的作品六百余方，全面地展现了他的印章面貌。

《吴昌硕印谱》，一九八五年上海书画出版社出版。吴昌硕书法、绘画、篆刻融汇贯通，自成一体，是近代艺坛影响最大的人物之一，其篆刻艺术在国内外，特别在日本有深远影响。《印谱》按创作时序收入他的作品一千一百余方，可帮助我们全面地了解吴昌硕篆刻艺术的特色，可窥见他初学浙派，后继邓石如、吴让之，遂将石鼓文、泥封、砖瓦等文字融化入印钝刀入石，形成雄厚苍劲的独特风格。

《西泠四家印谱》，一九六五年西泠印社出版。这是一部浙派代表印家的印集。浙派兴起于清代乾、嘉年间，由丁敬创始。印谱收集了西泠八家前四家：丁敬、蒋仁、黄易、奚冈的作品八百余方。其中丁敬的作品收入最多，共一百十余方。浙派上溯古玺，取法秦汉印同时，又将权量、诏板、陶砖和摩崖石刻等文字有机地溶化在自己的篆刻作品中，并创造了以切刀为主的表现技法，一洗过去纤巧柔丽的作风，开创了健逸古雅的风格。二百多年来浙派一直影响着印坛。这些作品选自西泠印社所藏的《西泠四家》早期钤拓本，印面和边款都比较完整，较好地展示了原作的风格和神韵。

《西泠后四家》，一九八三年西泠印社出版。西泠后四家为陈豫钟、陈鸿寿、赵之琛、钱松。此印谱共收集后四家作品三百五十余方，其中赵之琛与钱松的作品较多，各有一百二十余。作品以丁辅之《西泠八家印选》为底本。拓工精良，并附有边跋释文。

《明清篆刻流派印谱》，现代方去疾编订，一九八〇年上海书画出版社出版。印谱从明代文彭、何震起，至晚清黄士陵、任预，共收入篆刻家一百二十四人。系统地选编了各家各个时期的不同风格的作品，并附以传略。此书是全面了解明清两代篆刻发展基本风貌的主要工具书。

5. 现代印谱类

《现代篆刻选辑》，上海书画出版社出版。选择清末至现代的已故篆刻家的作品编辑而成，现已出版六册，其中有齐白石、王福庵、赵叔孺、陈之奋、来楚生、马公愚、赵古泥等。

《齐白石印汇》，重庆市博物馆编，一九八八年巴蜀书社出版。作品选自重庆博物馆等藏的《白石印草》（一九二八年本）、《白石印草》（一九三三年本）、《白石刻石》、《白石山翁印存》等四部二十册。共刊出印七百余方。此印谱是全面研究齐白石篆刻艺术的重要资料。

此外，现代篆刻家的印集也不少，可以作为学习参考之用。其中主要有：

《王个簃印集》，一九八二年西泠印社出版。

《安持精舍印冣》（陈巨来印集），一九八二年上海人民美术出版社出版。

《鲁迅笔名印集》（钱君匋作），一九八一年湖南美术出版社出版。

《钱君匋刻长跋巨印选》，一九八五年上海人民美术出版社出版。

（三）字帖

学习篆刻必须先临习篆书，这是不可忽视的课程。自古代甲骨文起直到现代，作为学习篆书的碑帖和资料是非常多的。有的契刻在甲骨上，有的铸制于青铜器上，有的雕凿在碑石上，也有的见之于纸帛的墨迹。初学篆书，一般先从小篆入手。一种取法秦汉碑刻入门；一种取法清代墨迹入门，各有各的优点。现介绍碑帖数种，供学习时选用：

《石鼓文》，为我国最早刻石文字，是先秦时期的作品，虽属大篆，但主体结构与秦统一中国后规范的小篆，是一脉相承的。文字记载秦国出猎之事。在十只鼓形的石上以四言韵文刻出，故称石鼓文。石鼓文亦称《猎碣》、《邑刻石》。书法古茂，遒朴而有逸气。清代康有为评曰："如金钿委地，芝草团云，不烦整裁，自有奇采。"清杨沂孙、吴昌硕等都得力于此。

《琅琊台刻石》，秦始皇东巡登琅琊，相传为丞相李斯书颂秦德而立。书法宛转圆润，严谨工整，为存世秦篆代表作之一。清杨守敬跋云："嬴秦之迹，惟此巍然，虽磨泐最甚，而古厚之气自在，信为无上神品。"

《泰山刻石》，亦称《封泰山碑》，秦始皇登泰山而立，相传亦为李斯书。书法风貌与《琅琊》相似。如今碑石仅存九字。传世拓本以明安国藏北宋本为最，存一百六十五字。

其他秦刻有《峄山刻石》、《芝罘刻石》、《碣山颂》、《会稽刻石》等，也是秦始皇东巡时所立，相传李斯书，但都原石久亡。后世摹刻，与真迹相比形神相距甚远。

《汉司徒袁安碑》，东汉永元四年立，一九二九年始被发现，故锋颖如新，书法结构微方，运笔圆匀，为学篆者取法善本。

《邓石如篆书》，邓石如是清代书法篆刻家。篆书取法汉碑篆额和唐李阳冰《三坟记》等，笔力圆劲如屈铁，结体舒展而均衡。包世臣《艺舟双辑》论及："完白山人篆法以二李为宗，而纵横阖辟之妙，则得之史籀，稍参隶意。杀锋以取劲折，故字体微方，与秦汉瓦当文为尤近。"习邓石如篆书，有助于掌握邓派篆刻艺术的特色。

《吴让之篆书》，吴让之篆书取法于邓石如而加以变化。篆法舒展生动，韵味醇厚；结体健丽遒劲，起伏多变。其篆刻也与他的篆书神合。

《赵之谦篆书》，赵之谦篆书吸取邓石如的有益经验，并刻意摹写周秦金石刻以及汉代碑刻，显示出方圆合度，潇洒沉着的风貌。

《吴昌硕临石鼓文》，吴昌硕临石鼓文，具有其自己的风格、体势。一是体势取小篆，由方趋长；二是结构左低右高，起伏跌宕。笔法上也多起落变化。吴昌硕篆书苍劲古厚，曾跋称："临《石鼓文》，宜重严而不滞，宜虚宕而不弱。"正体现了他的篆书基本特色。

其他篆书帖还有：《吴大澂篆孝经》、《王福庵书说文部首》等等。

第二章 习 篆

篆刻艺术是以体现篆书形体和笔意作为前提的。要在篆刻作品中体现篆书的书写美，关键在于提高篆书的书写水平。当代篆刻家王个簃曾言："篆刻从写篆书开始，最有意思。"其含义是非常深刻的。

一、习篆的姿势

正确的姿势是学好篆书的重要环节。习篆的姿势包括两个方面，一是身体的姿势，即身法；一是执笔的姿势，即手法。

身法

字写得好坏与写字姿势的正确与否有着密切的联系。康有为曾指出："务使通身之力奔赴腕下。"只有姿势正确了，才能使全身之力注于笔端。习篆的姿势基本上分两种：一种为"坐式"，一种为"立式"。写小的篆字宜坐着，写大的如半尺见方的字，就应站立着写。

初习篆书可以先取坐式。"坐式"姿势的要求是："头正"、"身直"、"臂开"、

"足安"。

头正，就是头面中正，不要左右歪斜。视线正前，这样便能统观全局。切不要低头俯首，使头跟着笔尖走。

身直，就是把身子直挺。臀部平坐在椅子上，腰部挺起，两肩平齐，整个身子略前倾。但切忌把胸部紧贴桌沿，这样会妨碍关节的运动。

臂开，就是胸部开张，使两臂顺势平放在桌面上，左手轻轻地按住纸面，右手执笔，这样就便于左右上下施展。

足安，就是两脚平放地面，两脚掌要踏平，依人的盆骨的宽度，自由地安放。不要把双脚并紧，更不要使脚交叉、蜷缩或跷脚跟。身子坐不稳，就会直接影响写字的效果。

"立式"姿势的要求是："头俯"、"身躬"、"臂悬"、"足开"。

头俯，就是头部中正，俯视桌面。因站着写字，头部与桌面的距离拉大了，居高临下，就便于察看全局。

身躬，身子稍微向前方弯曲。如果也是身子直挺，就和头部动作不相一致了，而且僵直的身子也难以挥毫。

臂悬，就是执笔的右手应全部悬空，左手稍前方按住纸面。如果把手肘、腕靠在桌子上，那么就会使身体的重心都落在右臂，身、手都处在紧张状态，笔就不能舒展。

足开，两脚应稍分开，并使左脚略伸出，左右脚掌也应稍向外展，这样就能站得非常稳了。

手法

手法，即执笔的方法，古今书家执笔的方法有多种，如单勾法、捻管法、两指法、三指法、握拳法等等。由于书写者各自的情况不同，书风不同，以及追求的趣味的不同，故各种执笔方法相对地都有其可取的地方。但相对来说，"五指执笔法"更具科学性。

五指执笔法，就是用五个手指共同来掌管执笔，使五个指头的作用都得到充分的发挥。五指执笔法的基本要领是：擫、押、钩、格、抵。

擫——表示大拇指的作用。以大拇指的第一节由内

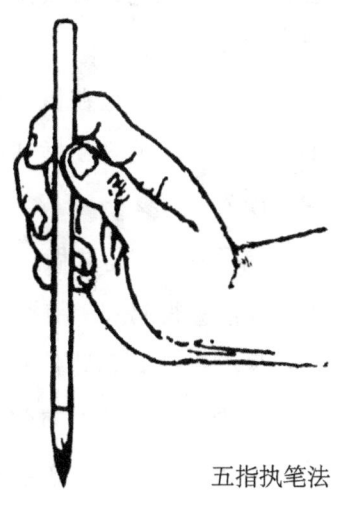

五指执笔法

向外，稍斜而仰，紧贴笔管的内侧，就好像用指抠笛子的样子。由里向外，用力抠住笔管的里侧。

押——是表示食指的作用。押是捡束的意思。以食指的第一节与第二节的转折处，斜而俯，紧贴笔管的前外侧。由外向里，跟大拇指相配合，用力押住笔管的外方。

钩——是表示中指的作用。以中指的第一节，向掌心弯曲作钩状，从而加强食指的力量，使笔管不向外倚斜。其作用为由左外向右内施展钩力。

格——是表示无名指的作用。以无名指的指甲根，由掌心向外紧贴笔干的右里侧。通过无名指的作用，用力把中指钩着的笔管顶住，由右内侧向左外方施展推力。

抵——是表示小指的作用。以小指的指背紧贴无名指，辅助无名指，以增强其顶力。力的施展与无名指同。

这样，通过抠、押、钩、格、抵，五个指头都发挥了不同的功能，笔管就被握稳了，吻合一致，用力"始得称齐"。

那么，怎样才能使笔能自由地运转呢？这还得依靠手的各部分关节有机地配合运动。其中"指实"、"掌虚"、"掌竖"、"腕平"、"悬腕"等都是重复的活动方式。

指实——就是要使五指着实用力。除了小指紧贴无名指以外，其他四个手指，都是直接地紧贴笔管，把笔掌握稳实，将周身的力传递到笔尖上去，才能使笔画刚健有力。

掌虚——就是要使手掌虚空。不能使五指紧握成拳头，小指、无名指不要贴住掌心。否则，运笔的时候就不方便。有人把掌虚，形象地比作如手握有鸡蛋，这样手指运动才能灵活。

掌竖——就是在执笔的时候，要使手掌竖起来。掌竖了，笔也就直了，锋也就正了。这样行笔就容易做到中锋着纸。如果手掌不竖起，笔管歪斜，笔画也就容易产生偏锋现象。

腕平——就是要做到手腕与桌面相平行。掌竖与腕平是相辅相成的，只要腕平了，手掌才能竖得起来。腕平的目的也是为了笔锋中正。

悬腕——就是要使右手的腕、肘悬空桌面，并使肘部略高于腕部。手腕悬起后，笔就能十分方便地左右前后运展，不受阻力。如果，腕、肘紧靠桌面，那么只能依靠手指的运动来运笔，这样运笔写方寸的字尚可，若写大的字便难以应付了。

二、习篆的运腕与用笔

掌握了正确的执笔姿势后，就要进一步掌握运笔的技巧。其中，运腕和用笔是关键。

运腕

运腕是写字过程中最关键的运动，它讲究的是腕部在书写过程的运动方式。姜夔在《续书谱》中论及："不可以指运笔，当以腕运笔。执之在手，手不主运；运之在腕，腕不知执。"这段高论，正是强调了运腕的重要性，指明了指与腕的不同作用。一方面手指的力量小，运动的范围也狭窄，靠指的运动，并不能充分地发挥笔毫的作用。而腕部的力量较指部来说要大得多，通过它的摆动，手指的活动范围也就大大地扩展了。而且手腕的运动还可以与肘、肩、身等各部结合起来，加以发挥。这样，字写得越大，运腕的优越性也就越能显示出来。

运腕是以腕平与悬腕作为前提的。我们说腕平，并不是说将腕处于固定不变的境地，而是应该在行笔的过程中，不断地注意腕部的摇摆活动，即让腕部的尺骨、桡骨的两个球形头部不断地上下更换。通过腕部的这一活动方式，就可以在行笔的过程中，不断地取逆势运行。同时可不断地调整笔锋，以保持中锋运笔。

悬腕可以使手腕在可能达到的最大的范围内运行。腕悬空了，就可以适应书写不同尺幅的大字，对于篆书的多长线这一书写特点来说就更有意义了。不过，悬腕对于初学者来说，并非一朝一夕所能做到的。因为悬腕是一种艰苦的肌肉锻炼。但如果不经过这一点，要想取得刚健有力的书写效果，那是不大可能的。现代书法家潘伯鹰先生曾把悬臂运腕比作是拳术中的"蹲桩"功，说得很形象。因为这种肌肉锻炼，正和练拳术一样，先要练"蹲桩"。练拳者，第一需要双腿有力，站立地上稳如泰山。而"蹲桩"练习是很苦的，蹲久了，脚酸得立不起来。然而，这是练拳者必经之途，没有这样的基本功就练不出过硬的功夫来。既然练拳人须练"蹲桩"功，习字人岂能不练"悬腕"功？开始练功的一段时间，手腕往往会酸累难忍，但若闯过这一关，渐渐地就挥洒自如了。

用笔

用笔也称运笔，用笔的技法称之为笔法。用笔是指笔的运动方法，在书写的过程中应如何落笔、行笔、收笔。

同样的一枝笔，在不同人的手中，可以画出迥然不同的点画来。柔软而富有弹性的毛笔，在有的人手里可以产生充满魅力的艺术效果，而在另一部分人的手里，则留下枯槁、破散、单薄的线条，其根本原因就在于运笔的方法不同。

正确的用笔方法，可以在笔迹中体现出提按、起收、转折、缓急、正斜、方圆、藏露等各种不同的艺术表现形式。同时，在表现这些不同的艺术形式时，又可以始终保持笔锋的"中锋"运行。下面，让我们结合篆书的基本笔画来分析用笔的基本规律和方法。

（一）起笔、行笔、收笔

篆书的笔画表现形式与隶书、楷书的表现形式相比较要简单一些。前人把隶书的基本笔画归纳为三笔，楷书归为八笔。从笔法发展的总趋势来分析，书法的笔法是由简到繁的发展过程。篆书的基本笔法，有人说是"玉箸纵横"，则十分形象地表明篆书的基本笔法是比较简单的，是由如同筷子一样的线条组成字横竖笔画，而其他笔画，则是在这基础上加以曲折收展而成。

篆书基本笔画的运笔方法，还分起笔、行笔、收笔三个步骤。让我们以一竖为例，分别介绍竖画的运笔。

起笔，就是笔画的开始。其落笔原则是：欲右先左，欲下先上。起笔的一般顺序为：先逆笔取势虚入，笔毫铺展至需要的宽度。这样在起笔的过程中，就把笔锋藏在笔画中间。

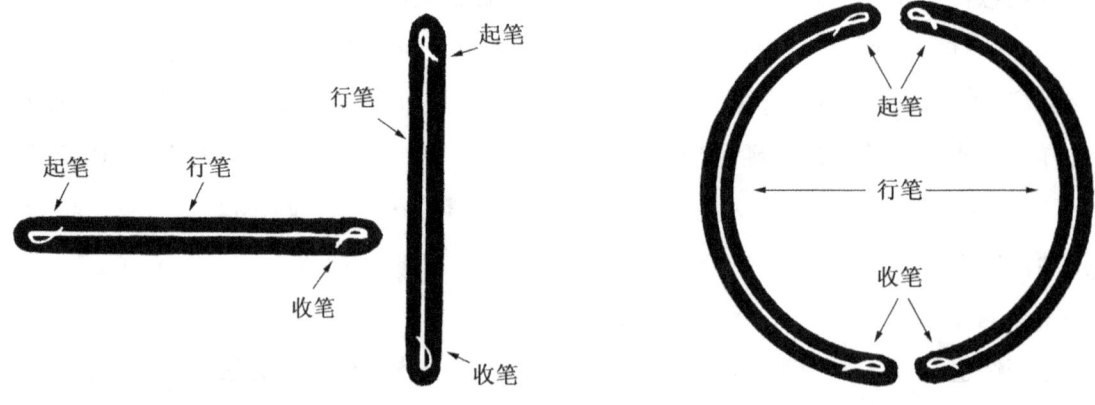

行笔，就是笔迹延伸的过程，行笔的原则是：笔锋中正，笔管应略带逆势。这样笔锋在运行中处逆锋，就能使笔毫着力，有利于表现浑厚丰满的线条。行笔时切不可把笔锋偏于一边，否则就会呈一面光滑一面为锯齿状。这是行笔中最需要克服的弊病。

收笔，就是行笔的终止。收笔的原则是：有往必收，无垂不缩。当中锋逆势行笔将终止时，笔锋边提边向上回转，将笔锋回复；逐步收提，这样笔画结束时，笔锋就藏在笔画中间。

这就是篆书竖画的基本表现过程。其中"逆锋"、"藏锋"、"回锋"是运笔过程中必须遵循的顺序原则。

竖画的运笔方法可以引申出横画，也可引申出弧笔；可以引申出右弯的弧笔与左弯的弧笔。左右两弧笔合起来，就成为一个圆形。同时，竖画、横画、左弧笔、右弧笔的不同相接，又可以产生和变化出各种线条来。用这些形态各异的线条，就可以组成各种结构的篆书。如"辟"字，就体现了篆书线条组合变化的基本情况。其笔画线条的基本组合方式是：竖画、横画、左弧笔、右弧笔，以及组合的"U"形笔；以横、竖和不同弧笔组合而成的曲线折线。

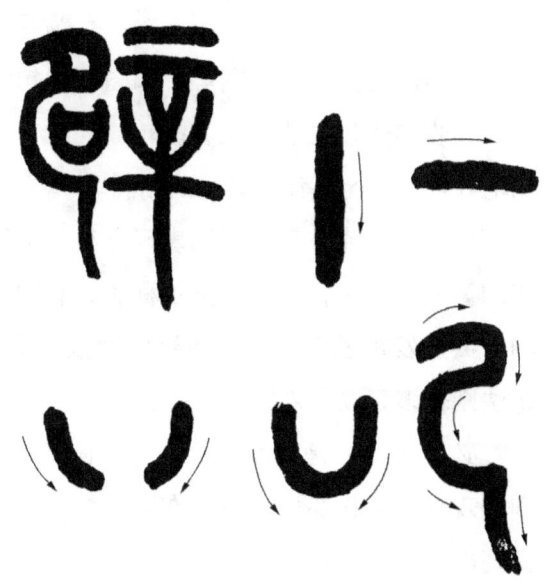

（二）方笔、圆笔

中国书法艺术用来表现文字线条的一个显著特点，就是方笔和圆笔的变化。如楷书艺术中，唐代欧阳询书法的基本特征之一是方笔，而颜真卿书法的基本特点是圆笔。在同一种楷书中也包含有方笔和圆笔，其中方折与圆折变化是最明显的。这种方笔与圆笔的表现方式，在小篆中也是非常突出的。

篆书的方笔和圆笔，主要体现在用笔的起笔和收笔，以及对转折部位的处理。

在起笔和收笔的表现方面，我们可以吴让之篆书与王福厂篆书作一个比较。

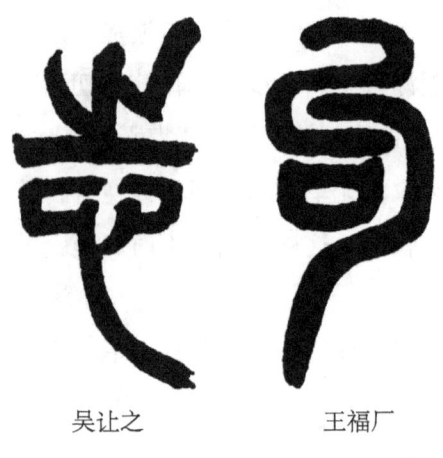

吴让之　　　　　王福厂

吴让之篆书多见方笔，特别是横画的起笔。如"志"字，中间横画的起笔，由上折入而右行；收笔时，则采取杀锋劲折的处理。故笔迹多呈方形，这样的处理同样符合藏锋的要求。

同时，吴让之在处理转折时，也较多取方折。其"心"部横向的左右"U"笔，都是取折势。转折处笔势清明爽简，笔锋的来龙去脉交待得十分清楚。如此婀娜多姿的"志"字则以方笔为骨架，把它支撑了起来。

王福厂的篆书多见圆势。如图例"句"字，起笔处笔锋圆回，故显得十分圆润丰满。其收笔也较吴让之沉着缓转。同时，线条转折处也都采取圆折行笔。王福厂这些用笔处理方法与吴让之显然不相同。

这种圆笔或方笔的不同表现方法，都可以达到一定的艺术效果。古代大量遗留下来的篆书作品中，有的以方折称著，有的则以圆转闻名。如秦代的诏版文字、三国时的《吴天发神谶碑》等，便突出地显示了方笔的艺术魅力，而汉代的《袁安碑》等，笔法则较多是以圆笔感人。

必须指出的是，篆书的方笔与圆笔，并不是绝然分割的。作为篆书的实际应用，则表现在一件作品中，或者在同一个篆字中。方笔与圆笔的配合能相辅相成，则更能体现出篆书笔法的丰富。如：

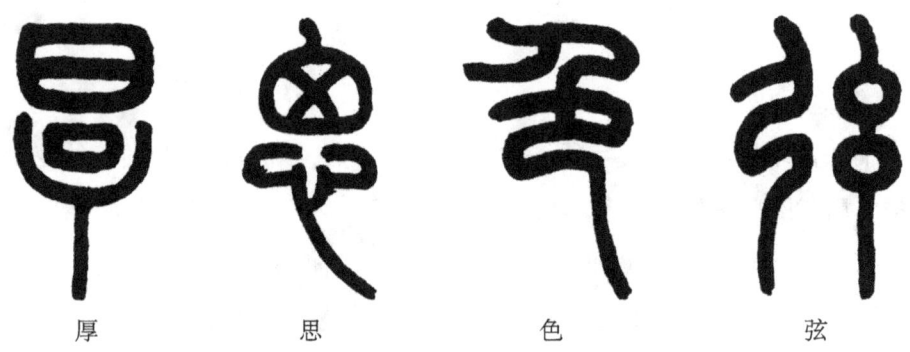

厚　　　　思　　　　色　　　　弦

以上"厚"、"思"、"色"、"弦"等字，都是王福厂所书。他的篆书虽以圆笔为主，但并不排斥方笔，从这一部分的篆字中，就可以看到圆笔与方笔的结合。

（三）轻重

行笔的过程中，表现轻重的变化，是用笔的又一种重要技巧。用笔的轻重主要是指毛笔在纸上运行时，由于提按着力的不同而产生的笔法变化。行笔过程中的轻重表现，反映了篆书不仅要有左右上下的平行用笔，而且还应包括笔锋垂直的上下提按变化。

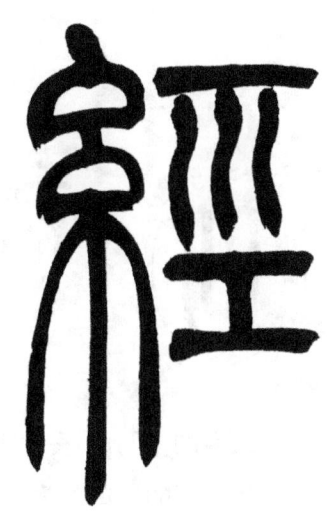

如果我们练习隶书、正楷或者行书，那么行笔的轻重表现则比较容易理解。然而，对于学习小篆来说，要认识和掌握这一点就比较困难了。这是因为小篆的笔法变化，没有隶书和楷书那样强烈，那样显而易见。所以小篆中的用笔轻重变化，就常常被人所忽视。在这种情况下，"篆书无顿挫"的说法就产生了。但只要留心研究一下清代书法家的篆书墨迹，就不难发现，正是篆书用笔中有着微妙的轻重变化，才增添了篆书的生气和艺术感染力。清代邓石如不用笔尖烧焦不开锋的毛笔，而是用通开笔毫的笔书写，这就为用笔时表现轻重的变化，提供了条件。吴让之的篆书在继承邓石如的基础上，又有了发展，我们从他的作品中，可以清楚地看到吴让之起笔时略重，而垂线的收笔，则往往先偏重，末了轻轻提起。正因为吴让之巧妙地使用了纵向提按的表现技巧，所以他的篆书给人以一种清醒明快的节奏感。吴昌硕的篆书，跌宕起伏更为强烈。篆书艺术的实际效果告诉我们，用笔过程中，如果没有轻重的交替的变化，就会使作品显得单调而无生气。

三、篆书的笔顺

笔顺，就是篆字书写过程中的笔画的先后顺序。掌握笔顺不仅有助于体现用笔的基本原则，而且也有利于把握篆书的结构。

如何有效地掌握篆书的笔顺，我们认为首先应由简到繁，即从最基本的笔画着手。在小篆中，有些笔画形式上是一笔，但实际上却是由两笔或更多的笔画组成。如上弧笔或下弧笔，一般就是由两笔组合而成的。

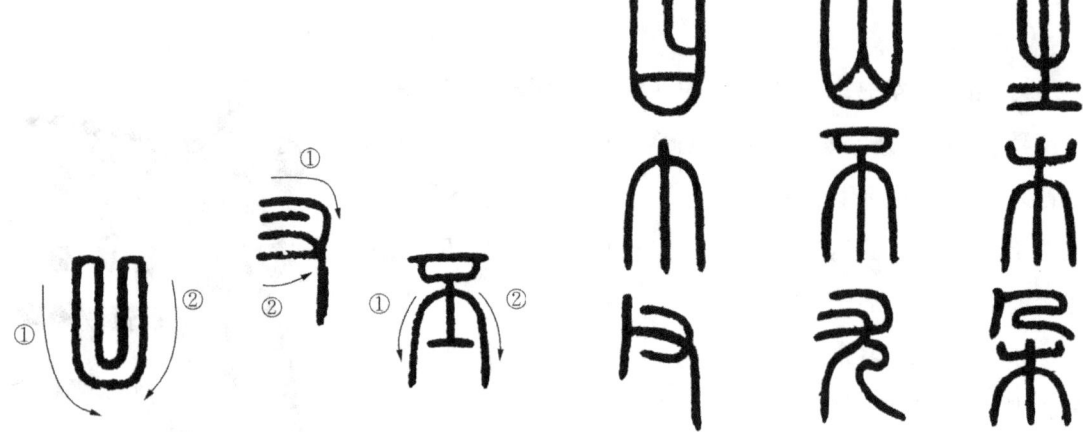

篆字的书写顺序一般不限于一种固定的方法，有的可以采用两种或两种以上的写法。如篆字的"口"等，就可以用几种方法写成：

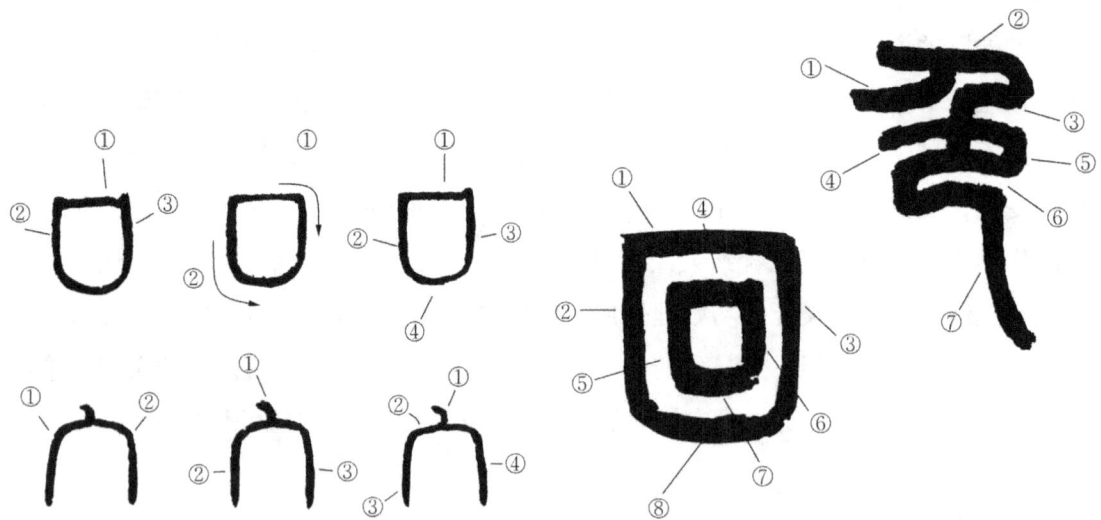

通过以上分析，可以看出，即使比较复杂的笔画，也是由若干简单的笔画连接而成的。这样一些结构比较复杂的字，也就比较容易处理了。如"色"字，本为三根线条组成，如分解为七笔，书写起来就便于掌握得多了。又如"回"字，如果用两笔写成，那是非常困难的，而分解成八笔，由于篆书用笔不像楷书那样，反而会感到容易多了。运用这样的方法进行练习，初学者就不会望而生畏了。

我们研究篆书的笔顺，还要考虑到如何使它写得均匀和对称，这是由它的笔法特点和结构方式所决定的。

对于一些对称结构的字或部分结构对称的字，书写时应注意：无论是由外向内拱合的，还是由内向外开展的都应该先中间定位，然后先左后右，并做到左笔尽量合度，右笔迎合相应。切不可把本应对称的笔画孤立起来，割裂开来处理。否则，就会导致左右互不照应，失衡失态。

对称结构中间定位列举：

中间定位，不仅可以应用于简单的结构部分，如一笔的"申"字或两笔的"非"字；还可以应用到复杂的结构中，如"索"字等。

我们将中心定位的方法与分笔法结合运用，就能很容易地掌握一些结构比较复杂的对称结构的字。如"者"字，中间一笔位置确定之后，左右逐步施展，竖向的五笔间距就能保持对称匀落。"帚"字，也可以自上而下地据此处理。

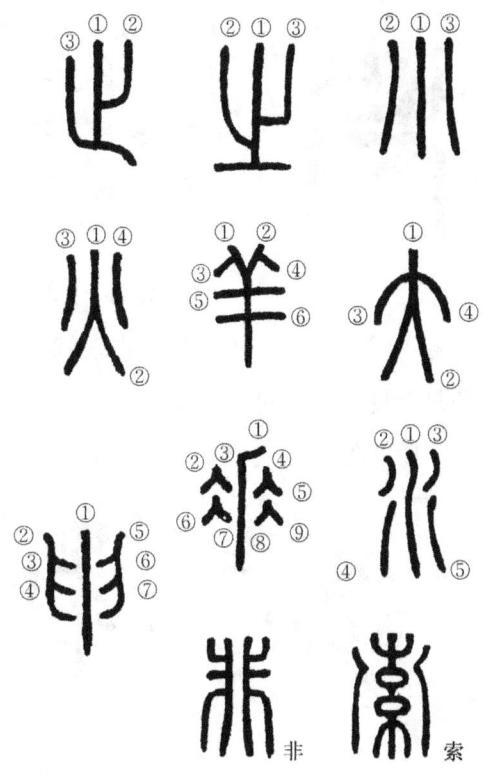

非　索

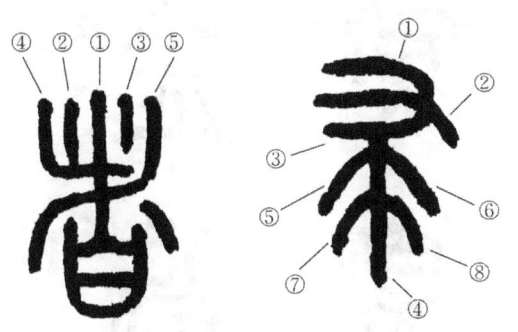

另外，楷书中所归纳的笔顺基本规律，在篆书中也是可以参考应用的。例如"先上后下"、"先左后右"、"先外后里"、"最后封底"等，对一般篆字也都是适用的。

先左后右　　先上后下　　先外后内　　最后封底

同时，应用这些规律时，要根据篆字的实际情况，采取灵活的处理方法。如写篆字

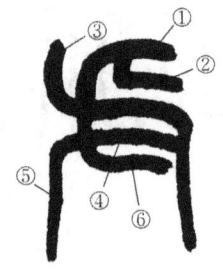"虎"，"虎"的"虍"部，是由四根线条组成的，如果先写成"⊂"笔，再写其他三笔，就很难处理得均匀。现在按照由上至下的原则，依次承接写下来，就能取得理想的效果。其中关键在于将"⊂"笔，除了分解为两笔之外，还分别排在第一笔与第六笔的顺序上。这样一个复杂的结构，就变得简单，并完全可以写得从容不迫。

纵观以上的笔顺原理，我们就可以在学习篆书时，有效地把握住各种结构的篆字了。虽然古来就有"篆隶无笔顺"之说，但在实际书写时，客观上也还是有规律可循的。

附小篆笔顺选例：

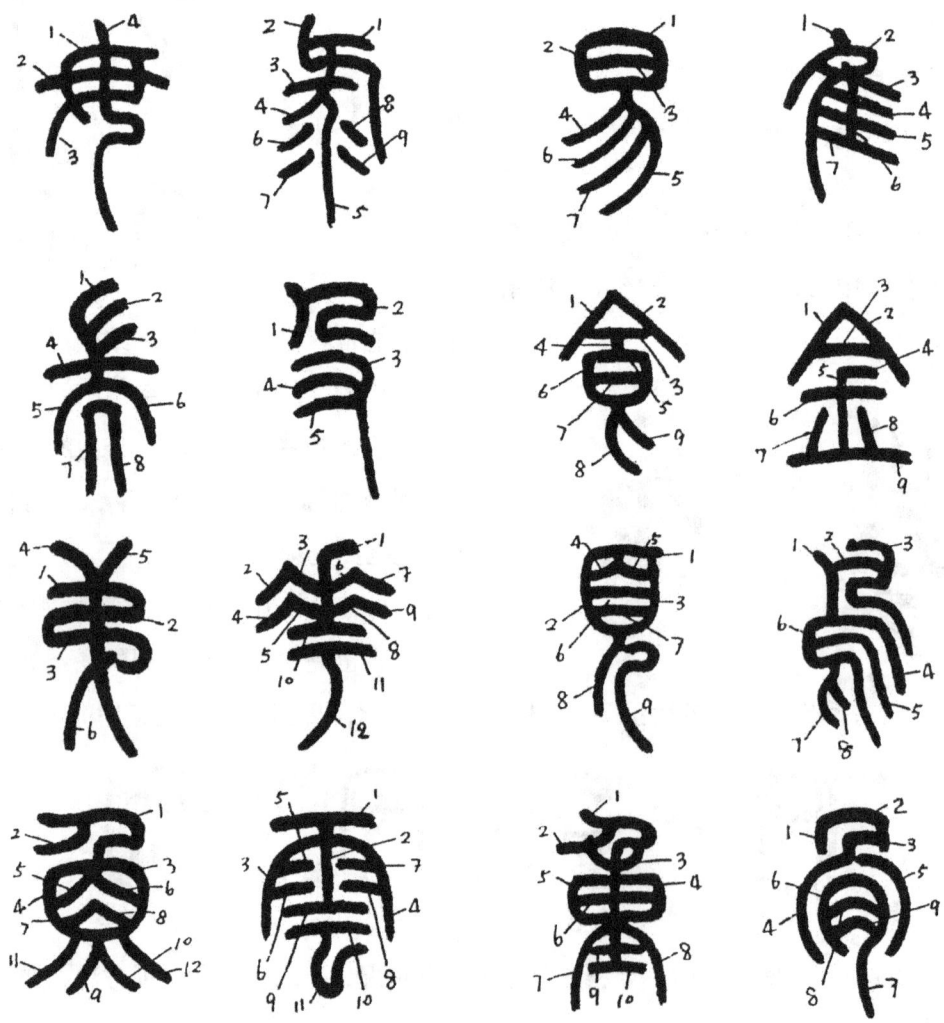

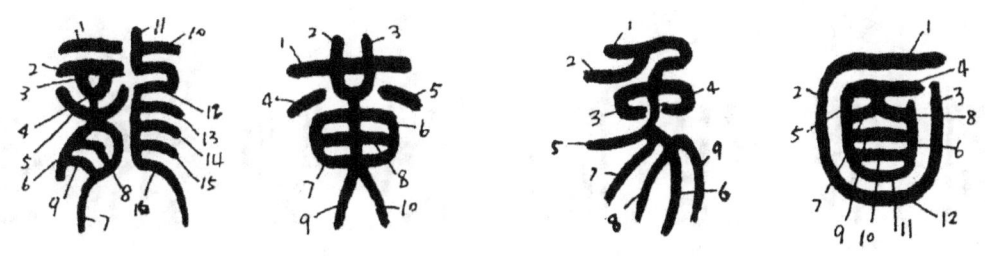

四、小篆结构美

学习小篆书法,掌握正确的书写姿势和用笔的方法,以及书写的笔顺,目的都在于表现小篆的艺术美。脱离了这一点,学习就失去了意义。诚然,小篆的艺术美是表现在多方面的,如墨色的干湿浓淡,线条的苍润巧拙。但结构的形式美尤为重要,因为离开了结构美,小篆的艺术性就不复存在了。

小篆之所以在秦汉时期能作为一种全国通行的字体,并在这以后一直被视作书法艺术中一种独特的书体,除了跟大篆相比,它具有结体上、用笔上便于书写等特点外,还在于书体结构的丰富多彩的形式美。

甲骨文和大篆以象形为特性,隶书则字形趋扁方形,左右舒展,以"蚕头燕尾"的笔法作为表现形式。小篆是文字由象形演变到抽象符号过程中的一种字体,其最大的特点是:具有强烈的装饰性。因而,小篆结构较其他书体在形式美上表现得更突出。对此清代包世臣在《艺舟双辑》中论及:"大篆多取象形,体势错综,小篆就大篆诚为整齐。"这整齐的过程,就是装饰化的过程。

那么,小篆结构的形式美究竟表现在哪些方面呢?

(一)左右对称

半数以上的小篆是对称结构,或具有对称结构的偏旁部首。对称是美的内容之一。自然界各种生物的形态和人类的身体各部结构,无不存在着对称,而且这种对称,又都是以左右对称为前提的。左右对称是人类最早发现的形式美。小篆,作为古文字之一类,正是体现了这种形式美。

全对称篆字：

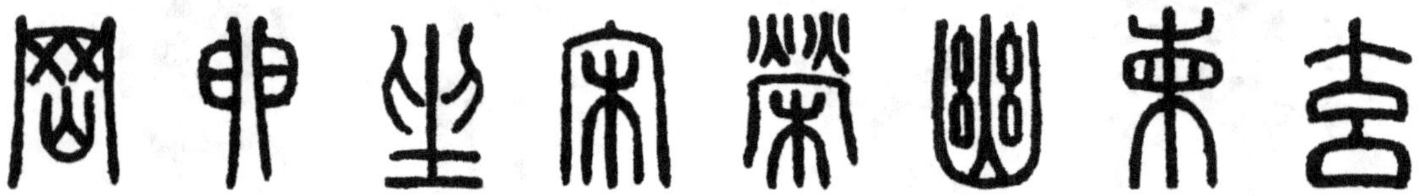

冈 卵 坐 宋 荣 幽 秉 玄

部分结构对称篆字：

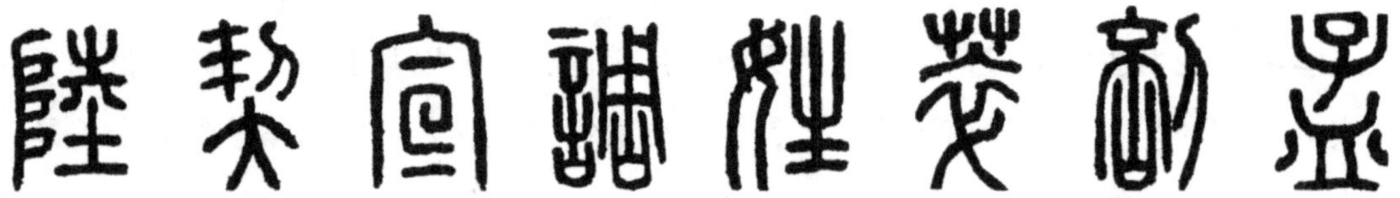

陆 契 宣 调 姓 萃 剖 孟

小篆是在甲骨文、大篆的基础上逐步发展起来的。小篆的这些对称形式，在甲骨文、大篆中就有所体现，只是还属于雏形阶级。后来小篆由于"整齐"化的结果，对称结构就得到了强化，从而奠定了艺术小篆的基础。因此，我们认识和表现小篆的艺术美，就得首先从小篆的结构对称性着眼。

（二）上紧下松

上紧下松，是指小篆字体结构的基本形式，即在笔画的布局经营上，它们基本是上部紧密，下部疏松。例如下面这组小篆，就都具有这一特点：

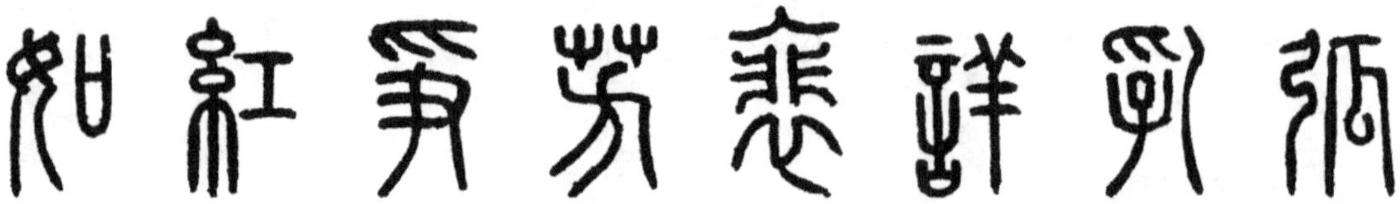

如 红 争 芳 裴 详 乳 弧

从这一组篆书中，不难发现笔画少的字是如此，笔画多的字也同样是如此。笔画作上紧下松的安排，可给人一种健逸洒脱、富有生气的美感。这一特点，在其他的书体中，虽然也有所体现，却无如此强烈。欣赏小篆的这一形式美，不由得使我们联想起古典芭蕾舞。芭蕾舞的特点之一，就是用踮起来的脚尖跳舞。踮起了脚尖，就增加了脚部的长度，使人获得一种美的享受。小篆文字和芭蕾舞，虽然不能相提并论，但在体现形式美方面，却有相通之处。初学篆书的人，常因不了解这一形式美的特点，而把向下舒展的笔画写得过短，结果写出来的篆字就会显得十分松散和毫无神采。

（三）排列均匀

排列均匀，指的是小篆笔画之间的间距排列要相等。例如下面这组小篆：

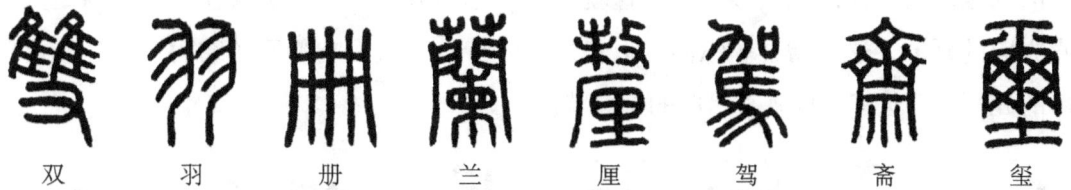

双　羽　册　兰　厘　驾　斋　玺

这组篆字，无论横画的排列，还是竖画的排列，抑或向左斜出，向右斜出，笔画的空间距离都作了衡等处理，因而产生了一种静和匀停的装饰美。文字从象形的甲骨文到大篆，在逐步转向抽象符号的过程中，对笔画的处理也成为有秩序的排列。它仿佛是织锦，具有经纬的装饰美。这正如刘勰所言："盖纬之成经，其犹织综，综麻不杂，布帛乃成。"

（四）圆转流畅

小篆的线条如行云流水，富有变化。小篆的笔画看来似乎简单，但它却处处展现出婀娜多姿的体势，即使是一根普通的直线，也决不作僵直笔挺的机械表现，一般都略取弯势。这种处理，不仅显示了秀美流畅，而且体现了内在的力感。同时，一些结构较为复杂的部位，其线条变化就更加多姿多态，气象万千。圆转流畅的线条所产生的动感，使小篆增添了无穷的韵味。例如：

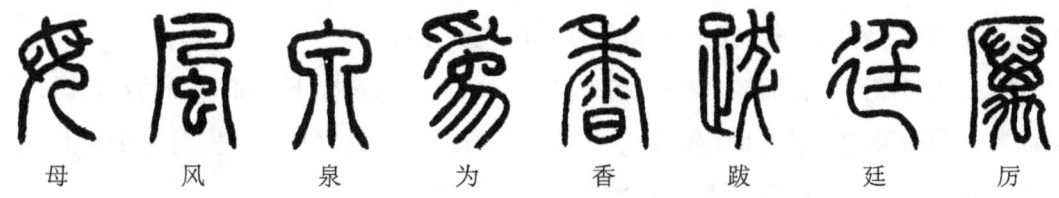

母　风　泉　为　香　跋　廷　厉

从以上这几个篆字中，我们不难看出，它们都有的是一笔或两笔，有的甚至更多的笔画是几经曲折地表现出来的，这正体现了小篆的形式美。

（五）取形长方

小篆还有一个鲜明的特点是，字体呈长方形。小篆字形大都是纵向取势，与隶书的扁形、楷书的方形形成鲜明的对比。根据这里刊出的小篆文字，可以发现：一、小篆的笔画横画多于竖画。因小篆的线条粗细基本一致，就增加了纵向的长度。与楷书不同的是，楷书横画细、竖画粗，这就使楷书趋向方形。二、小篆盘曲的笔画是向垂直方向的延伸，这也增强了纵向的取势。这一特点不仅影响缪篆的结构，而且几百年后的九叠文，也都是取垂直盘曲的折叠状。

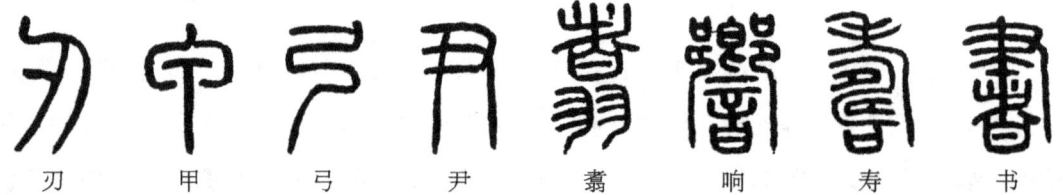

五、篆书临摹方法

临摹篆书的方法很多，下面我们分别介绍几种：

（一）三定

所谓"三定"，是指"定师"、"定时"、"定量"。这是现代书法家白蕉先生提出的行之有效的方法。

定师的"师"，并不是通常指的老师，而是指古代书法的范本，就是要从浩如烟海的碑帖中，选择一本理想的范本。这需要经过反复的比较，才能确定下来。如果草率从事，难免要走弯路。所以定师是取得成功的先决条件。

学习任何东西，都需要花费一定的时间，光说不练是决不可能掌握的。定时，就是选择一个每天能坚持的固定时间来学习。一般说来，最好每天能安排半个小时到一个小时的时间，通过长期坚持，就会"功到自然成"。

定量，就是每天要有一定的临写篆书的数量。每天临摹多少要从实际出发，既不宜贪多，也不能太少，量力而行。

以上"三定"的关键，是要持之以恒，如能这样，学习才能取得成效。

（二）读帖

读帖，是临摹的前提。

我们在选定范本之后，先不要急于临摹，应认真地阅读。关于这一点，孙过庭在《书谱》中曾说："察之者尚精"，是因为只有首先通过认真阅读，对碑帖作了全面的观察、分析，才能把握住碑帖的书写特点。

不同的碑帖有着不同的书写特点。阅读碑帖首先要细心分析前人用笔的方法和特征。赵孟頫曾经说过："学书，在玩味古人法帖，悉知其用笔之意，乃为有益。"以《袁安》、《袁敞》等碑来说，它们用笔较圆；而《吴天发神谶碑》则用笔较方。同时要分析碑帖的结构。因为从艺术上来说，各类碑帖之所以变化无穷，主要的是通过结体的构成来体现的。如吴昌硕的篆书取势倾斜，左低右高，多跌宕起伏；邓石如的篆书取势平正，线条流转舒畅，婀娜多姿。除此以外，读帖时还应分析其气韵神貌特征。如吴让之的和逸秀雅，吴昌硕的奇倔豪放和王福厂的精致工丽。另外，读帖时分析文字的构成特点，也是学习和掌握文字结构和简繁变化的重要的一环。只有全面地了解范本的特点，方能拟定一个由浅入深的学习计划。

（三）摹帖

摹，是用透明的纸张，覆在碑帖上进行勾勒书写。这是感性了解文字结构、形态的最好方法。

摹帖，早在古时候就是人们采用的一种学习方法。我们现在见到的王羲之等晋人的作品，有许多就是唐代摹钩填写而成的。

摹帖，要用摹帖的专用纸。过去人们常用的是上了蜡的皮纸。这种纸具有透明而不渗水的特点。如今可用拷贝纸或打字纸来代替。

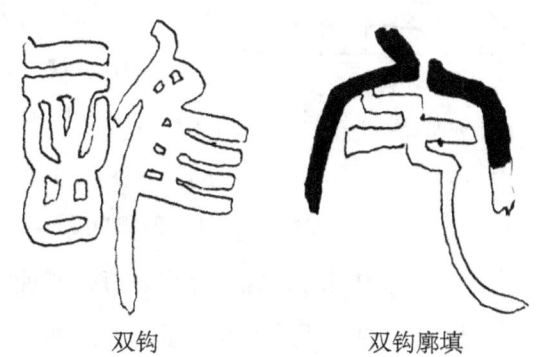

双钩　　　　　双钩廓填

摹的方法较多，大致有这几种：

一种是双钩法。用钩筋笔或描笔，把字的外形轮廓勾勒出来，即成为所谓的"空心字"。在此基础上，还可以用毛笔填墨，这就叫做"双钩廓填"。

另一种是摹书法。即用拷贝纸或打字纸蒙在帖上，然后直接用笔依照碑帖书写。这种方法人称"满摹法"。

（四）临帖

临帖，就是对照碑帖进行书写。这是学习书法最基本的一种方法。

掌握碑帖有一个逐步领会的过程。先是看一笔写一笔，然后是看一个字写一个字，进而看几个字写几个。临帖贵在形神兼备。当然，临写时首先要形似，即所谓"拟之者贵似"。但是光有形似是不够的，还要神备。要做到这一点就不容易了，必须反复临写，直到胸有成竹，对字的结构、笔意都能自然再现。这样，神韵才能从形态中显示出来。

在临帖的时候，要随时把所临写的字与帖对照，从用笔到结体，仔细分析，不断加以比较，然后再进一步临写。如能这样，书写水平便能较快地得到提高。

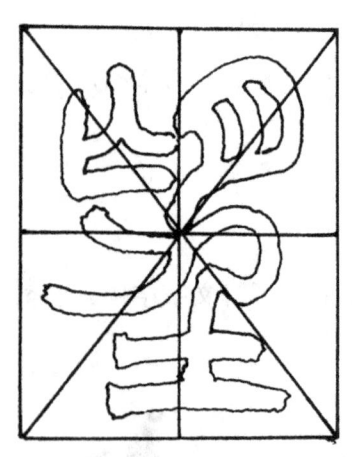

学习篆书还可以借鉴楷书的学习方法。为了便于掌握字体的结构、形态，学习楷书常用"米字格"或"九宫格"，以便初学者控制落笔的位置。学习篆书，也可以采用这个方法。一些排列整齐的篆书范本，如吴让之的篆书，它是写在长方形的格子里，我们就可以在这框里加上米字格或九宫格的辅助线，这样每一笔的位置就一目了然了。

临帖需要避免抄书式的方法。"抄书式"的临帖使人少用心脑，虽然临写了不少字，但什么印象也没有。

临帖要有选择，分步骤地进行。一般采用先易后难的方法，先临写一些笔画少，结构简单的字，再临写复杂的。一次临几个，但反复的次数要增加，并不断加以对照。采取少而精的练习方法，就可以取得印象深、进步快的好效果。

在临写的同时，提倡背临。背临能加深记忆，记熟了就能运用自如。

以上讲的，都是习篆的基本方法和技巧。

第三章 识篆

学习篆刻，一般人总认为关键就是刻。其实不然，对初学者说来，在熟习刀法的同时，还应把重点放在努力掌握篆书的知识上。因为作为篆刻艺术，无论是先秦的古玺，还是现在各流派篆刻艺术，都是把篆书作为基本的表现对象。如果不能识别篆书，就根本谈不上表现篆刻艺术了。

篆书是我国古老书体的总称，它包括甲骨文、大篆、小篆等几种不同的书体。甲骨文、大篆、小篆等各种书体，反映了我国文字形成过程的基本状况。因此要识别篆书，就必须全面了解我国古代文字发展演变的一般情况。正如现代篆刻家邓散木在《篆刻学》中指出的："摹印家必须以识篆为先务，而欲求识篆，又必须先明文字的由来及其构造演变之迹。"因此有必要先知道一些文字起源和演变的常识。

一、文字的起源

古代人们为了记事的需要，曾采取不少表达意识的方法，其中结绳记事就非常有代表性。《易·系辞》中就有这样的记载："上古结绳而治，后世圣人之以书契。"结绳记事的方法就是："事大，大结其绳；事小，小结其绳。"此外还有八卦记事法。《易·系辞》中也读到："古者包牺氏之王天下也，仰则观象于天，俯则观法于地，观鸟兽之父与地之宜，近取诸身，远取诸物，于是始作八卦，以通神明之德，以类万物之情。"

然而，结绳之方法，只能起到帮助人记忆的作用，并不能来表达概念。至于八卦，虽然具有类似文字的形体，也有人称之为"特殊文字"。但它不能详细记叙事物，更不能用作人们的交际和交流思想的工具。

那么文字究竟是在什么情况下形成的呢？一般都认为文字是在语言的基础上产生的，是由图画逐渐发展过来的。关于这一点，陈澧在《东塾读书记》中讲得很简明："盖天下事物之象，人目见之，则必有意，意欲达之，则口有声。意者，象乎事物而构之者也。声者，象乎意而宣之者也。声不能传于异地，留于异时，于是乎书之为文字。文字者，所以为意与声之迹也。"由此可见，文字是记录语言的符号。

那么我国的文字是什么时候产生的呢？从考古发掘的资料来看，我国的文字，至少已有五六千年的历史了。例如陕西省灵台、邰阳苹野村、西安半坡、临潼姜寨等不少地方的原始社会晚期的仰韶文化的遗址里，都曾发现大量的刻画在陶器上的记号。这些陶器上的记号，便是一种具有文字性质的符号。不过现在我们能成批看到的最古老的文字，是商代后期刻在龟甲上的文字，距今也已有三千五百年的历史了。

二、文字的构成

我国的文字量多体繁。东汉许慎编著的第一部字典《说文解字》中，就收入篆字九千三百多个。许多字不仅笔画多，而且常有多种不同写法。那么，这些不同形态的文字，是怎样形成的呢？其实文字的发展和其他一切事物一样，有着它内在的规律性。形、音、义的三者结合，就是汉字的结构方式，也就是造字的方式方法。只有了解我国文字的结构方式，造字的特点，才能更好地掌握篆书。关于我国文字的结构方法，古人早有研究。"六书"，就是前人分析了汉字造字方法而归纳出来的，即"象形"、"指事"、"会意"、"形声"、"转注"、"假借"。

六法的提出，最早见于战国时期。《周礼·地官·保氏》中谈到："掌握王恶，而养国子以道，乃教之六艺：'一曰礼，二曰二乐，三曰五射，四曰驭，五曰六书，六曰九数'。"当时仅提出六书的总称,并没有进行具体论述。到了东汉,班固在《汉书·艺文志》中指出:"古者八岁入小学,古周官保氏掌养国子、教之六书,谓象形、象事、象意、象声、转注、假借,造字之本也。"郑玄在《周礼》注里也提到:"六书:象形、会意、转注、处事、假借、谐声也。"但将六书说得最详尽的还是许慎,《说文解字·叙》中写道:"一曰指事。视而可识,察而见意。二曰象形。画成其物,随体诘诎。三曰形声。以事为名,取譬相成。四曰会意。比类合谊,以见指㧑。五曰转注。建类一首,同意相受。六曰假借,本无其字,依声托事。"

下面,我们具体地来说六书的造字特点:

1. 象形

象形,是用线条来描绘事物形态特征的一种造字方法。它是以勾画客观事物的形态作为记录语言符号,因而象形文字与图画有着本质上的区别。但尽管如此,象形文字所"画成其物"的效果,还是非常"逼真"的。

现在按不同类别的事物,如动物、植物、工具、物品、天体、气象等几方面的象形文,列举如下:

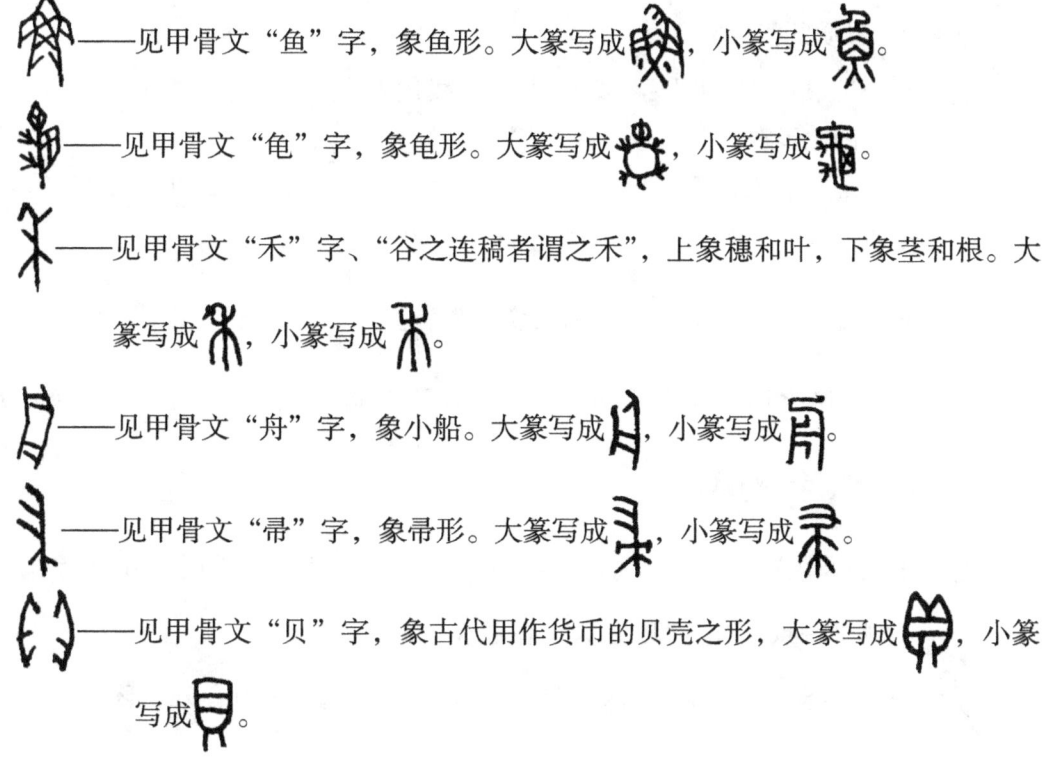

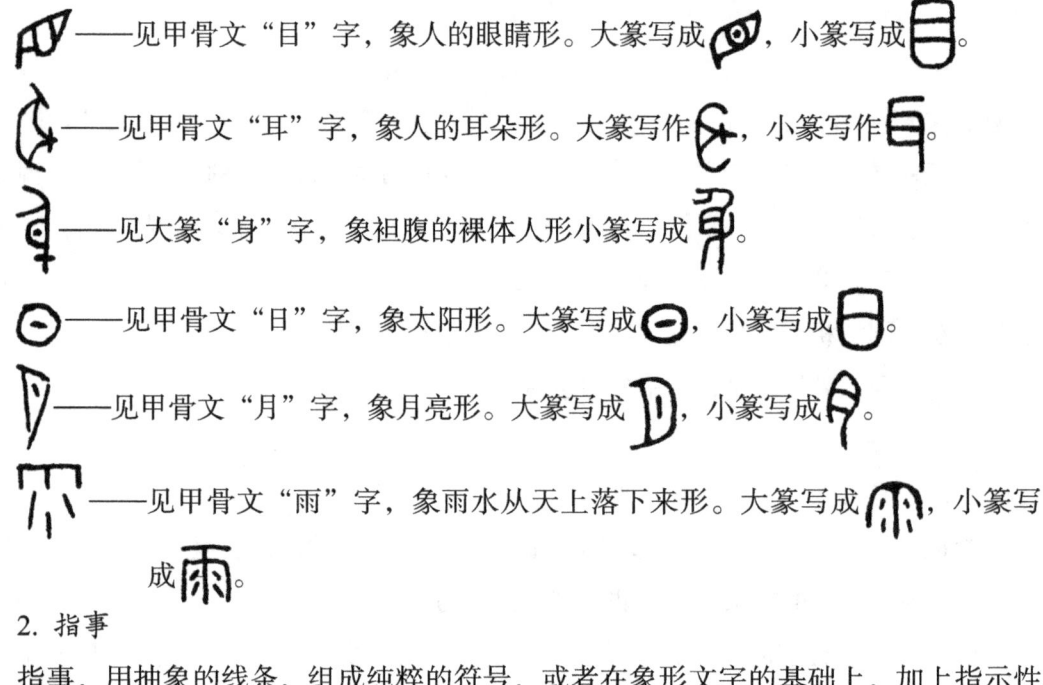

——见甲骨文"目"字，象人的眼睛形。大篆写成 ，小篆写成 。

——见甲骨文"耳"字，象人的耳朵形。大篆写作 ，小篆写作 。

——见大篆"身"字，象袒腹的裸体人形小篆写成 。

——见甲骨文"日"字，象太阳形。大篆写成 ，小篆写成 。

——见甲骨文"月"字，象月亮形。大篆写成 ，小篆写成 。

——见甲骨文"雨"字，象雨水从天上落下来形。大篆写成 ，小篆写成 雨。

2. 指事

指事，用抽象的线条，组成纯粹的符号，或者在象形文字的基础上，加上指示性的抽象符号。

纯粹符号性质的指事文字：

——见甲骨文"上"字，一条长的横线代表界限，一点在线条上面，表示它的位置在"上"。大篆写成 ，小篆写成 。

——见甲骨文"下"字，在长线的下面加一点，或短横，以表示"下"。

在象形的基础上，增加"指示"符号的指事文字：

——见甲骨文"腋"的本字。《说文解字》云："人之臂亦也。"从"大"，象两腋之形。"大"象人的形体，加两点就表示腋的所在，大篆写成 ，小篆写成 。

——见甲骨文"朱"字。《说文解字》云："赤心木，松柏属。"在木字的中部加上一点，以表明颜色为木心之赤。

——见小篆"刃"字。说文《解字》云："刀坚也，象刀有刃之形。"在象形字刀口上加一点，表示刀锋。

——见甲骨文"至"字。箭射出后，落到了地上，表示至的意思，大篆写成 ，小篆写成 。

由于用抽象符号来表示语言的某些意思，局限性较大，因此用"指事"方法造的字比较少。

3. 会意

会意，也称"意象"。它是用两个或者两个以上的象形文字组合成字。

——见甲骨文"监"字，象人俯首面对盘中的水面照看的形象（古时没有镜，用水面来照看自己）。文字是由人形象与器皿的形象两部分组合而成。大篆写作 ，小篆写作 。

——见大篆"限"字，人在瞭望时，目光受到山崖的阻蔽，表示"阻限"的意思。小篆写作 。

——见甲骨文"司"字。象用手遮于嘴边，大声疾呼，十分符合生活的实际。以此表示发号施令，广告四方的意思。大篆写作 ，小篆写作 。

——见甲骨文"得"字。象手中持贝，表示有所得的意思。大篆写作 ，小篆写作 。

——见甲骨文"牧"字。象手中执鞭牧牛的形态，以表示牧牛的意思。大篆写作 ，小篆写作 。

4. 形声

形声，是一种半意半音的造字方法，即一部分表示意义形旁——义符；另一部分表示声旁——声符。段玉裁注《说文解字》云："以事为名，谓半义也；取譬相成，谓半声也。"如"湖"、"河"都是形声字，"水"是两字的义符，"胡"、"可"是各自的声符。

形声字是在象形字、指事字、会意字的基础上产生的，因而不论它的形旁或声旁，都是从这三者来的。在六书中，形声字是最多的，特别是在后世创制的新字中，绝大部分都是形声字。这是因为象形、指事、会意三种结构方式的局限性较大所致。

形声字基本上都是一形一声组成。即一个字由一个义符、一个声符组合起来。

形声字的形旁和声旁的配合，主要有这样六种方式：

1. 左形右声：

柯、胸、论、沽、爬。

2. 左声右形：

欣、颈、胡、期、豫。

3. 上形下声：

药、草、霜、箕、宇。

4. 上声下形：

基、盲、背、婆、辜。

5. 内声外形：

病、国、裹、固、近。

6. 内形外声：

问、闽、闻、辨、辫。

大部分形声字的义符，可在另一部的形声字中当作音符使用，形声字的义符大部分都兼有音符使用，形声字有音符作用。例如：

"土"，在"堤"、"坊"、"堡"等字里作义符，但在另一部分里则是音符——"杜"、"肚"、"吐"。

"金"，在"钟"、"铺"、"钱"等字里是义符，同样在另一部分字里则是音符——"钦"、"锦"。

但也有一部分字里的义符，不能在别的字里当作音符的。例如"犬（犭）"、"牛"、"水（氵）"、"髟"、"页"、"网"等。

形声字的组合，是有一定规律的。它不是杂乱无章的凑合，如果说甲骨文的字形结构还不规范的话，那么发展到小篆，已基本上系统化了，即大部分字的义符和声符基本上已相对固定了。例如：

以"竹"、"艹"、"广"、"髟"等作为义符组合成形声字，它们的音符都是在其下面的——"竽"、"篇"、"药"、"落"、"序"、"庭"、"髪"、"鬖"。

以"囗"作为义符组合成的形声字，音符都是在其里面——"固"、"圃"、"囤"、"囫"。

以"皿"作为义符组合成的形声字，音符都是在其上面——"盅"、"盂"、"盛"、"盟"。

以"金"、"木"、"水"、"土"作为义符组合成的形声字，声部位置则有两种情况：

一种是左右组合，音符便在右边。例如：

金——钦、银； 木——材、杷；

水——波、浪； 土——坡、场。

另一种是上下组合，音符便在上面。例如：

金——鎏、鏖； 木——柔、案；

水——浆、颖； 土——壁、堂。

以"欠"作为义符组合的形声字，音符都是在左边。例如："歇"、"歌"、"欲"、"欺"。

也有个别义符没有固定位置。例如"系"。

义符可在左边："红"、"约"、"绸"、"纳"。

义符可在右边："繇"、"繇"、"縣"。

义符可在下边："紫"、"絮"、"紧"。

值得注意的是，在相同的音符条件下，有一部分的义符位置可以移动，移动后还是同一个字。例如：

吻——叨；概——槩；崑——崐。

但也有一部分的义符位置移动后，就成为另一个字。例如：

含——吟；君——呷；怡——息。

5. 假借

假借，就是借用声音相同或相近的字，来表示不同的意思，即同一个字，具有不同的字义。清代学者孙诒让在《与王子状论假借书》中谈到："天下之事无穷，造字之初，苟无假借一例，则逐事而为之字，而字有不可胜造之数。此必穷数也，故依声而托以事焉。视之不必是其字，而言之则其声，闻之是以相喻，用之不尽。是假借可救造之穷而通其变。"这段论述把假借情况的出现讲得很清楚，表明了假借并没有造出新的字来，而只是尽可能地利用已有的同音字。假借与被假借之间可以毫无意义上的联系，也就是说被假借的字，是当作一个纯粹表音符号来使用的。例如：

離——本是一种鸟名，又称黄仓庚。《说文解字》云："黄仓庚也，鸣则蚕生。"后世假借为"分离"、"离别"的離（离）。

難——也是一种鸟名，后世假借为"难易"的難（难）。

自——甲骨文写作 ，《说文解字》云："鼻也，象鼻形。"后假借为"自己"的自。

笨——《说文解字》云："竹里也。"竹的表面称"箁"，竹的里面称"笨"。后假借为"笨拙"之笨。现在只用其假借义了。

假借，也并不限于"本无其字"。简化汉字有一部分就是根据同音假借制定的。例如：

鱻——《说文解字》云："新鱼精也。"是"新鲜"的"鲜"的本字，用三个"鱼"字叠成，结构太复杂了。于是就假借用本义是鱼名的同音字"鲜"字来代替。

麤——《说文解字》云："行超远也。"因该字太复杂，就借用另一个同音的本义是"糙米"的"粗"字来代替。

假借，越是古老的文字中，运用就越多，故甲骨文里就有大量的假借字。

6. 转注

转注，就是指同一个部类的字，意义相同，可以相互注释。如"考"，可以解释为"老"。同样，"老"也可以解释为"考"。即是一部分字不同，而意义相同的字。转注所涉及的字不多，所以这里从略。

三、篆书的演变

我国的书法艺术源远流长，为了适应实用的需要和艺术的需要，篆书也在不断地演变和革新。在书体上，由繁入简，使人们应用起来更加方便。但从书法的表现技巧来说，则变化越来越丰富，风格也更趋多样。篆书经殷商至秦汉，随着社会的发展而不断发展，几经演变，形成了甲骨文、大篆、小篆等几种不同的篆体。不同历史时期的篆书，其结构风格都有不同的特点。学习篆刻艺术，必须了解篆书的发展演变。

1. 甲骨文

甲骨文是我国文字发展史上最早的一种文字，因这种文字被刻在龟甲兽骨上，故名。甲骨文又称"龟版文"、"龟甲文"、"贞卜文字"、"殷墟书契"。

甲骨文最初出土于河南安阳小屯村，光绪二十五年（1899年）才被发现。故址是我国商朝后半期的国都。商代称"殷"，商王盘庚迁都到殷，直至商朝灭亡，历经二百七十三年。后来逐渐荒废，埋没于地下，故此地又称"殷墟"。

"殷墟"甲骨文就是三千年前，商王祭祀占卜记事的文字。《礼记》中记载："殷人尊神率民以事神，先鬼而后礼。"刻在甲骨文上的文字，即为占辞。殷地湮没后，甲骨被长期埋在地下。逐渐变成化石，后来作为中药，药名称作"龙骨"。直到本世纪初，才被人重新认识并加以研究。现已先后出土十多万片甲骨，共五千多个单字。其中可以识别的单字有二千余个，这表明甲骨文研究还有非常大的发展前途。

甲骨文作为殷周之间的古文字，从结构上分析，已相当完整。其中许多文字已基本定型。如"田"（田）、"問"（问）、"向"（向）、"束"（束）、"不"（不）等字。不过还不规范，结构的变化也较大，如"羊"字就有四五十种的写法。具体说来甲骨文具有以下几个方面的特点：

（1）字的组合位置可以变换。如"物"字：

（2）部分结构可有可无。如"步"字：

（3）笔画有增有减。如"通"字：

（4）合字现象多。如"祖雨"合字，"三祖丁"合字：

从书法上分析，甲骨文已具有非常高的艺术性。首先，甲骨文的结构跌宕参差，笔画长短不一。这与大篆钟鼎、彝器一类款识相比较，就显得格外的舒爽明朗。甲骨文以刀作为雕刻的工具，刀法的变化也是丰富多彩。有的契文字形纤小，笔迹细如毫发；有的契文字形宏大可至方寸。甲骨文的笔画，大都是方直的线条，但也有回环婉转的弧线。不同的甲骨，不同的时期，以及不同的刀法，体现了甲骨文的不同艺术风貌，就形成了甲骨文五个时期不同书体风格的格局。

（1）盘庚至武丁——气势雄伟，挺削峻厉。
（2）祖庚至祖甲——工整谨饬，端凝秀雅。
（3）廪辛至康丁——欹侧朴率，恣肆颓靡。
（4）武乙至文丁——粗犷疏厉，奇变多姿。
（5）帝乙至帝辛——丰茂峻伟，端正隽美。

甲骨文时期已经使用毛笔，在部分未完成的甲骨片上至今尚能发现朱书和墨书的字迹。这表明当时镌刻技法的处理有不同的方法，有的是先书后刻，有的则直接奏刀。

2. 大篆

大篆又称籀文、钟鼎文、金文。

为什么称籀文呢？籀文为周代文字，一般称大篆。《说文解字·叙》："及宣王，太史籀著《大篆》十五篇。"《史籀篇》为周时史官教学童书的字书。籀文的名称则是从《史籀篇》而来的。

大篆又称钟鼎文，则因商周时期大量铸造青铜器，各种青铜器中，最主要的是钟和鼎，青铜器上铸有铭文，钟鼎文就由此得名。同时古代把铜等金属也称金，所以青铜器上的铭文也称金文。至于大篆的名称，则是由小篆而引出的。自秦始皇兼并天下之后，统一了文字。统一后的文字是以金文为基础的，所以就把秦以前的文字称大篆，统一后的文字就称小篆。

青铜器的铭文流传至今，数量非常可观。除了钟鼎之外，还有敦、彝、簋、簠、盨、鬲、豆、盉等多种。青铜器的铭文主要内容和作用是："论撰其祖先之有德善，功烈、勋劳、庆赏、声名列于天下，而酌之祭器，自成其名焉，以祀其祖先者也。显扬先祖，所以崇考也；身比焉，顺也；明示后世，教也。"其铭文有长有短，从几个字至几百字不等。最长的西周的毛公鼎铭文有四百九十七字，东周最长的铭文是1978年出土的战国中山墓中的䂮鼎，有铭文四百六十七字。

大篆书体也多变化，在甲骨文与大篆之间，存在着承上启下的作用。西周时期的大篆与甲骨文相似之处，其中成王时期的《矢令簋》、康王时期的《大盂鼎》的笔画结体，与帝辛时期甲骨刻辞尤为相似。西周末年的大篆，已达到了成熟时期。其中《毛公鼎》历来被视为大篆中之瑰宝，笔法精严，结构劲瘦，行气流畅，气势磅礴。其他还有《颂鼎》等也都体现了大篆成熟时期的艺术风格。战国时期的大篆特点是：风格多样，神采各异，书体格局具有地域性，于是便有西方秦系、南方楚系、北方晋系的提法。其中秦国《石鼓文》，结体严谨，笔画齐匀，行气规范，为后秦统一中国文字奠定了基础。

3. 小篆

小篆，是秦始皇统一中国之后，全国使用的统一文字，因而又称"秦篆"。秦始皇统一中国之后，大量的区域性异体字，影响了中央集权政治的巩固。于是令大臣李斯统一文字。《说文解字》中许慎谈及："七国文字异彩，秦初兼天下，丞相李斯乃奏同之，罢其不与秦文合者。斯作《仓颉篇》，中车府令赵高作《爰历篇》，太史令胡母敬作《博学篇》，皆取史籀大篆，或颇有改，所谓小篆者是也。"

小篆是我国文字史上第一次规范化书体，结构整齐，线条圆转匀称，已少象形的特征。小篆把原来没有固定形式的各种偏旁统一了起来，一个偏旁只有一个形体，并确定了每个偏旁在汉字中的位置，不能随意颠倒换位。每个字所用的偏旁固定一种，不能用其他偏旁代替。此外每个字的书写笔画也基本固定，体现了以定型化为基础的"书同文"。

秦代的历史虽然不长，但所留下的小篆作品却相当丰富。其中规模最宏伟的要数刻石。秦始皇统一中国之后，曾五次出巡，七次立碑刻石。所立的碑石有：《峄山刻石》、《泰山刻石》、《琅琊台刻石》、《之罘刻石》、《之罘东观刻石》、《碣石刻石》、《会稽刻石》。只可惜以上所述碑石，大部分已毁，除《琅琊台刻石》和《泰山刻石》残石尚存并有旧拓外，其他则为后世所重刻的。

秦篆还大量地见于权、量、诏版。秦始皇统一中国后，统一了度量衡，在全国颁行。于是在权量和诏版上的小篆被保存了下来。这些文字的特点，是直接凿出来的，笔画方折坚挺，朴实遒劲。字形大小不拘，欹正随意。在小篆书法艺术中有特殊的地位，对后世篆刻艺术的发展也有非常大的影响。近人容庚先生编纂的《金文续编》就是一部很有学术价值的字书。

此外，瓦当文字也有独特的艺术风格。有一字、二字、三字乃至十余字的不等，作圆形布置。其中以四字居多。文字布局丰富多彩，变化无常，与秦世刻石、汉代碑文并美同风。其他从秦代的泉币、印章、铭文等方面，我们也能见到大量的秦篆文字。

小篆还见于汉代，但篆书发展到汉朝时，又形成了独特的时代风格，故称"汉篆"。汉篆对秦篆作了简化，基本特征是字形方正平直，已趋隶化。最有特色的汉篆碑刻有《娄山刻石》，又称《赵王群臣上寿刻石》，字形已从秦篆的长方形演变为方形。此碑为汉篆中最早的刻石。汉碑的碑文雄茂流畅，锋颖如新的有《袁安碑》和《袁敞碑》。以密茂浑劲、拙朴劲挺称著的则有《嵩山少宝神道石阙铭》和《嵩山开母庙石阙铭》。东汉最著名的当推非隶非篆，兼两体而为之的《汉常山相冯君祀三公山碑》。这是由篆而趋于隶的典型之作。清代方朔跋此碑有云："乍阅之有似《石鼓文》，有似《泰山刻石》、《琅琊台刻石》，然结构有圆亦有方，有长行下垂，亦有斜直偏拂，细阅之下，隶也，非篆也。亦非徒隶也，乃由篆而趋于隶之渐也。仅能作隶者不能为此书也，仅能作篆者亦不能为此书也，必两体兼通，乃能一家独擅。"但汉代更多的是碑额篆书。如《孔宙碑》、《孔彪碑》、《尹宇碑》、《张迁碑》和《华山碑》等。

汉代以后，历代的篆书也各有特色。三国魏吴的篆书中，影响最大的有《禅国山碑》，又称《天纪碑》、《团碑》、《囤碑》。清代康有为谓其"浑劲无伦"。《天发神谶碑》，对后世的影响更为突出。此碑又名《天玺纪功碑》、《三段碑》，书体奇伟，以隶法入篆，别具一格，传为皇象书。张叔未云："吴《天玺纪功碑》，雄奇变化，沉着痛快，如折古刀，如断古钗，为两汉来不可无一，不能有二之第一佳绩。"自此以后，书法都趋楷书，篆书并不多见。唐人篆书有李阳冰，篆书直接取法李斯，曾言："斯翁之后，直至小生。"宋代写篆书的人较多，其中最著名的有徐铉、徐锴，世有"二徐"之称。元代篆书名家赵孟頫、吾邱衍、泰平华等，他们的篆书都各有独到之处，如泰平华的篆书用笔流利，可说是邓（石如）派篆书的先声。明代虽然写篆书的人不少，但无突出成就。清代写篆书人很多，并多具有创新精神，最为突出的有邓石如、吴让之、杨沂孙、吴大澂、吴昌硕等。风格各异，而且他们在与篆刻艺术的结合方面，都作出了令人折服的成就。

以上，我们着重介绍了汉字的起源、发展和演变。懂得这些常识，对我们在学习篆刻中认识、应用篆书都是极有好处的。

为了便于人们掌握篆字，清代沙青岩曾撰《篆法百韵歌》。主要对疑难的篆字，分字头、字身、字脚等方面进行辨析，如诗曰："奉奏春秦泰，篆来首不侔。"以歌诀的形式表达，并用篆字书写，通俗易懂。

第四章 刀法

刀法，是指用刻刀在印章上镌刻文字的技法。有人把篆刻视为书法加刀法的艺术，这从一个侧面反映了刀法与书法的依存关系。不过，篆刻艺术的刀法，还不仅仅是表现书法的笔意。由于篆刻下刀的轻重不同，疾徐不同，以及奏刀时的方向角度的差异，表现出来的线条也就千变万化，由此而产生出来的特殊"金石气"，则是书法艺术本身所不能比拟的。所以懂得如何掌握篆刻中的刀法，有着特别重要的意义。

一、刀法的形成

篆刻刀法的形成，与中国文化，特别是中国的文字有着密切的关系。可以查考的资料表明，用刀镌刻表现汉字，可以上溯到三千年前甲骨文的锲刻。那时，甲骨文所反映的锲刻技法已非常高明。

先秦时期印章被广泛使用以后，印章的镌刻技巧也就随之发展起来了。当时的印章制作，除了铸造、琢磨之外，还有凿刻而成的。吾丘衍在《学古编》中论及："朝爵印文皆铸，盖择日封拜，可缓者也。军中印文多凿，急于行令，不可缓者也。"凿印的制作，是用已铸成的印坯，凿出文字，由于迅速而就，所以凿印又称"急就章"。

　　元末王冕取花乳石刻石，开创了印材取用的新阶段，也为冲刀、切刀这两大刀法体系的进一步形成提供了物质基础。古代印章取材主要是铜质和玉质，其加工困难，非工匠莫为，这对篆刻技法的普及和表现是很大的局限。花乳石的开发，使石章成为篆刻的主要材料，就引来了文人自篆自刻的新风尚。因而才有："文人学士，无不以研朱弄石为一时雅尚"之说。到了明清，文彭、何震、丁敬、邓石如、赵之谦、吴昌硕、黄牧甫等篆刻家，通过他们大量的创作实践和不断探索，极大地提高了刀法的艺术表现能力，丰富了刀法的艺术技巧，并形成了冲刀和切刀的完整的篆刻刀法体系。

二、执刀法

　　执刀的方法，与执笔的方法一样，有好几种不同的姿势。而常见的执刀法则有如下三种：

　　1. 拳握式执刀法。这种刀法要求五指紧聚作握拳状，将刻刀紧握手中，用大拇指侧按刀的尾部。运刀时，由外向里，刀柄略向外倾，运动时主要是依靠腕与肘部的力量，使刀在印面上运行。拳握式执刀法选用的刻刀一般以粗柄为宜。拳握式的优点是宜于使劲，适宜刻制较坚硬或较大印面的石章。缺点是印章细微部分的表现力较差。

　　2. 五指竖式执刀法。这种执刀的方法，如同五指执笔的方法，故又称执笔法。也取指实掌虚，依靠指、腕、肘等部位的配合用劲，使刀刃在印石上奏出线条。奏刀运动的方向，一种是由里向外运行刻凿，刀柄略向里倾；也可以由外向里运刀，刀柄略向外倾。

　　3. 五指横式执刀法。这种执刀的方法，基本上与五指执刀法相同，不同的是手向右外倾倒，使刀斜卧。取无名指抵柱石章的右外侧，自右向左，取刀的外角入石奏刻线条。主要依靠拇指、食指、中指将刀握住。由于无名指同时抵

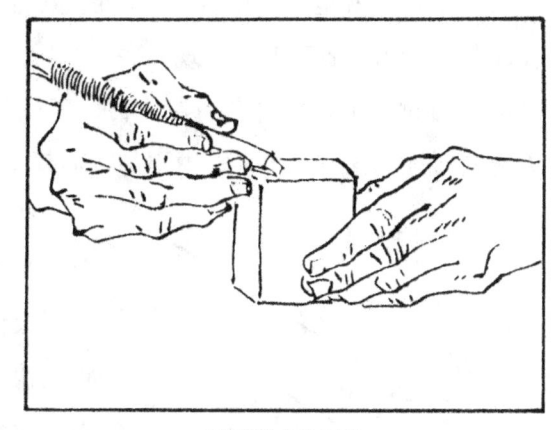

五指横式执刀法

住石章，所以具有运刀稳健的优点。

以上几种执刀各有长处，实践时可择善而用之。不过，从目前实际的情况来看，五指横式执刀法较为普遍。

篆刻右手执刀，还必须与左手持石相互配合，注意做到"转石以迎手"。一般执刀的右手镌刻时作定向运动，以左手持石，不断地调换石章的方位，使石顺刀的奏向，将文字纵横线条表现出。如果石不应刀，那么不管刀如何转动，线条的气势也就难以贯连了。这是非常重要的手势配合。《篆刻针度》一书中也强调指出："刀有顺有逆，手但能顺势锋切下，不可逆转。若逆欲时，须转印以迎手，不可位便，概作一顺。若顺逆紊施，不分向背，则刀法多殊而阴阳乱矣。"

三、刀法

前人长期的治印创作实践，逐渐形成了许多种类的刀法，诸如"正入正刀法"、"单入正刀法"、"双入正刀法"、"涩刀法"、"迟刀法"、"留刀法"、"复刀法"、"埋刀法"、"舞刀法"、"平刀法"等等。根据笔者长期实践认为基本的方法，则是冲刀法和切刀法两种。其他各种刀法，只是冲刀、切刀两大刀法体系的补充。下面，我们分别加以介绍：

（一）冲刀法

冲刀法，就是刀刃在石上以冲走运行的方式镌刻线条。刻刀奏于石上，也要把握住起刀、行刀、收刀时的表现方法。

起刀时，用刀角自右向左入石，刀柄与印面应保持35°左右的斜度。角度过小，刀身会碰擦印面；角度大，刀刃与印面趋垂直，也难以运行。

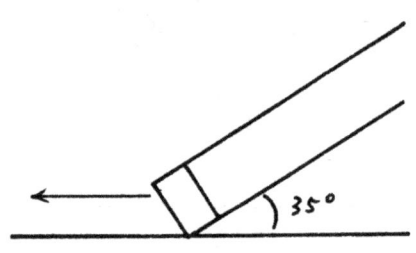

冲走时，要控制好刀角入石的深度，运刀时要保持平衡，不要太浅，太浅刀迹浮滑，纤弱无力；太深会使刀角陷入石中，难以运行。冲刀的速度不宜过快、过猛，否则会导致线条破碎，而且难以收刀。行刀时，要用无名指抵住石章的右侧，以控制刻刀的适度冲力，防止刀刃滑出。总之应稳渐而进，不疾不滞。

收刀时，要胸有成竹，及时驻留，不要使刀尖削出，锋芒毕露。同时，还要防止因用力过猛而使刻刀冲出，破坏线条，甚至刻伤左手。

学习冲刀法，如能掌握以上几个环节，就可使刻出的线条取得猛利刚劲的效果。

（二）切刀法

切刀法，就是刀刃在石上以起伏切刻的方式镌刻线条。切刀起刀时，先将刀刃的右角刻入印石，与印面呈45°的斜角，刀柄略向右倾，刻入石面。如此反复，以点成线。

行刀时，注意在点的基础上，将刀柄向左倾，使刀刃逐渐切下，使刀刃的左角贴近印石。这样，就可由点切刻连接成线条。切刀行刀时要防止切刻的排列不要过于整齐，应自然错落。这样刻出的线条便含蓄老辣，富有金石气，又能避免锯齿形的弊病。

（三）白文、朱文、单刀、双刀

白文，就是指篆刻作品的线条作阴文的表现，如作品"校尉之印"。

朱文，就是指篆刻作品的线条作阳文的表现，如作品"王音印信"。

印章的线条可由单刀和双刀两种方法来表现。

校尉之印

王音印信

单刀

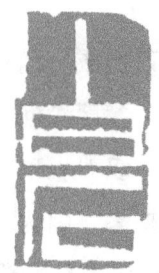

单刀，是刀锋在石上一次运行所刻出的一根凹型白文线条。单刀有冲刀与切刀之分，但无论是冲刀还是切刀，都可以直接表现印章文字。齐白石治印，就是以单刀直冲著称，创作出独具风格的篆刻作品。他的单刀痛快淋漓，并独创了齐派篆刻艺术。但是单刀的线条由于是一刀刻成的，准确性较难把握。故初学者加强单刀技法的训练是十分必要的，这对提高篆刻技巧也是重要的一个方面。

双刀，就是用往复两刀来表现白文线条。双刀刻出的白文线条粗细的变化很大，所以双刀的表现力较单刀要宽。

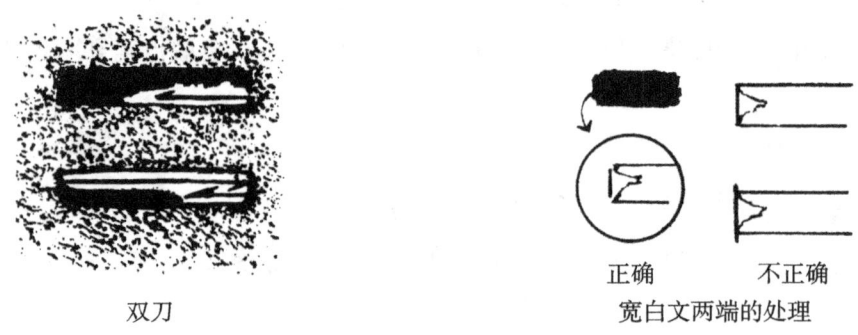

双刀　　　　　　　宽白文两端的处理

刻双刀时，先依线条内侧的边沿入石用冲刀或切刀的方法，刻出一条单刀白文。然后将印石作180°的转位，再沿着线条的内侧边沿，刻出线条的另一边。这样，两根单刀白文线条，就组合成一根双刀刻成的白文线条。如果所要表现的线条较粗，经往复两刀后，中间常有留余部分，这只需要用刀刃逐一刻去即可。

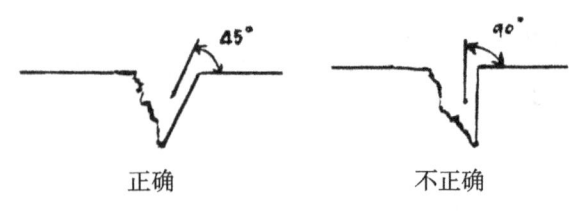

双刀表现的线条两端，通常不能取得预期的并合效果，而呈燕尾状，白文线条越粗，燕尾状就越明显，此时可用刀刃在"燕尾"的中间作辅助处理。值得注意的是，这一处理不要直接与原有的刀痕成直角相接，更不能使刀锋交叉，而应略留有余地，这样线条的效果较丰满凝重，含蓄深沉。

双刀表现线条，怎样才能取得朴茂厚重的金石气呢？关键是刀角入石不要取垂直的趋势。因为，如果是线条所刻入印石的凹面与印面是垂直的话，那么钤出的印痕将是清晰有余而浑厚不足。

正确的方法是，刀刃入石时，锋与印面应取45°左右的倾斜，使刻出的线条，入石两边与印面之间呈现坡斜，这样钤出的线条就能取得理想的效果。这里指的锋刃入石需要的斜度，不是一成不变的，而应灵活多变，由此而产生的线条就更富有韵味。

朱文的表现方法，与白文双刀相似，也是由往复两刀组成的。只是表现为相背的两刀，中间留出空隙，这空留下来的部分就是朱文线条。具体方法是先沿着线条的外上侧边沿，自右向左冲刻或切刻。然后，将印石作180°的转向，再沿着线条的上侧边沿，自右向左刻出。这样，一根朱文线条就刻成了。

第一步骤

第二步骤

刻朱文线时，同样要注意使刀角倾斜入石，使朱文线条的两侧，都形成坡度为宜。

（四）刀法训练

A. 刀法训练从直线开始

首先，作单刀直线练习。这种练习宜先用2公分以上石章。练习线条的长度，应长于一般实际印章中的线条。如果实际应用的石章为1.5公分，印文由四字组成，那么在通常的情况下，印文的线条最长也只有0.8公分左右。如今具备了刻2公分以上线条的能力，那么刻短的线条就不会感到太困难了。

正确

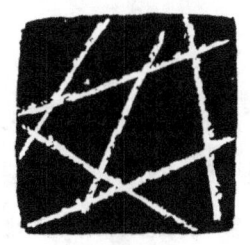
不正确

单刀直线练习时，所刻的线条应与石章边线平行。这样逐条平行刻下去，印石的利用率比较高；反之，如作斜乱交叉下刀的话，那么印面才刻上两三刀，就无法再作长直线的练习了，印石的利用率就大大降低。同时，不规则的下刀，线条不受平行排列的约束，就不能达到规范训练的要求。

当单刀刻出的线条能达到挺直、均匀时，就可以进一步进行双刀平行线的练习。

双刀平行线，是在刻单刀平行线的基础上进行的。这样既可在单刀平行线刻好的印面上，加以双刀练习，也可以把一根双刀线条刻好之后，再刻第二根线条。

B. 朱白文结合训练法

掌握了双刀白文排列线条的镌刻技巧之后，就可以进入到朱文线条的训练阶段。我们可以采取一种简便而又易于奏效的方法，即一种意念转移的方法。当我们刻出整齐的双刀白文平行线后，把注意力转移到两条白文线条的中间部分时，就会意外地发现，一根朱文线条已自然地出现在我们的眼前了。由此可见，朱文线与白文线是相辅相成的。所以只要我们有意识地将两者结合起来，进行刀法训练，就可以取得事半功倍的学习效果。

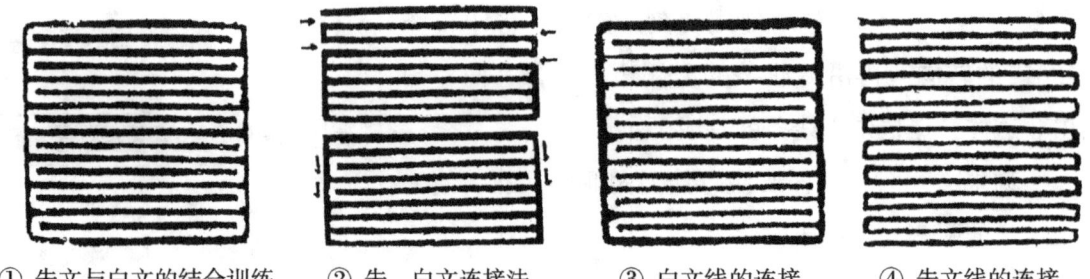

① 朱文与白文的结合训练　② 朱、白文连接法　③ 白文线的连接　④ 朱文线的连接

能刻出白文和朱文相间的平行线，也就可以将白文和朱文加以连接，构成白文折叠表现形式和朱文折叠表现形式。

白文的折叠线，只要把原有的白文平行线的左右交体连接，便形成反复折叠的白文长线。

朱文的折叠线，只要把原有的白文平线的两端，作左右交体的刻除，然后稍加整理，便可以产生反复折叠的朱文长线。

C. 方折回纹朱白文训练

方折回纹朱白文，是以四边作平行线，逐层向里内收。一种是每一层作"口"形，各自独立，四边相连逐层缩小。一种是作一根方折的线条，逐层向里收缩。前者是若干根回纹线条组合，后者则是由一根环回形线条的延续。只要排列整齐，在刻成白文同时，相应的朱文线条也就产生了。

回纹朱白文，在朱文与白文之间，可以加以调节，即可以是朱白文粗细相等，也可以是朱文细白文粗，或白文细朱文粗。进行不同的粗细变化的训练，有利于刀法的熟练掌握。

D. 圆转回纹朱白文训练

圆转回纹朱白文训练的原理，是与方折回文线相同，只是移方为圆而已，以圆弧的线条逐层向里收缩。一种是每根圆线各自独立；一种是一根圆线逐层内收。为

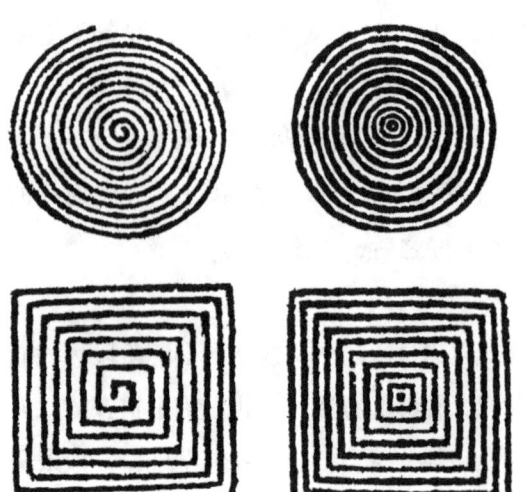

回纹朱白文方、圆图例

了便于回纹线的基本功训练，开始时，可分解为同向弧线的练习。

在圆转回纹的朱白文线条的练习过程中，也可以作朱白文粗细相同和粗细变化的训练。

经过上述不同线条的反复训练，就可以应付各种印章文字的线条变化了。

四、刀法的弊病

初学者的刀法常会出现一些弊病，其中最常见的有以下几种：

1. 钉头鼠尾。这是初学者最常见的现象之一，主要由于奏刀不稳，刻刀入石时用力过猛，入石太深，一下子就留下很重的刀痕。然而行刀时又腕力不足，或缺少胆略。所以就产生起刀的地方，线条过于粗，而行刀、收刀的地方，线条过于纤细的结果。也有的是因为入石时用力过于轻，行刀时，不是平均用力，而且也不平行奏刀，使刀角不断地向石章的深处刻下去，越刻越深，结果产生的线条也就越来越粗。

2. 粗细失调。行刀不稳，一会儿重一会儿轻，产生的线痕时粗时细，缺少整体感。所以粗细失调的线条，如果组合在一起时，就会导致十分零乱的后果。

3. 支离琐碎。片面地追求古印中所谓的斑蚀剥落的效果，导致白文的支离，朱文的琐碎。这样的结果，不但不能体现古印线条的苍劲古朴，反而连基本的刀法形迹也表现不出来了。

4. 粗肥臃肿。线条的挺劲与否，并不取于线条的粗细。但初学者由于不懂得其中的道理，认为只要粗实，就能体现力感。前人的告诫值得注意："要使肥中有骨，而无臃肿之失；瘦中有筋，而无枯之弊。"

5. 鹤膝刻板。此中弊病常见于切刀施刻不善所致，运刀机械切刻，便产生呆板的锯齿状刀迹。以此表现朱文与双刀白文时，线条的两侧如平行起伏，就产生鹤膝状的恶态，俗不忍睹，故有谓此最是篆刻刀法之大忌。

以上这些现象，初学者必须引起重视，起步不正，后患无穷，必须加以避免。

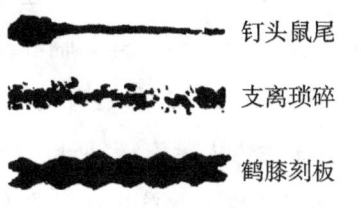
钉头鼠尾
支离琐碎
鹤膝刻板

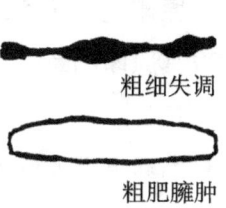
粗细失调
粗肥臃肿

第五章 摹印

　　学习篆刻技法，主要从临摹前人的优秀作品着手，这和学习书法必须临摹碑帖的道理是一样的。有些初学者，往往不重视临摹的作用，急于求成，随意奏刀，结果花了许多的精力，事倍功半，还只能在艺术的大门外徘徊。

　　然而，也必须认识到，临摹决不能简单地为临摹而临摹。如果这样，也就失去了临摹的积极作用。我们应该通过认真刻苦的临摹，将古代优秀作品中的书法、刀法、章法等方面的处理技巧学到手，然后再经过不断的艺术实践，努力创作出富有个性和时代性的作品来。

　　通常所称的临摹，实际上包含着两种相似的学习方法。摹印，是忠实地按照原印，用纸钩摹下来，复到石上，再照模照样地尽可能一样地把印文刻出来。临印，则是对照原印进行仿刻，较摹印要灵活得多，临印还可以有所侧重，或取其原印的刀法，或取其原印的章法，而不是全求一模一样。临和摹是两种相辅相成的学习方法，各有各的长处。正如姜夔在《续书谱》中所谈到的："临书易失古人位置，而多得古人笔意；摹书易得古人位置，而多失古人笔意。"所以只有两者密切结合才能取得形神兼备的效果。对初学者说来，临摹的重点，首先应放在摹印上。所以本章谈临摹的内容也以摹印为主。

一、选印

临摹学习，首先应对临摹的对象有所选择，有所安排，切不能匆促上阵。

我国古代至今流传下来的作品甚多，上起秦汉，下及明清迄今。不同的时代，不同的流派，均有不同的艺术风采。从何处着手为宜，这是一直被人重视的问题。根据明清以来篆刻家的艺术实践经验表明，临摹从汉印着手是适宜的，可以汉印为主，兼取别样。

为什么汉印最适宜作为初学者的范本呢？清代吴先声在《敦好堂印论》中谈到："印之宗汉也，如诗之宗唐，字之宗晋。学汉印者，须得其精意所在。"西泠八家之一的陈鸿寿也谈到："初学治印，以汉人为宗，心摹手追，心求神似，才能使印章成为上品。"类似的论述，历来很多，所谓"所法乎上"，说的就是这个道理。

考察明清篆刻家的成功之路，更能证明这一点。流派篆刻艺术的开创者之一何震，就曾临摹了大量的古印，并取得卓著成就。后人评其印时，曾论及："其摹汉人急就章，如神鳌鼓波，雁阵惊塞。"最为人称道的是西泠八家之一钱松，赵之琛曾高度评价他的印作："此丁（敬）、黄（小松）后一人，前明文（彭）、何（震）诸家不及也。"钱松所以能取得辉煌的成就在于他曾以顽强的毅力，临摹汉印达二千方。

然而，从临摹古印着手，还有一个具体作品的选择及由浅入深、由易及难的问题。我们主张临摹一般地先从平整工稳一路入手。然后再取古朴苍劲一路。在具体的学习步骤上，唐代孙过庭的见解是非常合理的，他在《书谱》中论及："至如初学分布，但求平正，既知平正，务追险绝，复归平正，初谓未及，中则遇过，后乃会通。"这对于学习篆刻同样有指导作用。为此根据历代印章范例，安排四个基本步骤：

1. 工稳端正

工稳端正是历代印章中占有很大比例，特别汉印中更为多见。我们可以选择一些印文少印文清晰，结构工整和谐，线条平正方直，转折方劲而圆润的印章。如：

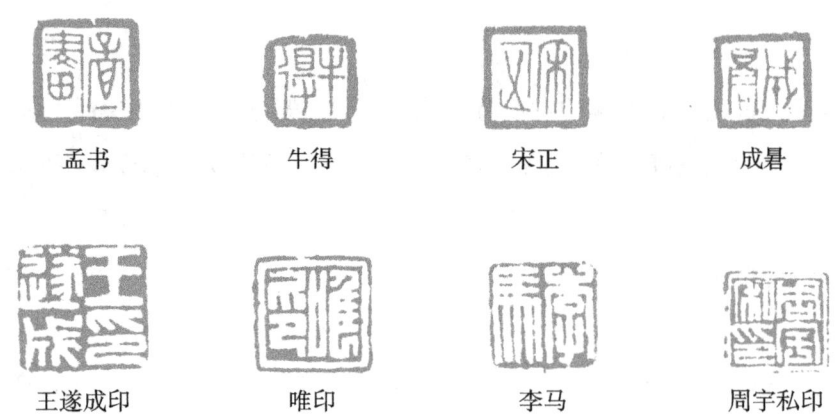

| 孟书 | 牛得 | 宋正 | 成暠 |

| 王遂成印 | 唯印 | 李马 | 周宇私印 |

2. 构思机巧

有一部分汉印，在笔法、章法、刀法等方面，往往都显示出新颖独到的构思，使方寸之间，洋溢美妙的情趣。这些印章依然是以平整方直的布局为基调，而仅以某些笔画的处理上略施巧思，即能使印面生动起来，产生出人意料的艺术效果。通过这类印章的临摹，可以帮助我们提高对细节处理的手法技巧。如：

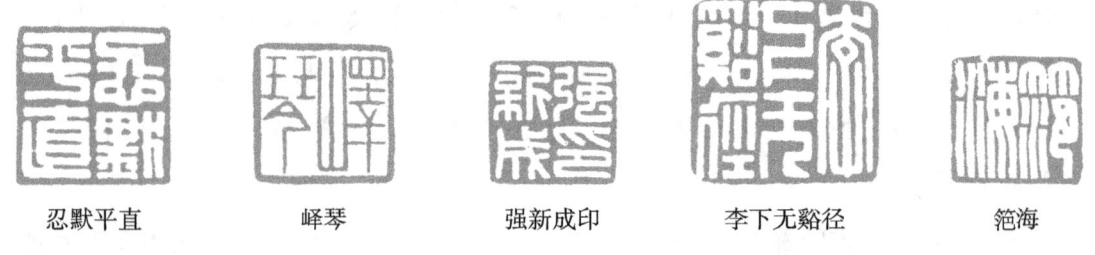

忍默平直　　峄琴　　强新成印　　李下无谿径　　笵海

3. 拙朴苍茫

古印至今已有两千多年的历史，由于年代的久远，便产生了不同程度的剥蚀损残现象。不同程度地改变了原来印章的面貌，形成部分线条的残缺断损和宽窄曲折的变化，以及大小虚实不同的斑驳點痕，从而构成了特殊的艺术趣味。这种艺术效果也正是明清篆刻家所拟摹对象，印章的破残处理，也成为篆刻的基本技法之一。通过这类印章的临摹，就可以掌握古意盎然的表现手法。如：

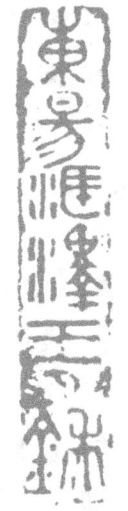

代马丞印　　　　　　东朝阳侯　　　　　　　　　　　　

杨质公所得金石　　　黜南老人　　　　　　东易尹泽王钵

4. 肆意强悍

　　这类印章大都是凿印，凿出的线条强劲刚挺，欹斜恣肆，与铸印形成鲜明的对照。它没有像铸印那样工整匀落的布局和丰润沉静的线条，然而却能体现气象万千的形式变化和雄强霸悍的艺术气质。因为这类印章更能纵情显露作者的个性，更具有对比强烈的艺术效果，所以越来越受到人们的喜爱，在现代篆刻艺术作品中，借鉴凿印的比例明显增加。在具有扎实的篆刻基本功之后，通过凿印的临摹，则有助于开拓篆刻表现技法。

  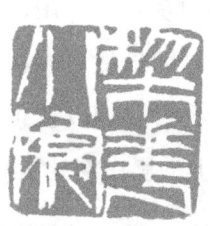 

殿中都尉　　　　武猛中郎将　　　　梨花小院　　　　寻常百姓人家

　　我们说从汉印入手，是学习篆刻技法的最好途径，但并不是说一切汉印均宜作为学习范本的。这里面除了过于破残，面目全非的作品外，汉印中也有相当一部分印章，布局经营过于呆板、僵直，没有生气，如"杨骏"、"减安"、"纪凤"、"诸误"等印。

这些印的线条平铺直叙，艺术语言十分贫乏。如果将这种印作为学习对象，那就必然会走进死胡同。

二、钩摹

钩摹，就是将被临摹的印章，忠实地钩摹到半透明的纸上。

首先，要选取理想的钩摹纸。最佳的材料是一种蜡纸坯纸。这种纸张，质地细腻柔薄，半透明，而且有很好的留墨性能。如果没有这种纸张的情况下，可以选取性能相类似的材料来取代。

钩摹时，为了保护好原印印刷品不受污染，需在摹纸与原印之间衬上一层玻璃纸或塑料薄膜，这样既使钩摹时墨汁透漏时，也不会玷污原稿。

钩摹选用的一般是较细的狼毫笔，墨色宜较浓。勾勒的线条宜细不宜粗。强调精确性，任何细节都应尽量地钩摹出来。由于钩摹过程中，各人的习惯不同，也就产生方法上的一些差别，便形成了以下几种方法：

1. 双钩法

依照印面文字的线条、破残、印章的框廓，逐一以勾勒法精确地摹下来。这种方法适用于线条较粗的白文印，特别是满白文。如果用笔精到，上石技巧掌握得好，那么用双钩法上石就能取得理想的效果。

2. 双钩填底法

此法就是在双钩摹印的基础上，用较浓的墨色，将白文的朱底填满，以取得与原印相仿的效果。这种方法摹印虽然要多花一些时间，但有它的优点：一是如果双钩印摹不精确，通过填墨的过程可以加以校正；二是填底后上石易取得清晰的效果；三是随着白文线条刻去，印石上的黑白对比更加明显。

 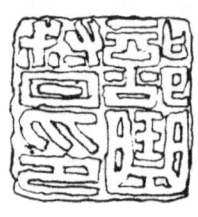   

所选印章　　　双钩法　　　双钩填底法　　　双钩填字法　　　摹写法

3. 双钩填字法

此法就是在双钩的基础上，将印面文字填墨。这样处理上石后，虽然在镌刻时，没有双钩填底法那样易于掌握。但这种方法也有它的特殊意义。因为无论是朱文还是白文，在日常设计印稿时，都是作这种方式篆写的。所以采取这种方法，有利于今后的实际应用。

4. 摹写法

此法是将原印文字视作"描红"，依样将其印文摹写下来。摹写法，是以上述三种方法为基础。所以需在掌握一定的技法后，才宜采取这种方法。有了一定的技法基础，摹印时，可在"形似"的基础上强调"神似"。这种方法是由摹印过渡到临印的重要环节，处理得好，可以既能得"位置"，又能得"笔意"。

三、上石

钩摹好的印稿纸，应把握好时间及时上石。钩摹稿存放的时间不宜过长，因为时间放久了，墨色着水后就不宜渗落到纸上。当然也不宜把刚钩好的摹稿立即上石，过早上石墨色易渗化，导致笔迹模糊不清。一般摹好的印稿待 10 至 15 分钟上石最宜。如遇天气过于潮湿或干燥，可将时间适当延长或缩短。

上石，是将钩摹取得的印稿，复到石章上去。摹稿上石能否取得理想清晰的效果，关键在于掌握必要的步骤：

1. 整理

印石不加以整理，印稿是无法上石的。一般石面上总不免有油蜡污垢，对摹稿上的脱墨产生排斥作用。故应先将印石用较细的砂纸磨一下，这样不仅可以将不平的印石磨平，而且也可将油污去尽。经磨过的印面，可用柔纸将石末稍擦去，但切不可用手指去抚摸，否则会再度染上油污。

2. 定位

将摹印稿对准印石，然后将纸边折伏在印石的四周，使印稿纸与印石固定。

3. 着水

用毛笔蘸水涂在印稿纸上，水量要充足，以便使稿纸湿透吸饱。如果把握得好，着水与定位，这两个步骤可作交换，视各人掌握方便而定。

4. 吸干

摹印纸着水后，需稍待片刻，以使墨迹与纸能充分松解。然后，用能吸水的纸张轻轻地按上，将水吸干。

5. 磨擦（附图Ⅰ、Ⅱ）

选用薄软的吸水纸，覆在印稿纸的上面，用大拇指的指甲，在上面反复用力磨擦，注意一要每一部分印稿都能磨擦周到，二要迅速，以防止印稿纸干燥后易在石章上移动。

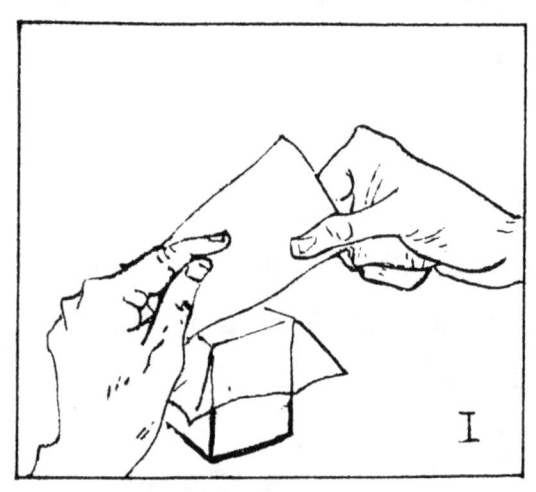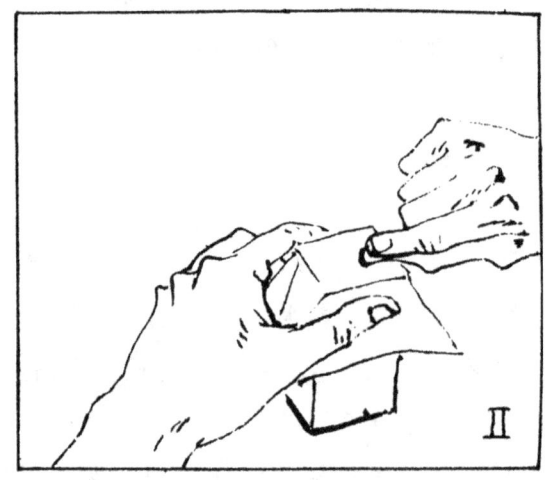

6. 审视

经过反复磨擦之后，可先将覆在印稿上的吸水纸揭下，审视一下这张纸，是不是有清晰的印文字迹。如果印文都充分地显示出来了，那么我们可以断定，摹印稿上的字迹已全部复到石上去了。如果纸上有的部分尚不清楚，那么还可以有针对性地作进一步磨擦。

7. 修正

只要按上述的要求认真去做，那么一般是可以取得理想的效果。但也常免不了因操作不当而使一些局部的地方效果欠佳，在这种情况下，可再用毛笔在较淡的笔画上加墨醒笔，重新研磨。经过反复的训练，我们就可以将原印逼真地复印到印石上去了。

这种上石的方法，应用性非常强。当掌握了篆刻技法后，自己设计印稿时，也可采取这一技法。由于用正字设计印稿，而不是在印石上写反字，因此容易在章法处理上取得理想的效果。

四、摹刻

摹刻，就是根据原印钩摹上石的墨迹，并对照原印进行刻制。在刻制的过程中，应认真反复思考原印的表现方法，并注意以下几个方面：

1. 要准确地使用刀法。奏刀前要对原作作进一步的全面分析，考虑采取怎样的刀法处理较好。一般以冲刀为主，切刀为辅，但在具体的运用上，则应从实际出发，全面了解变化的规律，这样下刀就胸有成竹，做到"稳、准、狠"。

摹刻"梁厩丞印"，如留心观察，即可发现"丞"字的"弓"笔挺直，宜用冲刀。而其他笔画则不同程度显现起伏，就需辅以切刀。

梁厩丞印

2. 要抓住线条的细节变化。一般说来，由于是依样镌刻，线条的大体效果是容易把握住的。但一些线条的起笔、收笔及转折的细微变化，则往往被疏忽，而这些地方却正是精华之所在，决不能马虎从事。

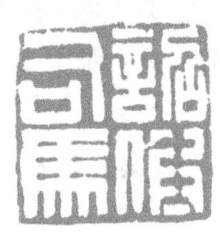
诏假司马

"诏假司马"，是一方宽白文印。它就有两个细节，处理得非常高明。一是"司"字的"⼓"笔，与横划相接处，有一个明显的波折，上呈圆，下为直，很有特色；另一是"诏"字，部分竖笔处理得瘦窄，淳厚中见灵秀，使印文增色不少。这些细节处理在摹刻时要充分地表现出来。

3. 要注意结构之间的呼应。大凡优秀的篆刻作品，都十分重视笔画之间，字与字之间的呼应。特别是一些跌宕起伏较大的作品，结构之间呼应就显得特别重要。摹刻"卫舍祭尊"等印时，就要处理好这种关系。

"卫舍祭尊"印中的"卫"字的左右各两笔折竖和中间的"聿"部等上下之间承接，都相当紧凑。"舍"字的扭斜之势与"卫"字的欹倾之态又正相吻合。正因为如此，所以能取得险与夷的统一。如果这些结构上的呼应处理，在摹刻时能得到充分注意，那么收效就大不一样。

4. 要控制适度的破残。古印的破残是久远的历史形

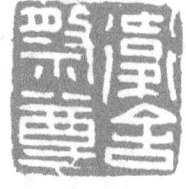
卫舍祭尊

秦凤

成的痕迹。表现得好，可以增加苍茫感和朦胧美，但如果处理不好就会支离破碎。特别有些古代作品，印文的经营有独到之处，然而自然的破残，并没有按照艺术的规律从事，于是就产生了"秦凤"印，这样集中在中宫部位破残的不协调状况。遇到这种情况时，我们可以根据缪篆的笔意，并结合印章的结构特点，将缺损的笔画完整地表现出来。

5. 要善于把握线条的实际粗细。遵照原印钩摹下来的印文线条的粗细，准确无误地刻出，按理说是能取得与原印相仿的效果的。然而，事实上钤出的印痕却常常是另一回事，白文印的线条变细了，朱文印的线条却变粗了。这是由于印油受到挤压，故使线条的粗细发生了偏差。所以摹刻时应根据这一现象，适当地将白文印刻得粗一些，将朱文印刻得瘦一些，做到这一点就不难达到与原印相一致的效果。

上述摹印的方法与注意事项，也同样适用于临印。所以对临印就不再作系统的讲述了。

五、临摹的分解与综合

摹印的基本方法是初学者所必须掌握的。但并不是说仅仅就局限于这种方式。在具备一定的技法基础之后，我们在临摹的过程中采取的方法就可以灵活一些，那就是分解与综合。

所谓分解，就是不一定要临摹一方完整的作品，而是临摹某一步骤或某一局部，分解临摹的方式，主要有笔的临摹和刀的临摹。

笔的临摹，在学习篆刻的过程中是非常普遍的。由于时间或条件的局限性，以及实际的需要，就可以把印章的钩摹，当作既是一次学习，又能留存一份资料。当年齐白石见到赵之谦印谱，就曾钩摹过一通。这对他的篆刻艺术的发展产生了重大的影响。笔临的方法更是简便易行，它不受时间和条件的限制。除了用毛笔临之外，还可以用各种硬笔临。既可以临一些印章的章法，也可以临一些有关的文字。经常进行一些笔临，可以加深对优秀篆刻作品的印象和印章文字的记忆，对篆刻艺术的提高是有很大的帮助的。

刀的临摹，也是学习篆刻艺术的一个重要方法，就是对古代作品的精华进行临制。这对奏刀技法的熟练掌握和提高刀法的表现能力，有很大的促进作用。刀的临摹不受什么具体印文的限制，如觉得某一方印中的某一根线条好，亦可反复地加以临刻。

作为分解临摹，还包括敲凿破损等表现技巧的局部临摹。

所谓综合，就是将两方或两方以上印章的某些方面，根据需要通过临摹的方式，有机地结合起来，表现在一方印章之中。这是一种具有创作意识训练的有效措施。因为通过综合，可以产生一方方新的作品出来。即使享有盛名的篆刻家，也经常采取这种方法，以丰富自己的表现技法。

综合临摹是一种比较复杂的高层次艺术活动。这里我们举一个比较普遍应用的综合临摹的例子，以便了解什么是综合临摹的基本方法和样式。

这方肖形姓章"杨众贺印"，是怎样创作出来的呢？先在"韩贺之印"、"杨克之印"、"戴众印"中，局部选取，综合临摹，组成"杨众贺印"，再选取四灵肖形印"赵多"的青龙、白虎、朱雀、玄武纹样。于是四灵肖形"杨众贺印"就产生出来了。

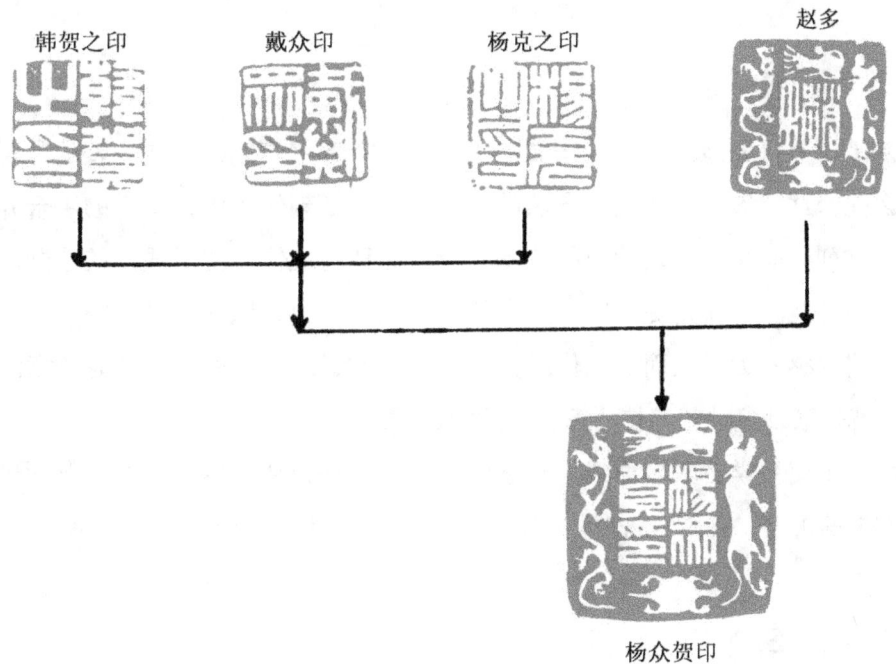

杨众贺印

第六章 章法

　　能在印材上自如地刻出各种篆文来，并不意味着就能创作一方完整的印章了。这是为什么呢？这就涉及到印文的章法问题。在一方篆刻作品中，文字的组合并不是一种机械的排列，而是有一定规律的艺术构成。这种构成体现着形式美的法则。学习篆刻章法的处理技巧，就是提高印章文字的艺术组合能力，以谋求最佳的艺术效果，增加作品的艺术感染力，从而通过作品更好地显示作者的思想感情。同时，章法的处理过程，也就是篆刻多种艺术技巧综合发挥的过程。

　　本章为了使初学者较全面地了解篆刻章法的处理技巧，尽量从各个方面进行多层次、多方位的讲述，并结合古今优秀作品加以分析，注重各种章法的实际应用。

一、章法总述

　　章法之道，也并不是深奥莫测的。在生活中经常遇到这样的情况，有的人相貌出众，穿戴入时，并配以华丽的饰品，然而却反而使人不感到美。而有的人虽然外貌平常，但由于衣着得体，却给人一种美感，或文静或端庄。这就类似艺术手法上的整篇布局。

由此我们就可以得出这样的结论，所谓章法就是：艺术家为了表现作品的主题思想和美感效果，在一定的空间，安排和处理特定艺术形象的关系和位置，把个别或局部的形象组合成艺术的整体。

艺术作品的章法，又称布局、结构。分朱布白则是篆刻章法的专有名称。

篆刻的章法，就是根据印面的实际，将有关文字在有限的空间里，进行合理的组织，使所表现的文字在作品中取得最佳的布局效果。

篆刻作品章法处理的过程，也就是作者表达创作思维的过程。篆刻作品的"立形"，必须先以"立意"作指导。所谓立意，就是作者凝聚的匠心和要表达的意境，即所谓"必先立意，然后章法是也"。清代沈宗骞在《芥舟学画编》中谈到章法时说："凡作一图，若不先立主见，漫为填补，东添西凑，使一局物色各不相依，最是大病。"所以章法是一种表现，也就是米勒所说的："就是把一个人的思想传递给别人的艺术"。

历来艺术家都曾对此内容作过阐述，最完整和形象的要算是李渔了。清代戏剧理论家李渔在《闲情偶寄》中是这样精辟论述的："至于'结构'二字，则在引商刻羽之先，拈韵抽毫之始，如造物之赋形，当其精血初凝，胞胎末就，先为制定全形，使点血而具五官百骸之势。倘先无成局，而由顶及踵，逐断滋生，则人之一身，当有无数断续之痕，而血气为之中阻矣。工师之建宅亦然，基址初平，间架未立，先筹何处建厅，何方开户，栋需何木，梁用何材，必俟成局了然，始可挥斤运斧。倘造成一架，而后再筹一架，则便于前者不便于后，势必改而就之，未成先毁，犹之筑舍道旁，兼数宅之匠资，不足供一厅一堂之用矣。故作传奇者，不宜卒急拈毫。袖手于前，始能疾书于后。"同样刻制一方作品，也应是先统筹构思，形成全局，方才可以"挥斤运斧"。

篆刻章法必须从篆刻艺术的根本特点出发，加以思考。初学者中，经常能发现这样的情况：竭尽全力地把篆刻中的文字，程式化地从象形文字所谓概念出发，处理得这像什么，那像什么，有的干脆把印面文字处理成图画之类。究其产生的原因，就是对篆刻艺术的基本表现手法缺乏正确的认识。

艺术的表现形式具有多样性。从总体上区分，篆刻属于视觉艺术。不同的艺术都有一个共同的特点，那就是都具有一定的形象性。所不同的是，艺术形象具有具象和抽象的区别。绘画可以真实地直接地再现社会生活和自然景象，然而篆刻则只能通过有组织的线条构成的分朱布白，寄托作者的感情，使欣赏者产生艺术共鸣和联想。就这一点而言，篆刻与书法是一致的，都是以抽象的形式展示形式美。唐代书法理论家孙过庭就曾把书法展现的形象，诗意般地联想为："鸿飞兽骇之姿，鸾舞蛇惊之态，绝岸颓峰之势，临危据槁之形。"

二、章法原理

和所有的事物一样，篆刻章法也有其客观的规律性。清代吴先声在《敦好堂印论》中谈到："章法者，言其成章也。一印之内，少或一二字，多至十数字，体态既殊，形神各别，要必浑然天成，有遇圆成璧，遇方成珪之妙，无危兀而不安，无龃龉而不合，斯为萦拂有情，但不可过于穿凿，致伤于巧。"袁三俊在《篆刻十三略》中的见解也精辟："章法须次第相寻，脉络相贯，如营室造庐者，堂户庭除，自有位置。大约于俯仰向背之间，望之一气贯注，便觉顾盼生姿，宛转流通也。"清代大篆刻家邓石如对章法的处理提出："疏处可以走马，密处不使透风"的理论，更是言简意赅，金针可度。

书画篆刻的表现形式虽然不同，但是章法原理则是相仿的。书画方面的有关理论，对篆刻章法同样具有指导作用。如五代山水画家李成论及："凡画山水，先立宾主之位，决定远近之形。然后穿凿景物，摆布高低。"清代画家王原祁论及："濡毫吮墨，先定气势，次分间架，次布疏密，次别浓淡，转换敲击，东呼西应，自然水到渠成，天然凑拍，其为淋漓尽致无疑矣。"这些都是阐明章法之道的经典论述。

那么初学者怎样才能系统地掌握篆刻章法的规律呢？我们应从掌握形式美的法则入手。

篆刻是由文字线条构成的表现艺术，线条便是篆刻艺术的最基本的形式因素。线条不仅可以产生各种不同的变化，而且可以组成不同的形态。这些不同的线条及以不同的线条构成的各种形态。可以反映作者不同的感情色彩。如直线能表现刚劲，曲线能表现柔和，波状线表现流畅，放射线表现奔放；就形状而言，正三角具有安定感，倒三角则有倾危感……但这些具有感情色彩的线条并合在一起，还不能形成完整的艺术形象。作为篆刻的文字线条，只有在符合形式美法则的组合时，才能构成艺术作品，才能显示艺术感染力。所以形式美是篆刻章法所必须依循的法则。

形式美的法则,是人们在认识客观事物的基础上逐渐总结出来的。形式美的法则有一个由简到繁、由低级到高级的发展过程。

篆刻章法运用形式美的法则主要是:①整齐均匀,②对称平衡,③比例适度,④对比和谐,⑤节奏韵律,⑥多样统一。

其中多样统一法则,是形式美法则中的高级形式。它反映了客观世界的对立统一的规律,"多样"地体现了事物个性的千差万别,"统一"体现了各个事物的共性和整体性的联系。多样统一使人感到既丰富而又单纯,既活泼而又有秩序。这一基本法则包括了对称、比例、节奏、对比、和谐等具体法则。所以人们又把多样统一的法则,视作形式美的基本法则。学习篆刻章法的重点,也应努力掌握多样统一这一基本法则。

下面我们结合具体的篆刻作品进行分析,以便初学者了解多样统一法则是如何在篆刻章法中体现的,从而帮助我们掌握印章章法的经营规律。

(一)整齐均匀

汉印"浊义"与汪关的"戴襄"印,它们的章法有一个共同的特点,就是线条没有粗细的变化,线条的间距也基本一致。章法强调的是工整匀称,没有明显的对立因素,以同类形态的线条作适度反复,给人一种秩序感和节奏感,体现了一种整饬美。这种章法形式具有相当强的统一性。

浊义

戴襄

话两轩印宜身至前迫事
毋闻愿君自发印信封完

"戴襄"印的印文,包含着十分丰富的结构性和内容,然而却都能在整齐均匀的环境中非常和谐地统一起来。因此,结构复杂和字数较多的印章通常采取这一方法。如钱松仿汉制所作的二十写印章:"话两轩印宜身至前迫事毋闻愿君自发印信封完"便是典型一例。

（二）对称均衡

汉印"宜春禁丞"和赵之琛的单字印"庚"，以对称法则作章法处理，给人以典雅端庄的美感。篆刻章法的对称美，是由篆书对称的结构特性所决定的。"宜春禁丞"印，除了"禁"字完全对称外，"宜"、"春"、"丞"，也是以对称形式为主的。单字印"庚"，由于文字的全对称，也就形成了整个作品的对称。

黄牧甫印"江阴陈六"，虽然在形式上不对称，但在视觉上却大体匀当，特别在疏密调节方面体现了对称的效果。如"阴"与"陈"的密，"江"与"六"的疏，形成了左右斜角的对称，相互映照，并显得十分和谐统一。

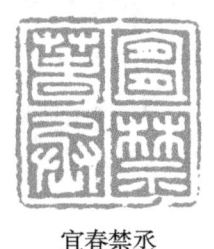
宜春禁丞

庚

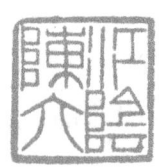
江阴陈六

（三）离合分并

钱瘦铁作"就新居"印，富有新意。章法的独运匠心表现在首先改变字形，"就"、"新"两字趋扁，"居"字趋长。然而作者的意图并不是着意纵横的对比，而且利用"就"、"新"两字的左右结构形式，造成两字的纵向取势，继而将两字的左侧上下相连，居中占位，形成全印主体。并将这两字的右侧适当分离，这样就改变了文字的原有形态，形成左中右三行排列式。通过重新组合，产生了富有魅力的新奇感。同时中间部分主体突出，两侧结体呼应，整体感极强。这一章法经营手段使人感受到强烈的装饰美。

就新居

（四）虚实清浊

"能亦醜"印，为吴昌硕所作。其章法的成功，不仅表现在势的欹险与形的大小都有独到之处，而且还在于虚实中蕴藏着的浓厚的韵味。虚实的手法，在此印中起到了决定性的作用。印文的破残相对集中，重心偏于

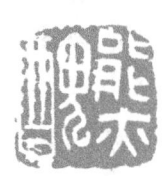
能亦醜

左侧的特点，正体现了章法的需要。"醜"之"酉"部有四条垂直的长线，紧贴左侧，与其他线条相比似有失于协调。这一部分的突出使印面呈涣散状。所以，采取局部残损处理使之变化，就能消除原来的弊病。同时，整个印面作有机的虚实经营，对视觉也有一种导向，这能使人的视线，很自然地集中到印面的中心部位，产生一种以虚衬实，虚实互映的特殊感觉。

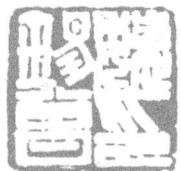

魏锡曾印

　　赵之谦所作"魏锡曾印"的虚实处理，则又是一种截然不同的手法。从整体章法着眼，属于外实内疏的安排。印文笔画稠密，为了追求分朱布白的对比，在章法结字上作了周密的安排：①四字密聚，均等占位，四周留红，以红衬白。②选取合理的线条宽度，若清若浊，并笔之间又能依稀可辨线条结构，既没有琐散的留红，又不失字形。③关键部位精心安排，将笔画或倾斜或收缩，使之产生奇特的留红。其中居中部位的章法最见匠心。如"锡"字，斜笔结字留出等三角红地，"印"字留出的锐角，这就把四字恰到好处地区分出来。可见，虚实处理决不是指可以随心所欲地罗列文字。虚实变化犹如书法用笔，水墨饱满书写时会渗并在一起。笔法的清浊处理，能取得整体浑厚的效果，篆刻中的上述情况也与书法笔墨变化相近似。

（五）主次偏正

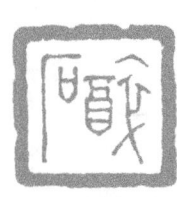

醉石

　　唐源邺所刻"醉石"印，耐人寻味，作品取先秦小玺的表现形式。章法强调主次配合，"醉"字笔画多，占位多；"石"字笔画少，占位少。如果两字均等占位，疏密对比会过于强烈，也会导致失调，难以取得和谐统一。如今以"醉"字为主，"石"字为次，既有疏密对比，又不失协调。"醉"字结字也施尽机巧。如左聚右散，左低右高；并将"酉"部正居中宫的主位，使右侧"卒"部与左侧"石"字和合相应。加上粗框的衬托，使印面的主体更为突出。

　　篆刻章法的主与次，并不拘于印章文字的繁与简。一些笔画简少的文字同样可以主角出现，如吴昌硕所作的"半日邨"印，"半"字就如此。此印"半"字占位宽畅，笔势宏达，特别短画作重点表现，充分起到了主位的作用。而"邨"字虽然笔画不少却屈居偏位。这一主次的表明是依据体态形势的实际需要而决定的。

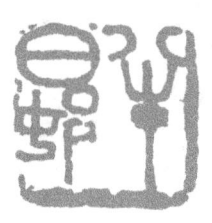  

半日邨　　　　　　　书徵氏　　　　　　　闵园丁

还有的印章是以笔画作主次经营的。如吴昌硕所刻"书徵氏"印，"氏"字的竖笔，如出鞘的利剑，挺拔刚劲，以一笔统帅全局。吴昌硕刻的另一方印"闵园丁"，则是以一点来规划形势的。此印"闵"、"园"两字，虽然笔画多占位也大，特别"闵"字六根竖线拔地而起，但在人的视觉中总敌不过如此厚重的这一点："丁"。"草绿丛中一点红"，表明的正是点的力量。这两个印例，体现了吴昌硕经营章法的超凡才华。

（六）繁简增略

  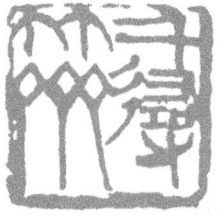 

魏成宪印　　　　　崇彝利印　　　　　　　千寻竹斋

黄易所作"魏成宪印"和"崇彝利印"，此两印中"印"字的差异如此之大，这是印章的章法决定的。"魏成宪印"取对角疏密格局，故"印"字简，使之与"成"字相配；"崇彝利印"取纵横对比构成，故"印"字繁，特别是"印"字的"爪"部处别具一格，从这一创作中，我们可以看到作者经营的苦心。

"千寻竹斋"一印，吴昌硕曾创作多方，各具章法。这里的两方，虽字序和字位相同，章法则大相径庭。白文"千寻竹斋"，整齐匀停，"千"字始笔转折垂伸，轮廓方正，"寻"字横画与"斋"字的竖画，排列严谨，印文多取其繁。朱文"千寻竹斋"印文略参大篆，除"寻"字增三斜笔，其他结体都取其简，印面空灵，文字的体态都生动地显现出来。这样就容易突出势的导向。右密左虚，疏密参差，更增加了艺术感染力。

（七）粗细强弱

篆刻章法，还强调线条的粗细变化来表现篆书的笔意和显示刀法。唐源邺所作"时人缪说云工此"印，是取先秦私印小玺的形式。这种文细框粗的表现形式，历经二千多年而至今仍被取用，也表明了粗细变化对作品的重要意义。此印文字工整，字数多而线条短，通篇生动活泼。其中，"缪"字尤为婀娜，更富魅力，有意识地安排在正中的上方，构成了烘云托月的佳景，加以粗框，又多了一层以粗衬细的作用。于是，多样而不失统一，作品精灵之所在跃然纸上。

陈鸿寿的"忆秋堂"印，刀法苍润，内蕴娟秀，如石间清泉潺潺流出。作品的生动性，通过线条粗细强弱的变化显现出来。"忆"字线条细劲挺直而多波折。"堂"字偏粗，波磔清晰，相映生辉，既调节了疏密，也展示了骨骼清朗的特色。

时人缪说云工此　　忆秋堂

（八）正欹险夷

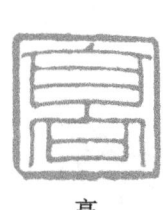

高　　大匠之门

高络园的单字印"高"，纯以直线构成。水平线给人以广阔感，垂直线给人以高耸感。共同的特点是稳定性较强而缺少动感。此印章法的画龙点睛之妙，是"高"字顶端的短竖，向右倾斜，以斜校正，顿使作品萌发勃勃生机。"高"字中间的竖笔也呈微斜，使印面更为含蓄生动。

齐白石治印，大刀阔斧，章法经营也独具一格，善以欹险制胜，富有强烈的动感。"大匠之门"，是一方险夷相生的杰作。"大"字的四竖笔，左三笔并列向左倾，右一笔则向右倾，变化多样，在背势的抗衡中又取得了统一。这种倾斜抗衡取势在"匠"与"门"的处理时，又进一步得到发挥，这便是此印成功之所在。

（九）节奏韵律

节奏是一种秩序的体现，表现为某一种形式有规律的重复出现。节奏能给人视觉上的快感和心理上的和谐感。这里刊出的作品，都体现了明快的节奏感。

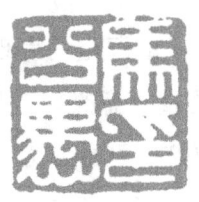
马公愚印

饱米斋

定丞

翟树宜所刻的"马公愚印"，平直之间寓有"U"形的圆弧线。这种线条布局的位置不同，成三足鼎立，方向也不同，分别向左、向上、向右，而且数量也不同，并有背向的差别。这就形成了和谐的节奏美。

黄牧甫所刻的"饱米斋"，则以一种形式的线条重复出现产生韵律。印文中的"米"字，一根横线的上下，由两组"小"形的短线构成。"斋"是由三个"Y"形结构组成，这样由两类不同形式的结构重复，就产生了此印的章法特点。

吴昌硕的"定丞"印，除了浑厚朴茂的印风给人艺术美的享受之外，此印还有强烈的装饰美。"定丞"两字的字头、字身与字尾，都是由相似的结构形式出现，特别是字身三个"山"结构方式的重复，形成了浓郁的韵律感。欣赏这类作品使人感到心旷神怡。

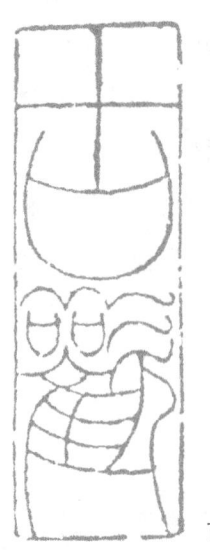

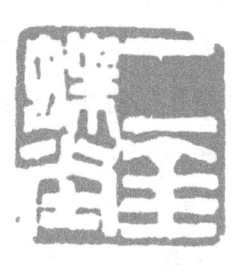
二金蝶堂

古欢

（十）疏实相生

黄宾虹曾言："看画不但要看画之实处，并要看画之空白处。"疏密在篆刻章法法则中显得尤其重要。

邓石如所作的"古欢"朱文印，作品所以能扣人心弦，正是由于实践了他"疏可走马，密不透风"的理论。作品借助两字原有笔画的多寡，采取平分秋色的章法，自然形成了强烈的对比。"欢"字尽管密，然而依然作上紧下松，使"欢"字的下部留出相当的空间，使之与"古"字呼应。"欢"字由两根垂线撑起,又得稳重中寓空灵之妙。

赵之谦所作的"二金蝶堂"印,也是一方经营疏密之道绝妙的传世佳作。此印四字疏密悬殊。然而,只有两笔的"二"字,并没有相让,也争得四分之一的领地,并作顶天立地,中间形成大面积的留红。而"蝶"字以并笔又形成了大面积的空白,形成了光彩夺目的鲜明对比。

（十一）方圆曲折

直线与曲线,是线条的两大系统。由这两种线条组成的方与圆,是两种截然不同的形态。篆刻章法,如果采取单一的表现形式,容易取得统一的效果,但也常失之单调。只有曲直方圆相互结合,才能产生变化无穷的艺术形式。黄牧甫的"温（昷）其如玉"

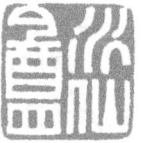
水仙庵

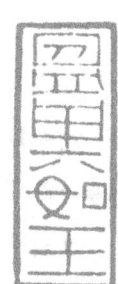
温其如玉

印,很明了地表达了这个道理。四字中除了"如"字外,其他三字基本都是对称结构,并均以挺直光洁的线条表现。出其不意的是:"如"字的"女"部,却以一根圆曲线交接而成,顿使平静的水池中激起波澜。

"水仙庵"印,也为黄牧甫所作,方圆结合又是一番韵味。主体的方直严慎,衬托出"水"字的婀娜多姿。三折取势,似水银泻地,右下笔复向右转下,在丰富了线条变化的同时,又起了支点的作用。配以"庵"字首笔圆线呼应,相映成趣,韵味就浓了。

（十二）参差穿插

根据印文结构的笔势,将某一些笔画作伸延或收缩,使印文参差相交,这样在打

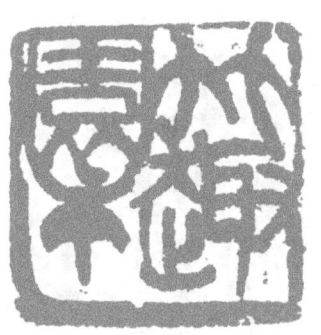
竹趣园丁

右司马

破原有字形的基础上,又构成了新的姿态,能产生新奇感,也有利于气势的贯畅。吴昌硕作"竹趣园丁"印,参差穿插,有条不紊,"趣"字与"竹"字,交错穿插,融为一体。"竹"字右竖笔右转插入"趣"字,"趣"字的左竖笔则穿进"竹"字的腹地。整个印面布局紧凑严密,充分展现了印文

组合中"情投意合"的逸趣。

这种章法,在玺印中也是经常能见到的。如先秦小玺"右司马","司马"两字妥贴地参差穿插,这种反复出现的组合文字,最后就发展成为特殊的"合文",形成了完美的艺术形式。

三、印文排列

篆刻不同于绘画,不能将表现对象随心所欲地安置,必须考虑到文字的完整性和文字的顺序性。这给章法的经营带来了限制,但这同时也形成了篆刻文字排列变化的特殊处理方式,以此适应多样统一的表现形式的需要。

以改变印文的排列方式,调节章法,这在古玺中已被重视,其中三字印、四字印尤为突出。

现将印文排列变化的方式归纳如下:

(一)自右而左式:

"鹿苍"、"王重问"、"颤里典"、"陈广之印"、"战塿司寇"、"宜有千金"、"肖赒夫匄"。

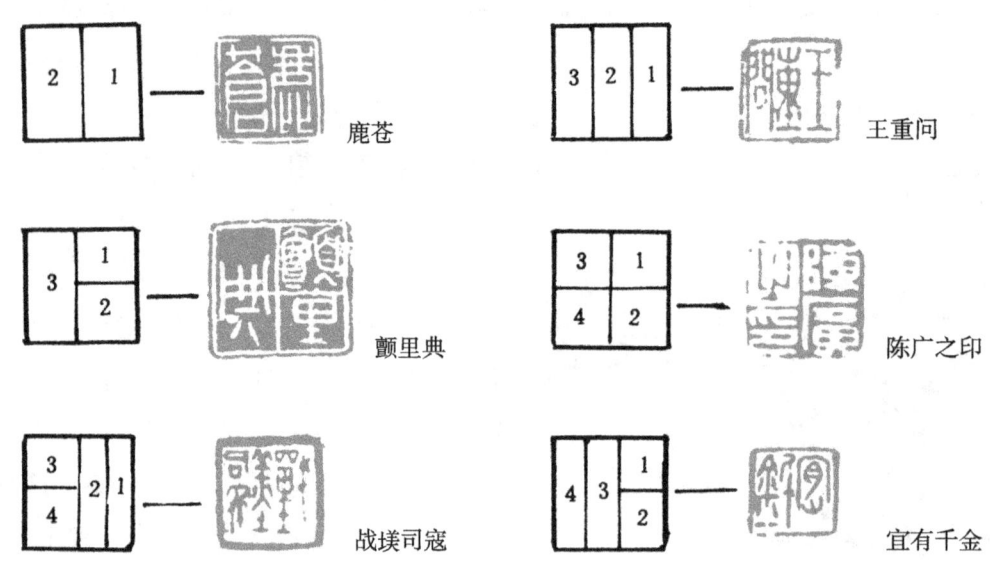

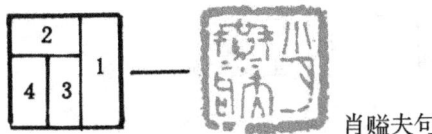
肖赎夫句

（二）自左而右式：

"王目"、"敬其上"、"宜有金"、"王之上士"、"有千金"。

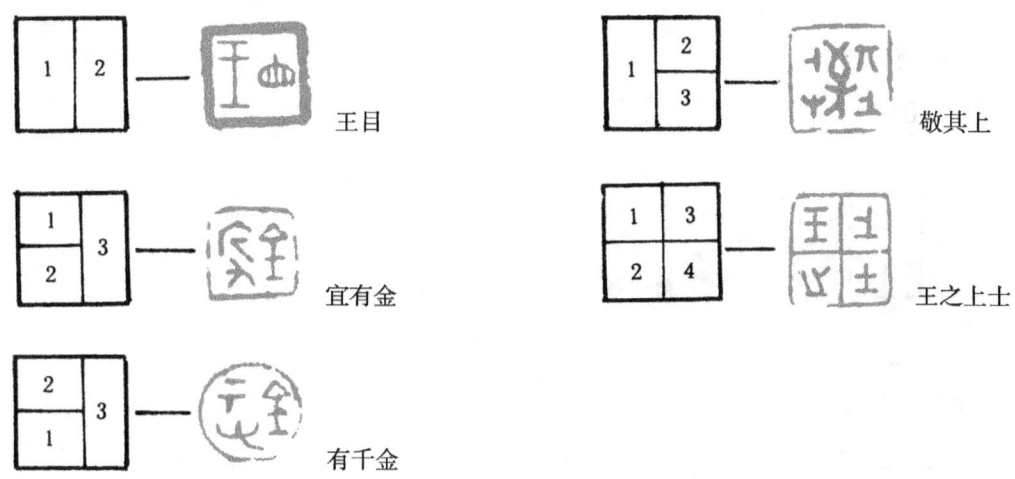

（三）自上而下式

"司马敏"、"鲜于瘍"、"郍逸钵"、"正行亡私"。

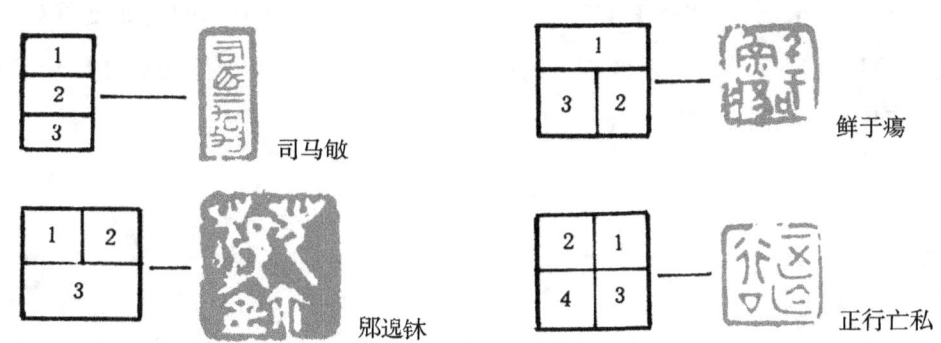

（四）回文式

"大吉昌内"、"王之上士"、"宜有万金"。

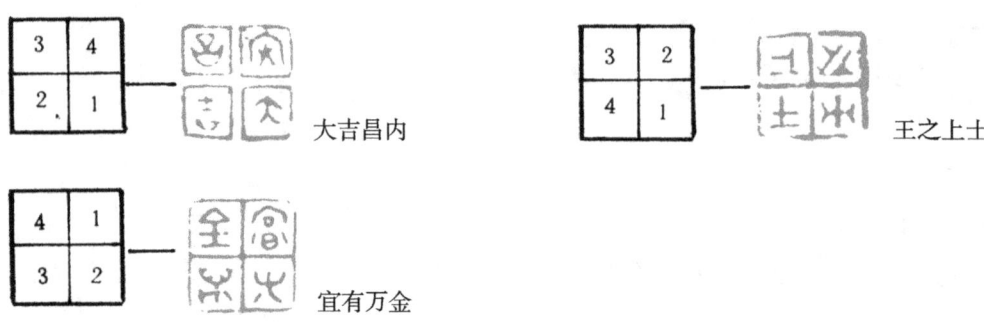

大吉昌内

王之上士

宜有万金

（五）交叉式

"敦于苍"、"王文正"、"邙余子齿夫"。

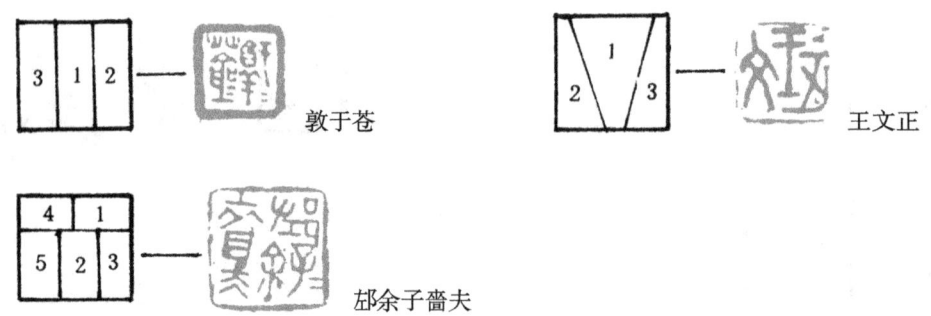

敦于苍

王文正

邙余子齿夫

随着篆刻艺术的发展，印文的排列也是发展变化的。一方面约定俗成。为了便于印文读顺，交叉式逐步淘汰，一般采取自右而左式和自上而下式；回文式也趋规范，取 ⊞ 的顺序。另一方面参入以二短画代替重复的结构和文字的方式。如"必达达斋记"以二短画表示达字；"孺子牛"，以二短画表示"子"字。不同的印文排列式的综合应用，可以产生奇妙的艺术效果。现代篆刻艺术家叶潞渊创作的"日日新又日新"印，新颖别致，充分体现了作者的巧思。

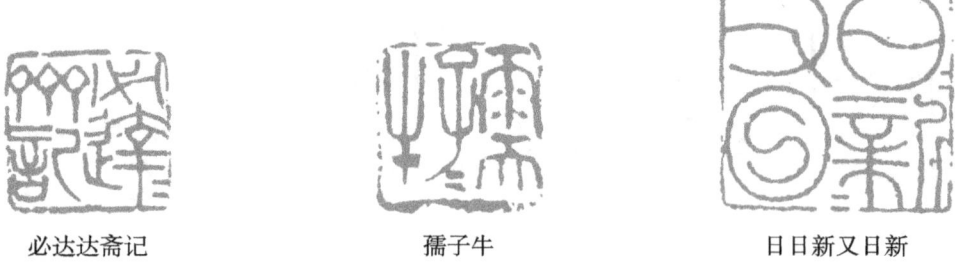

必达达斋记　　　　孺子牛　　　　日日新又日新

（六）多字印的排列

多字印的排列，主要是通过行数与字数的调节。在相等字数的情况下，分行少，则字形趋扁；分行多，则字形趋长。一字需多占空间的，一般都作纵向考虑。占位多的字应充分考虑到此字是否适宜放长的实际。

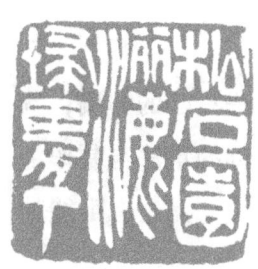

松石园洒帚男丁

吴昌硕曾刻有数方"松石园洒帚男丁"七字印，就是采取这样的两个方面的变化方式，产生不同的艺术效果。如果印文更多一些的话，那么就不宜变化过大，而应强调整齐均匀。

（七）朱白文相间

朱白文相间调节章法的变化，也是古代篆刻艺术经常采用的处理方法。特别汉印中的私印，应用得更多。朱白文相间的四字印，可以产生一朱三白，如"冯脱之印"；二朱二白，如"范母之印"；"公孙舒印"；三朱一白，如"刘胜私印"。由于朱白文的位置不同，便可以化出多种方式。一般字简的取朱文，字繁的取满白文，这样容易协调并取得较好的艺术效果。

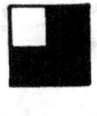 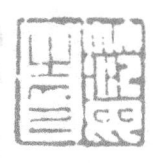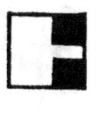 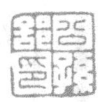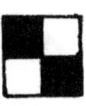 

冯脱之印　　　　范母之印　　　　公孙舒印　　　　刘胜私印

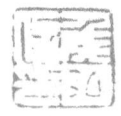 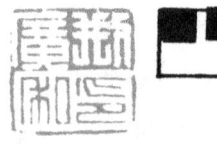   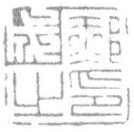 

　　侯弘信印　　　　　荆广私印　　　　　上官乐印　　　　　郝成之印

四、章法与创作过程

　　篆刻章法的形成，应在"挥斤运斧"之前。但切不要以为按章法写好的印稿，就意味着章法已告最终完成。章法的经营应贯穿于创作的全过程。篆刻的章法与制作由一人来完成，其主动性和灵活性是相当大的。所以在整个创作过程中，完全有可能和必要使原有的章法作进一步的完善。

　　现试以全国篆刻评比获奖作品"庐山纪胜"为例，说明在创作过程中，如何使章法不断改进的。

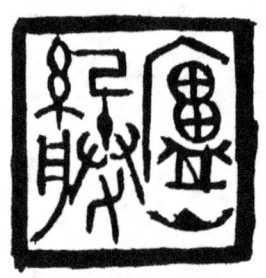 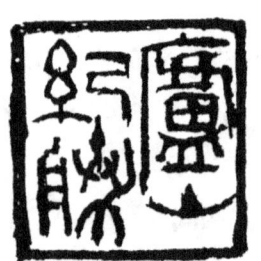

　　　　章法A　　　　　　　　　　　　章法B

　　此印章法曾作多种的设想，最后选取了两种以大篆表现的原理方式。其主要的差别是奇险的程度不同。如"庐"字，章法A取圆形结构，章法B则较方整。相比较，章法A显得险峻，最后决定用此式。

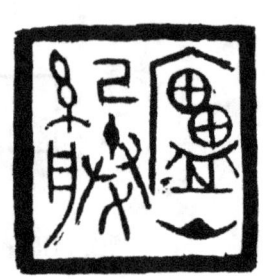 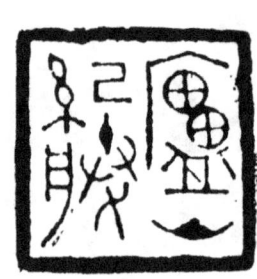 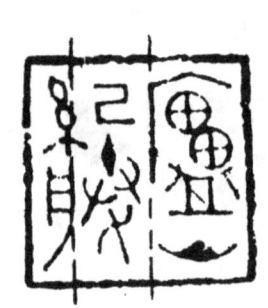

　　刻制过程一　　　　　刻制过程二　　　　　刻制过程三

刻制过程中，部分章法作了调整，加强倾欹形势。如"庐"字的"田"部，"纪"字的"己"部，以及"胜"字的右侧等，增加了倾斜度，以突出险峻感。

原章法"庐"字的竖笔过长，与"胜"字的右侧之间有迫促之弊，当将这部分线条刻成短线时，顿觉空灵。此时又发现框栏过宽，给人有压抑感，不利主题的表达，需作进一步加工。

将粗框适当刻细，使之与印文相统一。这时"山"字与"胜"字的凝聚点充分地显示了出来，不仅醒目，而且有利于表达意境。同时，适当加以破残，调整虚实。这时便发现印面的实际效果，较原稿有了提高。首先，表现在完成后的作品，每一个结构都显示出不同的姿态，倾欹的强化，有利于山势巍峻的联想。同时，又能统一在有形或无形的规范之中。如加上两根辅助线，我们就能清楚地看到：①"庐"字的竖笔，似中流砥柱，稳定了全局；②"胜"字的主笔与"纪"字"纟"部气势贯一；③"纪胜"两字的右部，存在无形的垂直相承。上有"己"部的中正定位，中有竖点的紧凑相连，下面还有三个小结构相互扶摇直上。这些在原稿中是无法明确表示的。

五、章法与内容

钱君匋创作的《长征印谱》，以红军在长征途中所经过的地名为内容，热情歌颂了红军长征的伟大业绩。"娄山关"印就是这部印谱中的一件佳作。娄山关为黔北险地，处在峻拔的山峰之间，红军曾攻克此关。为了塑造群峰盘绕，山势险恶的意境，作者没有用象形文字来体现山势之高；也没有用大刀阔斧的刀法来显示山势之险，而是根据娄山关山势盘绕的特点，采用九叠文的表现手法。九叠文是隋唐起历代官印所采用的

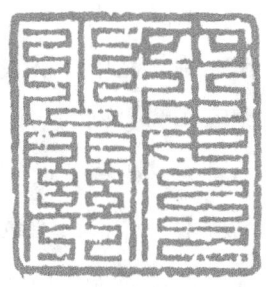

娄山关

一种印章文字。由于九叠文的线条过于繁琐，所以后世印人对此总是贬多褒少，有的并认为此文恶俗不宜入印。而此印却因运用九叠文而取得了成功。折叠盘曲，刚强有力的线条，使人油然而产生一种山峦群峰蜿蜒险峻和红军越过此山又是何等艰难困苦的联想。欣赏此印不禁咏起毛泽东所作《忆秦娥·娄山关》中的词句："雄关漫道真如铁……"

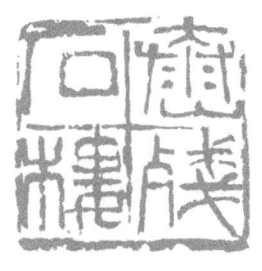

泰山残石楼

"泰山残石楼"印,为吴昌硕所刻,也正由于章法处理得当,使形式与内容能高度统一而久享盛名。

吴昌硕在印的款文中有个说明:"邕之得明拓泰山廿九字,因即以名其楼。"如何使印文能体现秦代泰山刻石的风采呢?这方印章处理的艺术特色,主要表现在这样两个方面:一是巧用古法经营。取"田"字格主体布局,展现了秦代遗风。同时大胆地将"泰山"两字合为一字,以适应"田"字分割。"泰山"两字合中有分,中心笔画左右差位,就不至于混淆。这样处理也取汉代古法,边款中提及:"汉王广山印,'山'字袤接'广'字收笔,取势甚古。"二是残缺得当。残缺使章法得以调整。"泰山"合字,上框作全残处理,显示出泰山的高峻之势,而下部的框栏则宽而全,这增强了稳重感。这样一古一残的章法经营,使作品达到了形神兼备的理想境界。

六、章法与字法

字法,就是篆刻文字的变化规律和变化艺术。章法处理结合字法,就能提高作品在文字应用方面的正确性和艺术性,这对当代篆刻艺术来说显得更为重要。

秦汉古代篆刻艺术与明清流派篆刻艺术,在文字的表现方面,有很大的不同。古代篆刻作品中,书法字体的应用比较狭窄,存在单一书体的倾向。如先秦时期,都以大篆作为篆刻的书体。秦王朝统一中国以后,篆刻应用的都是小篆。汉印用的则是以小篆为基础演变而成缪篆。所以一个时代基本应用一种书体。然而到了明清时期,情况就不一样,其中最大的区别之一,就是出现了各种书体综合应用的情况。一方面是古代各种大篆、小篆、缪篆等印章文字都被广泛采用,另一方面是周秦至秦汉的各种金文、陶文、钱币文、砖瓦文等等也都被应用到篆刻作品中去。所以各种书体如何正确合理地选用,如何艺术地变化等。在章法处理时,都必须加以认真考虑。

其一要善于结合印文实际选择书体

当要创作一方"出新"为内容的印章,

缪篆

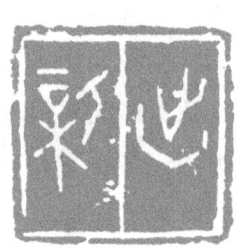
甲骨文

如需从缪篆和甲骨文两者中选取，究竟以何种书体好呢？

我们可以作一次艺术的实践，分别刻两方。虽然具体处理上还会产生不同的效果，但基本的风貌已可见一斑。左面一方用缪篆创作，右面一方用甲骨文创作。相比之下甲骨文一方效果似要好一些。因为章法要受到实际书体的制约，运用缪篆处理的"出新"，弊病在于平行的直笔过多、过长；对称结构所占的部位也相应过多，这样印面效果就显得平板单调。采用甲骨文表现，就可以克服上述的短处，使原来的直线条产生各种变化，对称部分所占的比重也相应减少。同时可以借助甲骨文大小随意的特点处理，增添参差感。此处吸取秦印的框栏处理，不仅增加线条变化的形式，同时也防止了章法上可能出现的松散和不稳定的现象。

其二要避免书体的混杂

选字入印，不注意文字年代的差别、风格的差别，甚至不注意真伪谬误的区别，就会导致书体混杂，初学者好寻找稀奇古怪的文字入印，这种倾向是应当注意的。

即使我们选择的是同一时期、同一书体的文字，也要注意风格上的一致性，有人评论不同风格的线条，可以产生不同的意境，譬如同是一种波纹线条，可产生"微风漾波"、"惊涛怒浪"、"春潭发蛰"、"大江悠悠"等种种联想。所以将不相协调的书体文字硬是凑合在一起是不可行的。下面这个例子就可以说明这个问题：

如果要创作一方"长城"印，在"城"字已经确定的情况下，那么该选择哪个"长"字呢？这里共有五个"长"字，每个"长"字的风姿均不相同，逐一比较下来，第三个"长"字基本上是能与"城"字相协调。因为其他几个"长"字，有的线条过于圆转，有

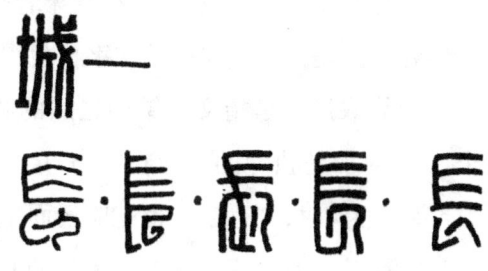

的字形过于圆转，也有的笔画过于简洁。这就表明章法处理时，注意书体与风格的一致性是十分重要的。

其三要强化所选书体的艺术特色

一定的书体在结构上有其一定的艺术特色，如大篆的参差，小篆的舒展，缪篆的方整。在章法处理上，就要使这些特色得到充分的显示。因为每一种书体的特点，正体现了这一书体的艺术特色，如不加以协调，那就容易失去原有的韵味。

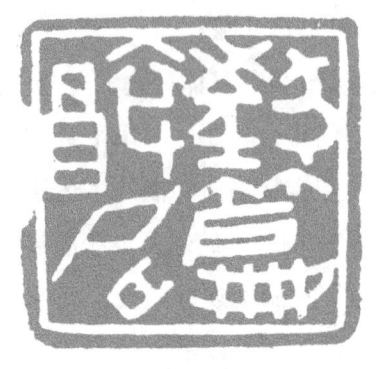 

狂篇醉句　　　　　　　　马万里入蜀后作

"狂篇醉句"、"马万里入蜀后作"两印出自现代篆刻家乔曾劬之手。乔曾劬篆刻偏爱用大篆，作品富有古韵，这正说明他在以大篆入印方面有独到之处。"狂篇醉句"，四字大小不一，参差有致，左右虚实对比。同时借助结构错位等方式，即使右密处见虚灵，也使左虚处有密茂。线条交错纵横，却又能通过富有装饰性的排列，使之有条不紊。"马万里入蜀后作"一印，意取古玺，文字起伏恣随。然而三行式纵向列字意连势贯，加上框栏的辅助线条达到险夷互补，有效地显示了大篆的优美体态。这些都是值得我们借鉴的。

其四要随势取形

要显现书体的特色，并不意味着是将所选入印文字作机械再现，而应循势取形。这样处理正是为了使原有的文字特色得以更充分的发挥。

随势取形，是指文字结构之间的联系，应从整体章法的需要出发，加以调整。一个文字本来是独立的，但在一方印章中单个文字应服从印章的整体性。于是在产生"合字"的同时，"拆字"也就应运而生了。

"拆字"，有"虚"拆与"实"拆的区别。所谓虚拆，就是在实际没有把字拆开的情况下，却使人产生两个字的感觉。如西泠后四家陈鸿寿作"不语翁"印，就是采取这种方法。

不语翁

"不语翁"三字印作两行排列，却产生四字的错觉。"翁"字为上下结构，作者有意识地将其"公"与"羽"的间隙距离，与"不语"两字的间隙距离处理得相一致，即在一条平行线上。这样处理可取得左右上下布局严密和气息贯畅的艺术效果。这一章法处理，在汉印中也多见，当时的五字印未字"印"或"章"，也都采取相同的方法。

所谓实拆，就是将这一字的某一结构拆开，与另一字被拆开的某一结构更紧密地结合起来。因为产生了一种新的"结构"，所以能产生新奇的感觉。如乔曾劬创作的"人间可哀"一印就采用此法，作者有意识地把"间"字的"月"部插入"人"字的位置中去，而把"门"部压低，"人"与"月"的巧妙搭配，便产生较生动的局面。

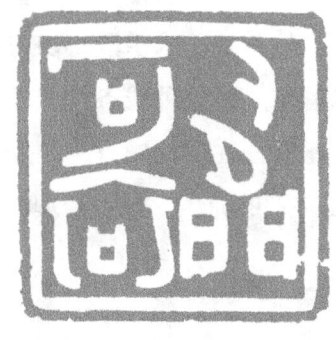 

人间可哀　　　　　　　　铁面铁头铁如意

其五要善于使用异体字

古文字异体现象是极为常见的。处理章法遇到相同文字的时候，如果用一种写法，便免不了单调乏味。善于使用异体字，是解决这个难题最好的方法。

"铁面铁头铁如意"是赵之谦的早年作品。印文使人生畏的是，七个字中有三个相同。但由于作者运用了"铁"字的三种不同的写法，尽管三个"铁"字横列，却各有姿态，达到了绝处逢生的佳境。

异体字的应用，还表现在组印。

"一衣带水"、"一苇可航"两印，为当代篆刻家叶潞渊所刻。两方印中各有一个"一"字，而且所处的位置也相同。如果不采取异体处理，最终效果也是可想而知的。作者根据句文中的笔画多寡，使第二字笔画少的，与笔画多的古写"一"字相配；第二字笔画多的，取笔画少的"一"字相配。这样布局，使两方印变化多样，相得益彰。

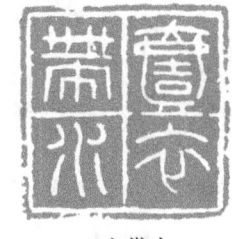 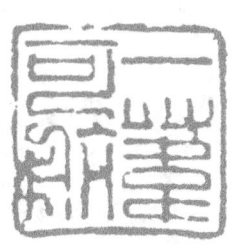

一衣带水　　一苇可航

七、章法与刀法

刀法、篆法和章法是篆刻艺术的三大要素，而刀法又是直接用以表现刻印技巧的关键。成熟的刀法，可以使书法以一种崭新的艺术形式展现出来。同时，刀法又是历来区别印章流派的主要依据之一。

寻鸥艇

这是西泠赵次闲的一方"寻鸥艇"印。作品帮助我们认识到，刀法不仅影响书法的结体，更是表现作品特色的艺术手段。切刀产生的线条有一种锋颖秀逸、古朴苍劲的艺术韵味。以这种线条构成的篆书，必然是形趋方正。对于笔画繁多的篆文，便往往作简减省约的处理。这就是"寻鸥艇"文字与一般印章文字存在差别的原因，也是处理浙派作品章法时必须遵守的原则。

这里一组齐白石的印章，也能表明刀法与章法的密切关系。

"七五衰弱"、"鲁班门下"均是齐白石的力作，充分体现了齐派的风貌，与浙派比较，完全是另外一番景象。齐白石反

七五衰弱

鲁班门下

对把文字端端正正地摆在印面里，主张应处理成或上或下、或左或右，并强调结构的分解和合并在创作中的重要作用。同时线条的横斜恣肆，敢于犯险，从而产生大面积的留红或空白。较浙派篆刻艺术说来，齐白石作品更显得惊心动魄。齐白石的章法特点，与他采取的劲猛的冲刀刀法，完全是相适应的。

从上述两个例子表明：章法的处理必须结合不同的刀法，如果用浙派的布局方式，作齐白石的冲刀处理，那么再高明的篆刻家也难为之的。

八、章法与破损

以破损表现一种残缺美和金石气，是篆刻艺术特有的艺术形式。

破损，是通过刻刀对印面的刻、击、凿等技法，产生的效果，是丰富篆刻表现形式的一种方法。破损得好，犹如锦上添花，可使印章增添异彩。破损不当，也可使原

来好端端一方印，前功尽弃。破损技巧，可分朱文破损和白文破损两类。

朱文破损的方法，现试以赵古泥的巨玺"烟邨"印为例说明。破损是否得当，除了击凿是否适度之外，最关键的在于破损的位置和程度是否符合印面整体布局的要求。如何使破损处理得当呢？

首先，破损应用于稠密塞实处，通过破损以调节虚实，产生空灵感。如"烟"字中间的右上和"邨"字的中部，线条排列过于齐密，经过破损就能达到通畅气息

烟邨

的作用。其次，破损应用于部分线条的雷同处，如"烟"字"火"部三竖笔，经破损处理就产生了丰富的变化，避免了呆板。同时，破损应用于封固的框栏处，如此印，虽属巨玺一路，然而基本模式则承先秦小玺，框栏特别的宽厚，制成巨玺风格后更为突出。如不加以破损，作品就无生机。此外，破损还要处理好整体的布局。一是要强调呼应。如此印破框，没有集中在一边，而有主次强弱的区别和呼应。右边强烈，上边较缓，左边细微，这就产生顾盼之势。必须指出的是这种破损切忌均等和位置平列对称。二是要破而不散。如边框的破残，与文字线条的纵横有关。要做到破而不散。就应采取如边框的横画直破，竖画横破，否则势必琐散。

白文的破损与朱文有同有异，相同的地方是白文的四边处理和朱文的道理是一样的，而印面文字的破损方法则差异较大。白文笔画稠密的地方，笔画间留红会显得琐散。破损，可以使白文线条进一步凝聚趋向整体，调节分朱布白的关系。从这一意义

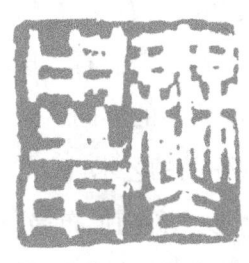

无用之用

上说，朱文的破损是减少线条，白文的破损则是增加线条。当代篆刻家来楚生所作的"无用之用"一印在处理破损方面，有不少独到之处。

"无用之用"印右侧为一"无"字，线条以竖笔为主，且对称茂密。经适当的破损，加强了整体感，也使对称结构增加了生动性。左侧为"用之用"三字，破损又使两个结体相同的"用"

字产生"异化",形成一清一浊,避免了单调的重复。

九、章法与材料

如何处理章法与材料之间的关系,因材制宜,就是要求我们在处理章法之前首先进行审材。审材,一是要了解材料的性能特点,二是要掌握材料的体势。

篆刻用材极广,历来使用的材料有铜、玉玛瑙、水晶、犀角、象牙、牛角、竹木,以及品种繁多的石料。由于印材的不同,镌刻的艺术效果也不一样。每一种材料都各有它的长处和局限。如玉印色泽晶莹,质地坚硬,我们见到的距今两千年左右的玉印,线条每每完好如新。然而玉质颇坚不易奏刀,须经过琢磨加工。所以制作慢,不宜表现爆裂苍茫感,一般以工丽秀逸的风格为多。分析汉玉印"张应"、"皇后之玺"等,可以发现虽然书体不同,但章法都严谨庄重,一丝不苟。

象牙也是经常见的印材,它特别坚且韧,铜玉石都无法与其伦比。牙章适宜作精雕细刻,传统作品以工整的朱文居多,使它的质地性能得到充分的发挥。文彭创作的细朱文"七十二峰深处",就十分典型地体现了这一特点。

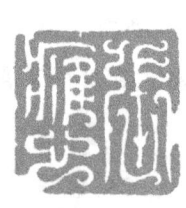
张应(玉印)

皇后之玺(玉印)

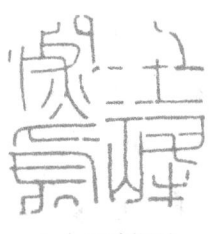
七十二峰深处

印材中运用得最广的是石料。传统用的石章,大部分出产于浙江、福建一带。最多见的是浙江青田石和福建寿山石,虽都属石材,但特性也各异。青田石,石性偏脆,最易体现金石气;寿山石则偏于糯,所以是刻工丽的朱白文理想的材料。鸡血石、田黄石等贵重印材,一般也都宜表现严谨工整一路的风格。根据材料的质地的不同,处理章法布局,制定表现形式,才能充分发挥材料的长处,更好地体现作品的艺术性。

因材制宜的另一方面,就是根据材料的形态体势进行章法布局,故也称随形布局。印章除了方形之外,还有许多不同的形态,或长或圆,以及不规则形等等。如不遵循印章的体势特点，生硬套用方正的文字，那么就会产生牵强凑合的弊病。

这里介绍两方印章，随形布局各有其妙。丁敬作"同书"印，印形腰圆，"同"字笔画少，占的面积也小一些，并适当地增加曲势；文字的弧曲线条和腰圆形相映，于是更能体现和谐统一的艺术效果。来楚生作"梦寒"印，也是一方别有情趣的佳作。此方印原本两上角缺损而成弧形，"梦寒"两字的笔画多，而且都同一个部首。这无疑给章法处理带来了困难。然而作者却善于因势利导，使印面取得完美的艺术效果。①虚化印上侧外框；②加强两个"∩"形结构的显现；③均匀安排两字繁密的笔画。这样就形成了强烈的装饰感。

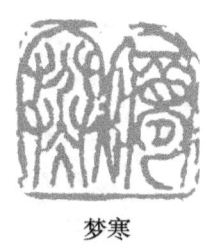
梦寒

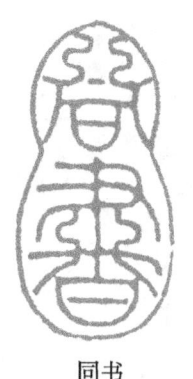
同书

十、章法与应用

印章除了具备独立的欣赏性外，绝大部分是作为配角使用的。故而篆刻创作时，就不仅要考虑到印章自身章法的合理性，同时还得充分地考虑到章法处理与应用环境的协调性，即章法要受到应用环境的限制。

首先，以书画用印为例。书画作品是篆刻艺术重要的用武之地。在书画作品中，印章随应用的情况不同，对章法的处理要求也不一样。书画作品常用印章，主要有"启首章"和"压角章"。

"启首章"，或又称"起首章"，在书法作品中应用尤为多见，主要用于第一或第二字的旁侧。目的是为了加强作品开头的气势及色彩的变化。但启首章不宜过重，否则会导致喧宾夺主。故启首章以满白文、细朱文的形式为宜，而不宜采用细白文和粗壮的朱文。印章的外形也以长形居多，如长方形、椭圆形、腰圆形、葫芦形等，一般不采取正方形。

"压角章"，也叫"压脚章"，较多地用于绘画作品，钤在作品的下角，或左或右，使作品增加稳定性。对压角章的要求与启首章就不一样，需要具有厚重感，印面多取方形、长方形，圆形或葫芦形之类显然是不适当的。

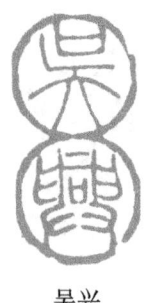 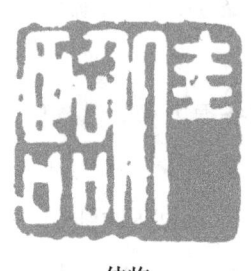 

| 吴兴 | 佳临 | 万木春 |

"吴兴"启首章,"佳临"、"万木春"压角章,均为钱君匋所作,从中我们可以得到启发。

同时,作为书画用印,还须考虑到印章的章法处理与书画风格的一致性。清代以来的一些大书画家,都特别强调这一点,以自刻印服务于自己的书画。其目的就是为了谋求更佳的配合。无论是吴昌硕还是齐白石,都因他们的书画风格个性特别强烈,所以只有自己刻的印才能取得理想的效果。张大千的书画笔调细腻流畅,所以他所用的不少印都是由以逸秀典雅、工严隽丽见长的篆刻家方介堪和陈巨来所精心创作的。

收藏印也是篆刻创作中经常遇到的一种形式,收藏印主要用于书籍和书画作品。它不仅要在有关的物件上留下标记,而且还要留下一个完美的艺术形象,既不能有损于物件,也不能争主。所以收藏印一般章法的处理都极为严谨。

"古董周氏雪盦收藏旧拓善本"、"圣彝收藏金石书画印"、"四明周氏宝藏三代器"等作品,都是近代篆刻家赵时枫所作。他善于运用不同的书体,不同的章法,变幻多端,耐人寻味。但又都体现了收藏印的特殊要求,平正浑穆、挺拔隽丽,给人以深刻印象。

吴昌硕治印雄健凝重,然而当创作收藏印"乌程蒋氏樱宁室藏"、"怡怡室珍藏"等印时,落刀也收敛得多了,特别在章法的经营上,都精心考虑收藏印的特殊要求。

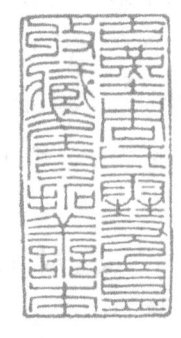 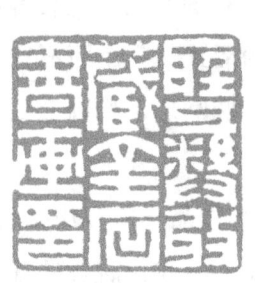 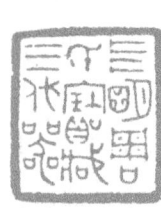  

| 古董周氏雪盦收藏旧拓善本 | 圣彝收藏金石书画印 | 四明周氏宝藏三代器 | 乌程蒋氏樱宁室藏 | 怡怡室珍藏 |

第七章 款法

边款是明清流派篆刻艺术的重要组成部分，也是区别秦汉古代篆刻艺术的根本标志之一。明清以来的大篆刻家无一不是刻制边款的能手。所以学习篆刻艺术，就必须同时掌握边款的刻制方法。

一、边款的形成

篆刻边款的形成，也有着多方面的原因和发展的过程。

首先，从传统的器物款识（音志）的形成来分析，篆刻的边款，或可视为古代器物铭文在新的历史条件下的广泛应用。

款识，是古代青铜器上的铭文的统称。《汉书·郊祀志》中记载："鼎细小又有款识。"如果加以具体的区别，那么款和识是两种不相同的表现形式。根据文字的阴阳的不同，阴文称为"款"，阳文称为"识"。方以智于《通雅》一书中谈到："款是阴字凹入者，识是阳文挺出者。"此外，还可以根据器物上的铭文位置的不同，产生款和识的区分。《博古录》中记载："款在外，识在内。"所以，篆刻的边款与器物款识在形式上有共通之处的。

篆刻边款不仅在于款与识在名称上与古代器物款识是一脉相承的；而且，在边款的内容上也受古代器物款识的影响。古代器物的铭文，主要是说明器物制作的年代，创作者的姓名，或记载器物制作的用意等，这些也成了篆刻边款的主要内容。

边款之所以称"款"，不称"识"的原因，是因为我们现在所看到的边款大部分是阴文。边款自明代文彭起，沿袭发展了三百多年。其中，阳文的边款较稀见。

篆刻边款的产生，和我国传统书画结合的艺术形式有密切的关系。中国的绘画，自唐代起就出现了书画结合的情况。据历史记载，书画的结合，可能还早一些。在唐代张彦远《历代名画记》中就有这样的记载："桓温尝请（王献之）画扇，误落笔，因就成乌驳犇牛，极绝妙。又书《犇牛赋》于扇。"绘画题记到了宋元时期就更加盛行，到了明清时期，文人画在画坛上占统治地位，题记更成为绘画的一个重要组成部分。印章的边款，就如绘画中的题记。文人治印也就自然而然地将这种习惯，在篆刻的边款上显示出来。

当然，篆刻边款的产生，还在于篆刻艺术的自身因素。边款在隋唐时期，已经出现了雏形。从隋唐时期起，官印的背面常见凿有印面文字的释文，制作和颁发的年代，以及编号等文字。现在我们见到的隋唐官印"广纳府印"，此印的背面就镌有"开皇十六年七月一日造"的文字。在私印中，款文在明清以前也已出现。如一九七一年南京江浦县悦岭宋墓中出土的私印"张同之印·野夫"两面印，就有阴文边款。它的四个侧面，都有篆书的款文，每边四字："十有二月，十有四日，命之曰同，与予同生。"款文布局极富有装饰性。

南宋复斗两面印之边款

隋唐至宋元时期的官私印款文，虽然无书法与文学之美，但毕竟是开了明清时期边款的先河。

明清时期的篆刻边款形成的自身因素，还在于石料印章的大量应用，这就为边款艺术提供了物质基础。古代的工匠，虽然有制作巨碑的能力，但对付印章的边款，则缺乏才华。所以，篆刻自先秦时期起，经过秦汉、晋唐等许多朝代，历一千余年。也未能形成边款盛行的局面。自王冕把花乳石引进印坛之后，才使边款的被采用出现了生机。

文彭和何震，是明清流派篆刻艺术的创始人，不仅开创了印面艺术的新时期，而且也奠定了边款技法的基础。清代西泠八家之一的陈豫钟于"希谦之印"的边款中对此曾作有最早的论述："制作署款，昉自文何。"在"澄碧珍赏"印的边款中也谈到"刻章署款，始于石印之后，文何两家，署款之最著者"。

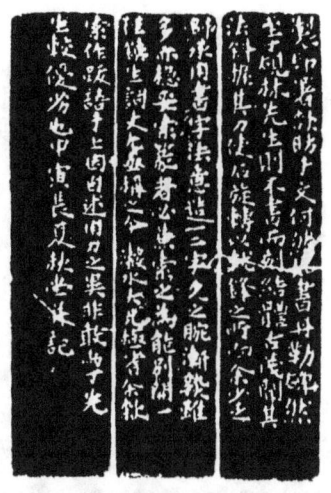

陈豫钟印　边款

文彭、何震开始"刻章署款"，大大充实了篆刻艺术的表现形式，边款在篆刻艺术中显示了独特的艺术价值。文彭、何震两人的边款，在处理技法上则是各有特色，文彭创出的是双刀法，何震创出的是单刀法。

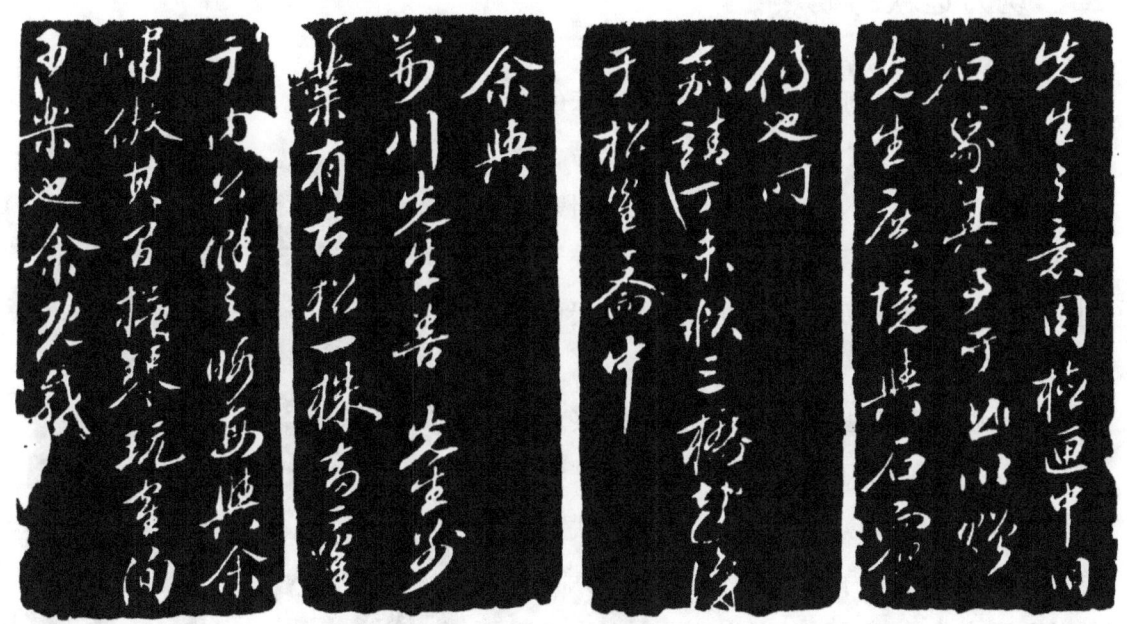

文　彭刻

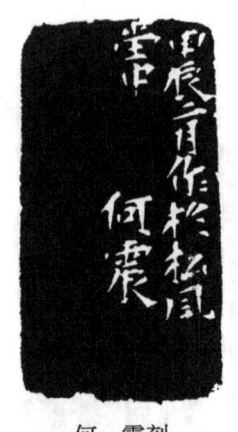

何 震刻

文彭的双刀法,是先将所要刻的字,用毛笔写在印章的侧面,然后根据书法的笔意,用刀勒出字形。因为每一笔都要往复两次着刀,所以也称之为双刀法。文彭的双刀边款,其艺术效果,比较接近毛笔的书法趣味,犹如行草的碑帖,字里行间,笔势连绵,气贯首尾,显得雍容富贵。但文彭的双刀边款,因为与碑帖刊刻相类似,所以在技法上,并没有多大的突破。

何震运用的是单刀法刻制边款,就是采取直接施刀刊刻的方法。一刀一道笔痕,不作过多的修饰。何震的单刀法边款,较文彭的双刀法说来,要简捷得多。粗看起来,似乎毫不经意,但在回味中,我们却能够感到其笔画错落有致,特别是富有北魏刻石的那种天趣和险势。他那雄恣激越、高古拙朴的边款艺术,对后世边款艺术的发展,影响很大。

自明代文何开创刻章署款之后,使这一艺术形式逐步发展为完整的边款文字,成为篆刻艺术必不可少的组成部分。

二、切刀边款的成熟

继明代文彭、何震之后,崛起于印坛的主力军是"西泠八家"。自丁敬始,经黄易、蒋仁、奚冈、陈豫钟、陈鸿寿、赵之琛,至钱松,相继左右印坛达一百五十余年。西泠八家,特别是丁敬,为单刀切刻边款的成熟和发展创立了丰功。

丁敬以切刀技法,开创了"浙派"篆刻艺术。同时把这种切刀技法运用到边款上来,切点代画,使何震开创的单刀边款表现形式更趋完美,也更得心应手。由于不受底墨的束缚,所以下刀自由,可以随意而施。成字在胸,切刻一点,便为一笔,下刀不作更改。以此切刻

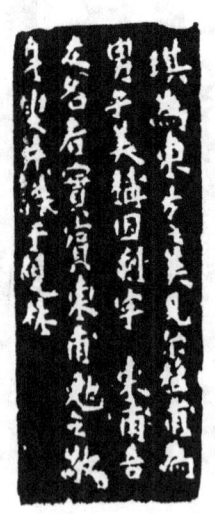 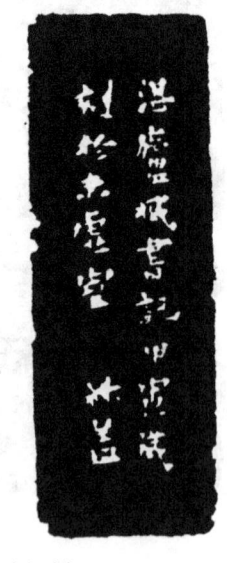

丁敬　钱松刻

成字，大小不一疏密自然，所以更显笔气深厚、神态毕露的艺术效果。

经过几百年众多的篆刻家的努力，切刀边款得到了不断的发展，并展现了立异避同、争艳斗胜的生动景象。西泠八家虽属一派，但也各有特色。其中钱松的切刀边款，另辟蹊径。他的边款行刀偏浅，稍带披削，富有古拙凝炼、醇厚渊深的特点。由于刻得过于浅坦，于是就产生"久之入浑，至浅不可拓"的现象，友人便有了"嘱为深之"的趣事。我们从刊出的钱松边款，与丁敬之作稍加比较，就可以发现，存在浑厚与瘦劲的差异。

切刀边款技法，经吴昌硕发展后，显得更为绚丽多彩。吴昌硕的切刀边款结构奇险，竖横笔画，不平不直，笔断势连，斑驳有致。或如"寒山堆雪"，或如"玉龙飞舞"，风神韵致，与众不同。同时，

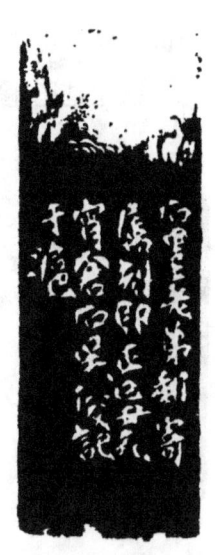
吴昌硕刻

吴昌硕刻款强调运腕的作用。突破了以往作边款"据刀不动，以石就锋，如成一字，石必转动数次"的束缚。吴昌硕刻边款，采用印石基本不动，以腕运刀，以刀就石的方法，犹如握笔于纸上挥毫。此后，更多的人将"以石就锋"、"以刀就石"结合起来，就更便于灵活掌握，展现多样的风格了。

三、边款的基本内容

印章的边款有长有短，短的边款仅几个字。这种短的边款，称之为短跋，也称冷款。另一种边款，在十几个字以上，甚至多达数百字。这种长的边款，称长跋，也称长款。

边款的内容大体可包括这几个方面：

第一是单款，亦叫穷款，仅仅刻上作者的名字，这可算是最短的一种边款。这类边款，文字通常安排在印章左侧的左右，一般不居中。如"秋堂"（陈豫钟号）等。

第二是双款，除了刻上作者的名字之外，还要说明此印是为谁而作的。如"少原仁兄属。悲盦"、"扔叔为艾臣丈作"等。为了表示作者的

谦逊，要注意选用适当的称呼，并加用"指正"、"斧正"、"一哂"等词语。

第三是记述所刻的年代和日期。如"癸亥十月，秋堂作"。

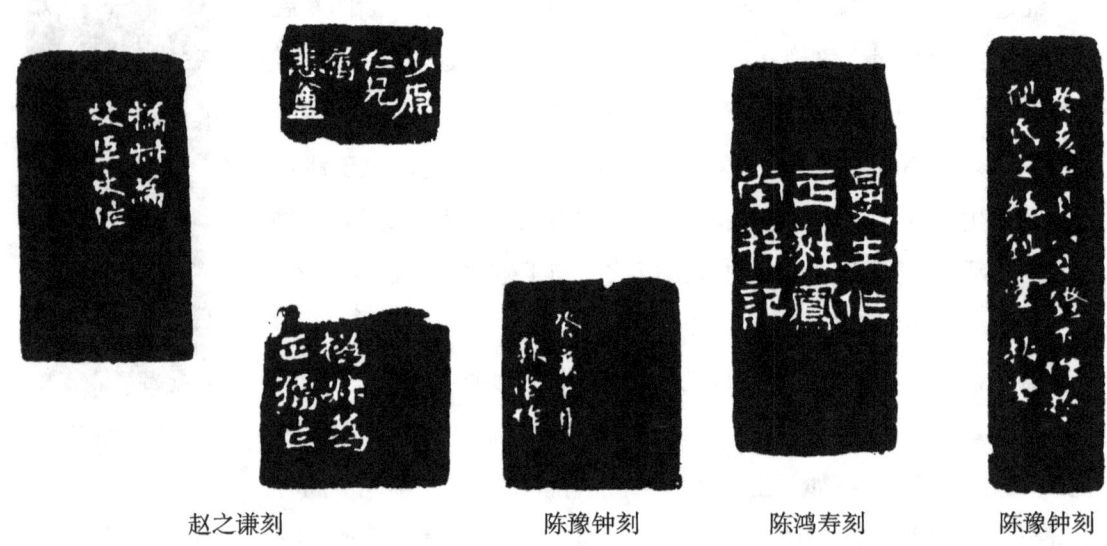

赵之谦刻　　　　　陈豫钟刻　　　陈鸿寿刻　　　陈豫钟刻

第四是说明创作此印的地点或场所。如"曼作于甓凤堂，并记"、"癸亥十月八日灯下，作于倪氏之经钼堂。秋堂"。

在这种情况下，由于文字比较多，就应注意排列和布局，以上这两方边款，列文对称整齐，体现了总体的装饰美。陈鸿寿（字曼生）的这方隶边款，就特别能显示出一种韵律感。

第五是说明此印如何而作。赵之琛（字次闲）作"芝兰室藏阅书"印，边款跋曰："安伯大兄藏书甚富，属刻此印，为拟雪渔老人法应之。次闲。"钱松（字叔盖）刻"范宋私印"，边款跋曰："穉禾此印，余久置案头未报，明日有虎跑之约，穉禾当过从曼盦，因就灯下以了数月之愿。然在近作中，最为出色，勿示俗流也。甲寅十一月叔盖并记。"这类长文边款，往往要占较大篇幅。

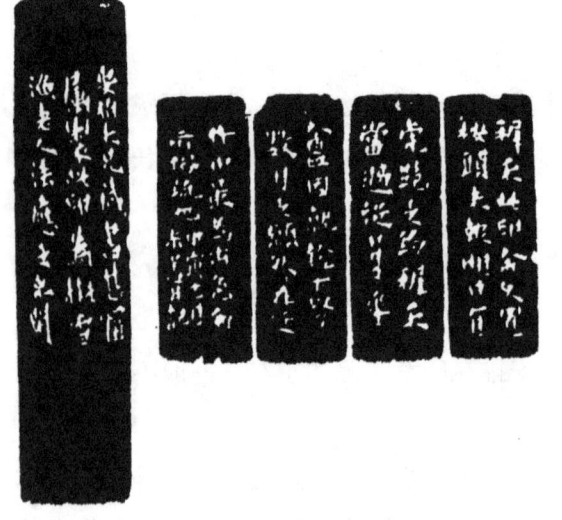

赵之琛刻　　　钱松刻

第六是表达或记录作者刻印所采取的艺术处理手法。如陈鸿寿刻"万卷藏书宜子弟"印，边款刻有"戊午九月，仿六朝汉铜印法。曼生作于粦凤堂"。这类边款也可以帮助我们理解印面的艺术特色。

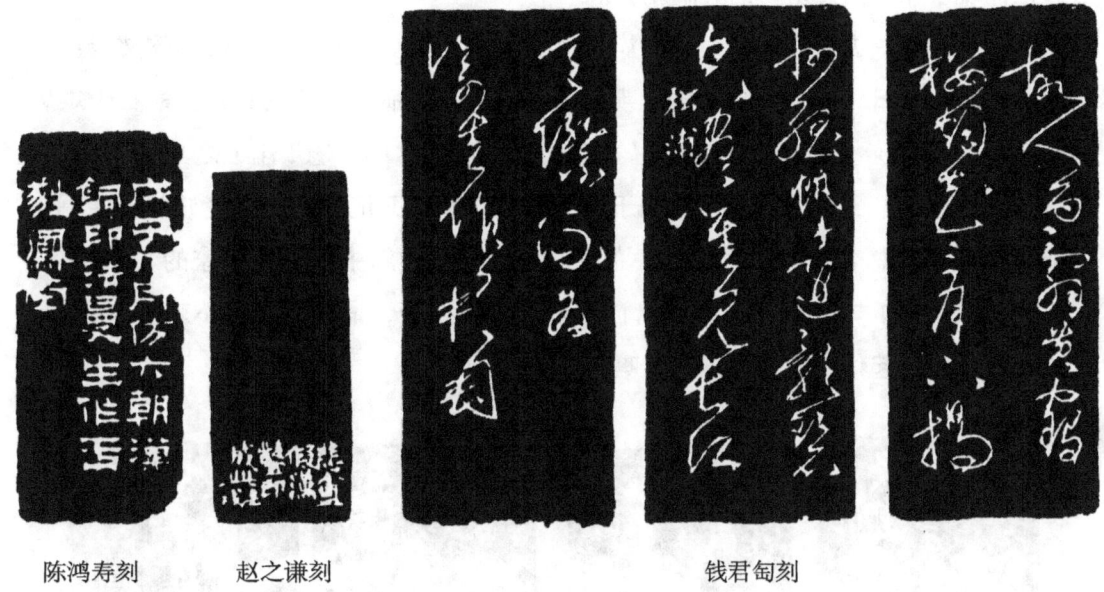

陈鸿寿刻　　赵之谦刻　　　　　　　钱君匋刻

第七是以诗词、格言、成语、文章作为边款的内容。如钱君匋擅于作行草长跋边款，他常以古今诗词作为内容。他所刻的李白诗，洒脱隽永，将篆刻边款技巧提高到一个新的艺术境界。

四、边款的文采

边款的好坏，不单是刻得如何，还取决于是否有文采。有人说边款是一种特殊形式的文学作品，并不是夸张。边款文字作得好，可以供人反复诵读；反之，语言平庸，读起来如同嚼蜡，甚至语不达意，就要闹出笑话来。正因为如此，明清篆刻家无一不有深厚的文学功底，许多长跋都充满着诗情画意。

邓石如作"新篁补旧林"一印，其边款这样记道："癸卯秋末，客京口，梅甫属作石印。如事时，风声、潮声、涛声、欸乃声与奏刀声相奔逐于江。"寥寥数语，不仅交待了与印有关的时间、地点、人物，还表达了邓石如难以平静的创作激情。同时，也是他坎坷的生活经历和艺术道路的记录。邓石如数十年的漫长岁月里，一直以布衣、斗笠、草鞋、藤杖为伴侣，足迹遍及名山大川。他酷爱森林、河流、山岳、海洋。他的艺术正是与祖国的山河密切地结合在一起，才形成了凝练朴实的风格。而他的边款语言正体现了作者情意熔铸的开阔胸怀。

邓石如的另一方"江流有声，断岸千尺"印，边款更富有浪漫色彩。款文云："一顽石耳。癸卯菊日，客京口，寓楼无事，秋多淑怀，乃命童子置火具，安斯石于烘炉。顷之，石出幻如赤壁图，恍然见苏髯先生泛于苍茫烟水间。噫！化工之巧如斯夫。兰泉居士吾友也，节《赤壁赋》八字篆于石，赠之。邓琰又记。图之石壁如此云。"平时人们称道此印，总着眼于印面的章法布阵，很少从此边款中洞察艺术家的才思。言简意赅，情景交融。"化工之巧"，正出自作者的才艺之巧，诵读款文，不就更能和作者产生共鸣，感情起伏在一个节拍之上吗？

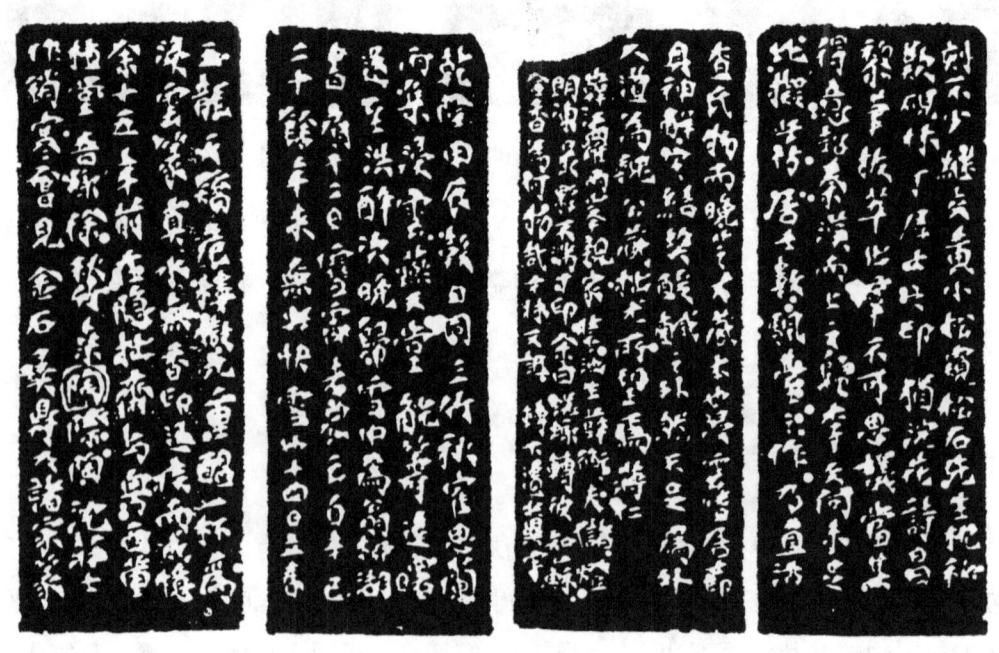

蒋仁刻

蒋仁刻"真水无香"印，从边款中我们可以得知，他创作这方印也有一个集聚创作激情的过程。边款记载了他的创作经过，文笔也非常酣畅："乾隆甲辰谷日，同之竹秋鹤、思兰两集浸云燕天堂，觥筹达曙，遂至洪醉。次晚归雪中，为翁柳湖书扇。

十二日雪霁。老农云：'自辛巳二十余年来，无此快雪也。'十四日之春，玉龙天矫，危楼傲兀，重酝一杯。为浸云篆'真水无香'印，迅疾而成……"

"真水无香"一印，能迅疾而成，是基于长期的酝酿，其中凝结着多么丰富的感情。从燕天堂畅饮，到雪中晚归；从观玉龙天矫，到重酝一杯，复杂的艺术构思过程，都在边款中倾诉。"真水无香"印面本已使人神往，再与秀美隽永的文采匹配，互为映照，更相得益彰。

由此可知，技法固然重要，然而如果边款缺乏文采，那么也很难称得上是一种炉火纯青的艺术佳作的。

五、边款的形式

印章边款至清代末年，不仅已成为篆刻艺术的一个重要的组成部分，而且能游离于印章之外，成为艺术领域中的一朵奇葩。它不仅题材广阔，内容丰富，而且形式也多样。

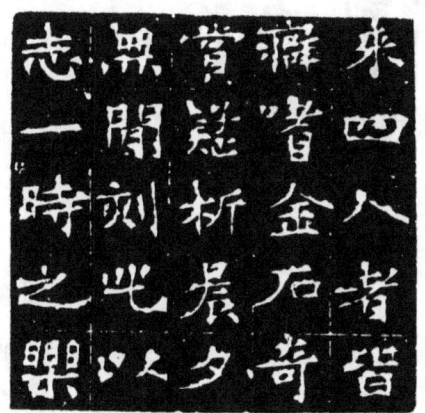

一件成功的边款，犹如一块袖珍碑碣。不少篆刻家把中国古代的书法名作，临摹在印石之侧。清代中期的篆刻家杨澥，就曾将数百字的王羲之名作《兰亭序》缩临成印章的边款。不少篆刻家常常把名碑佳帖放置于桌前，然后根据作品的笔意，将整件书法作品缩临于石，且能达到惟妙惟肖、神完意足的艺术境地。更多的篆刻大师们，充分发挥聪明的才智，通过铁笔的挥洒，创作出光耀照人的佳品。

赵之谦便是这样一位艺术大师，他为我们留下了大量的边款精品。这里刊出的魏碑书体长跋边款，就是他的杰作之一。此款文曰："余与荄甫以癸亥入都，沈均初先一年至，其年八月稼孙复

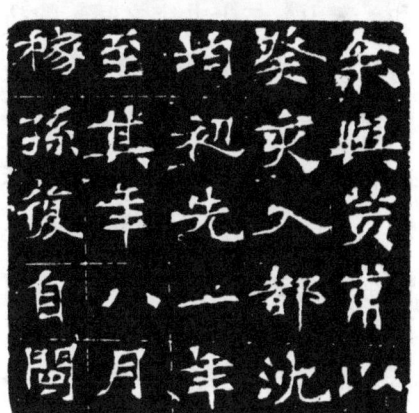

赵之谦刻

自闽来。四人者皆癖嗜金石，奇赏疑析，晨夕无间，刻此以志一时之乐。"

此边款正好五十字，表明了他的苦心经营。在这一作品中，作者成功地继承了北魏《龙门二十品》、《始平公》等碑刻的表现手法，款文且冲且切，并在切刀之中，间参用笔的方法，运刀如运笔，刀刃偏正结合，将刀刃竖起，刀正迹细，随笔意冲刻而去，特别是撇笔，圆转刚韧，尤见功力。方圆相间，粗细有致，充分体现了魏碑的艺术情趣，使人无不为抚掌叫绝。

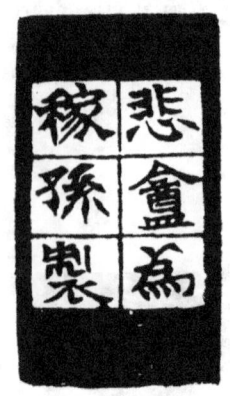

赵之谦刻

赵之谦还开创了阳文边款的新形式，丰富了边款的表现内容。体现了他的超拔不群、博大精深的艺术巧思。"仁和魏锡曾稼孙之印"一印的边款便是他的鼎力之作。

此印款文"悲盦为稼孙制"，采用阳文魏碑体。六字布局险绝，大有醉翁之态，纵横跌宕，瞬息万变。然而作者善于化险为夷。一是"接界"。六字中的"盦"、"稼"、"制"三字，与左方、右方、下方的框界相接，以求得依攀。即使没有接界的，也求得界栏的虚助，如"悲"字的左倾，正得到左界的意扶。二是倾斜与平正相互依存。如"悲"、"为"、"制"三字取势险危。而"盦"、"稼"、"孙"三字则较为平正，险夷互济，形成了寓字于篇的完整格局。

在篆刻的边款中，各种书体的书法都可以得到充分的发挥。古老的篆书，自明末起便逐步出现在边款中，邓石如便是刻制篆书边款的高手。邓作篆书，雄奇郁勃，凝练舒展，吴昌硕对此曾有："驾凌于《琅琊石刻》和《泰山》二十九字之间"的高度评价。吴昌硕擅长《石鼓文》，又大量参用砖瓦、碑碣、封泥等文字。所以他所作的篆刻边款，独立霄汉，更富有朴陋古拙、奇肆冷隽的金石味。他所作的"隅积"一印的篆书边款"安知廉耻隅积"等，便能基本体现他的艺术特色。

隶书边款，在明代已有所见，汪关就是常以隶书作边款的。至清代乾隆年间，隶书边款已臻完美。当时最著名的要数浙派的篆刻家黄易了。

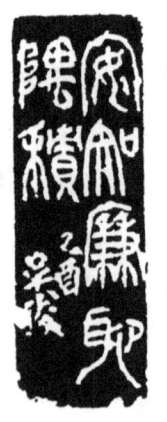 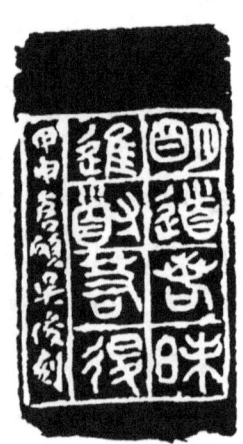

吴昌硕刻

黄易性嗜古，书法、绘画、篆刻无所不精。他所作的隶书边款，劲疾严谨，朴实清刚，直追两汉。

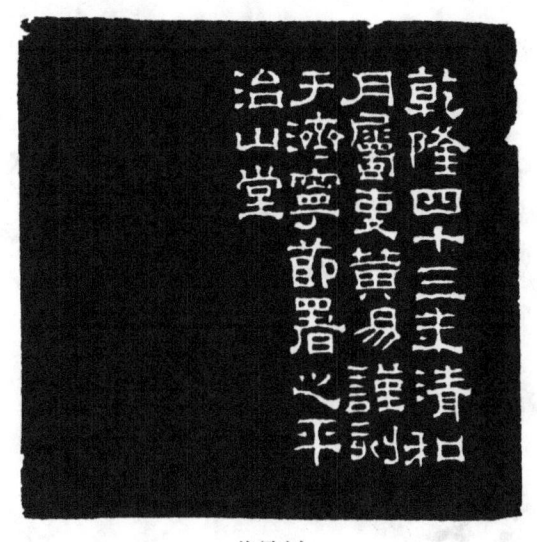
黄易刻

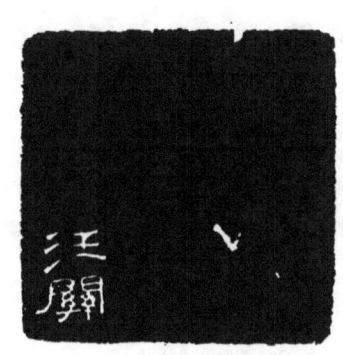
汪关刻

除了文字边款之外，还有一部分是画面边款。赵之谦在这方面作出了巨大的贡献，他善于借鉴吸取，食古化古。他曾以佛像边款的形式，为亡妻范敬玉及亡女惠榛造像。佛像造型简练生动，粗看上去是对称的画面，然而对称中充满了变化，仔细观察则没有一处是相同的。

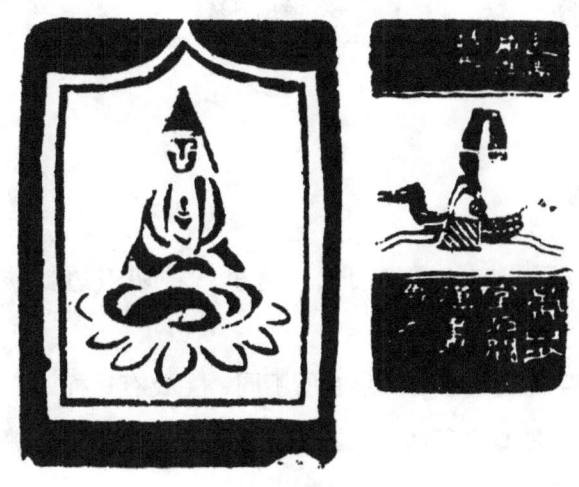
赵之谦刻

"杂技走马"边款，也是赵之谦所作，为"悲盦为稼孙制"边款的另一侧。取法嵩山少室石阙汉画像。一要杂技者倒立在奔驰的马背上，形象生动，粗中有细，马的装饰，人物的面目，也依稀可辨。

此外，边款还有一种"借景"的现象。所谓借景就是印章的钮首和薄意雕刻，常常被边款制作时所借取。薄意是刻在印章上的浅浮雕装饰，在刻有薄意的印章上，选取适当的位置刻上款文，能产生特殊的艺术趣味。这里刊出的黄士陵所作的边款，与菊花图样的雕刻相映，图文并茂，自有另外一番情。雕有钮首的印章，所拓出的边款，上部也能产生各种线形的变化，增加边款的艺术性。

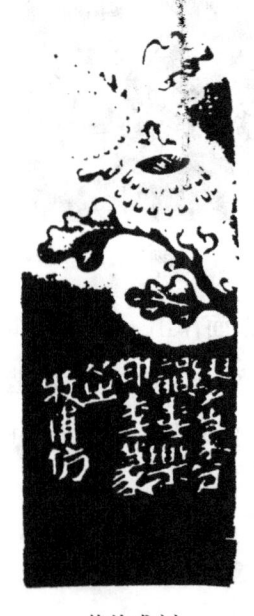
黄牧甫刻

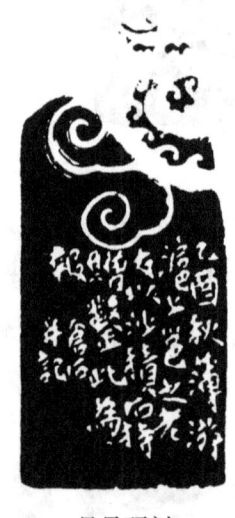
吴昌硕刻

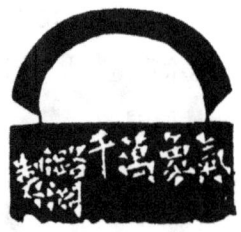
叶潞渊刻

六、边款的刻制

边款技法中，应用最广的是切刀法，这里就将切刀边款的刻制方法，作具体分解。

切刀表现边款文字与毛笔书写文字有所不同，主要有这样四个特点：

其一，因奏刀入石是取自右向左的方向，所以刀势与笔势正好相反，形成切刀的笔画方向顺序是右起左落。

其二，切刀法的运刀是以刀角偏倾入石，所以留下的刀迹多呈三角形，并以此表现粗细长短的变化。

其三，因基于一笔一刀的原则，所以所表现的笔势都比较平直，较少转折变化，笔画一般较短。

其四，由于自右向左偏倾进刀，所以产生的点或线，都为一侧较为光洁，一侧较为毛糙。

如果把握了这些特点，下刀切刻时就能做到心中有数。切刀的具体表现方法如下：

点：

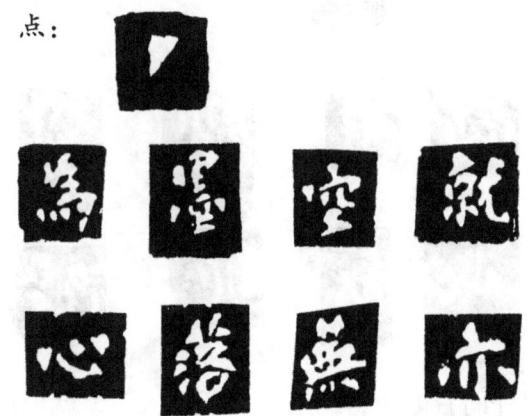

斜势执刀，用刀的外角入石，由右向左，用刀刻切，就能在石上留下一个三角形的点。由于点的大小、形态稍异，故进刀时需要随时调整刀刃与石面的交合角度。

点是切刀的基础，其他的各种笔画，都是由点引申出来的，所以要加强点的刻切练习，特别是要加强转换方向的练习。

横：

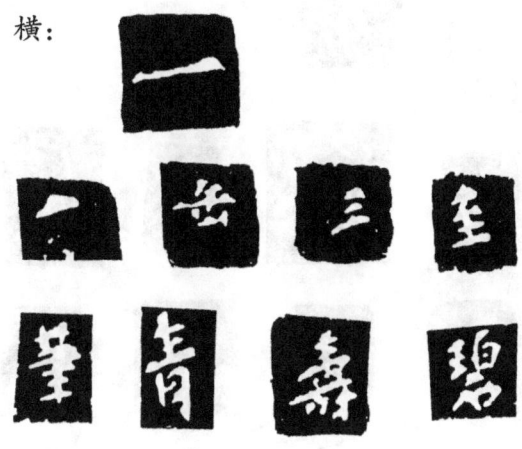

横，实质上是由一个取平势的点发展来的。为了表示横的长短变化，一方面可在平点，即短横的基础上，将刀口略向左取推按之势，使短横按需延伸。这种情况下，一横包含两个节奏，切刻成点和左按延长。节奏要利索连续，一气呵成。也可以在此基础上，紧接着再作一次切刻。这样处理不仅可将横画继续延长，而且笔势也可增加起伏变化。

竖：

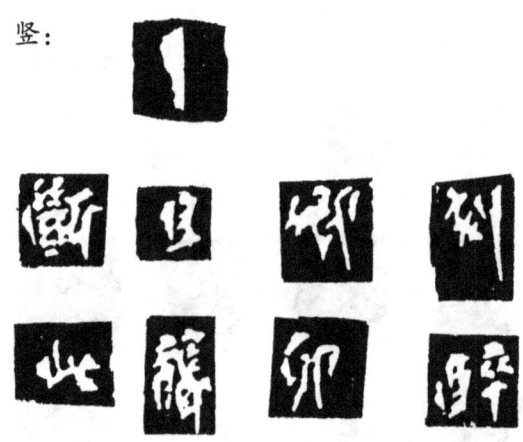

使刀刃取直势，刀杆向右侧倾斜，用刀的下角入石，就形成短竖，实质也可理解为是一个竖点。长竖的表现原理，与横画相似。即可在竖点的基础上，将刀刃向下推按，使短竖延长。也可在上述的基础上，继续作一次切刻补充。这样也增加了竖笔的收笔变化。

撇：

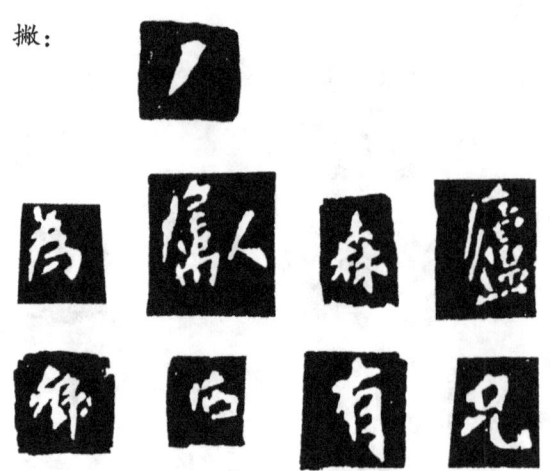

撇有长、短和直、斜之分。短的竖撇与斜撇，切刻的方法与点的表现是相同的，只是方向的改变而已。作较长的撇，可以在切刻成点的基础上，向左略带弧势推切，更可以在意念上以刀代笔，从切成点撇的基础上，顺势掠出即成。

捺：

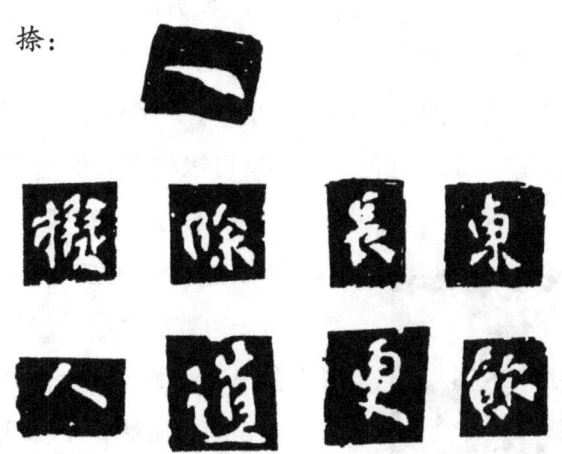

以切刀边款表现捺笔，与书法中的行书极为相似，即把楷书中的一波三折的捺，概括成长短不同、倾斜不同的点。所以切刀捺笔，只要依照捺笔所需要的角度，切出相应的长短、宽窄不同的点，即为捺笔。

勾：

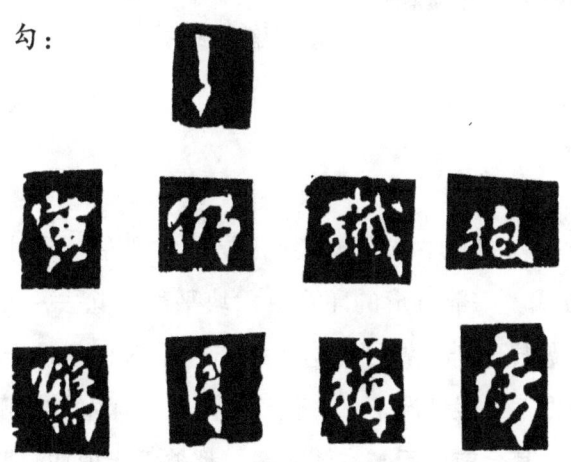

竖勾，先将竖笔刻成，然后在收笔处向左侧逐刻一竖点即成。

戈勾，戈勾是先切刻成一长斜笔，然后，在收笔处，向右侧刻竖斜点。

竖折勾，先刻成短竖，然后衔接横画，最后在右收笔处，向上侧切刻平点。斜笔的竖折勾，只要刻成带向右趋的弧笔，然后接刻平点即成。

经过对各种切刀笔画的分解说明，我们可以发现切刀边款的各种笔法之间，有着特殊的内部联系，那就是一切笔画都是以切刻成点作为基础，然后演化出来的。因而我们可以归纳三句要诀：一、切刻成点；二、转换方向；三、按需延伸。

刻切成点，并不困难，一般一次能取得成功。然而我们可通过以运腕为主，转石为辅的方法，切刻出各种方向的点，这样就可产生许多种不同笔画的表现方式。最后，将各种不同方向的点，按需组合延伸，这样就可以将所有的笔画，淋漓尽致地表现出来了。

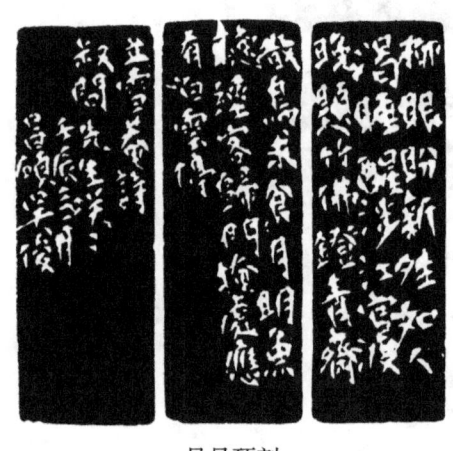

吴昌硕刻

刻制边款，还必须处理好清与浊的辩证关系。由于边款的文字一般都比较细小，所以初学者常常得小心翼翼，生怕笔迹并合不清。其实这是不必要的。诚然，字小笔画多，比较难刻。但只要运刀稳健，笔势清楚，那么即使笔画有"浑浊"感，却反而意趣盎然。反之，一味只注意将笔画一一交待清楚，倒常常会产生得到了"形"而失去了"神"的情况。品味吴昌硕等的边款艺术，则能帮助我们提高这方面的认识。

七、边款的顺序

刻边款需要注意排列的顺序，边款文字也是从右到左，同时结合印章的体势，在排列上还有其特殊方式。一般方形的印章有六块平面，除去一面刻印文，还余五面。那么边款的顺序应作怎样安排呢？因为边款总作于印刻好之后，所以印侧边款前后位置应以印面文字为依据。一般情况下，边款最后结束在印章的左侧。因为右手钤印时，只有这一面露在外面，其余前、后与右侧之间，都被手指捏住。所以边款结束于左侧，正在视线之中。这样印文是否正，一望即知。如印章藏有印盒，也以此作为正面，表露在外。此外，如印石有钮首雕头的话，也应把装饰的正面安排在左侧。

在印面确定之后，那么不同款文的排列，顺序就可以确定下来了。

款文的常规排列顺序，就是上图标明的那样。边款刻一面，就安排在左侧；如刻两面，则从印面内侧，即印文的下端刻起，至左面结束；如刻三面，则从右侧一面起，经印面内侧至左面结束；如刻四面，则应从印面的外侧，即印文的上端顺旋至左面结束。如刻五面，前四面同前，最后则结束于印章的顶面。

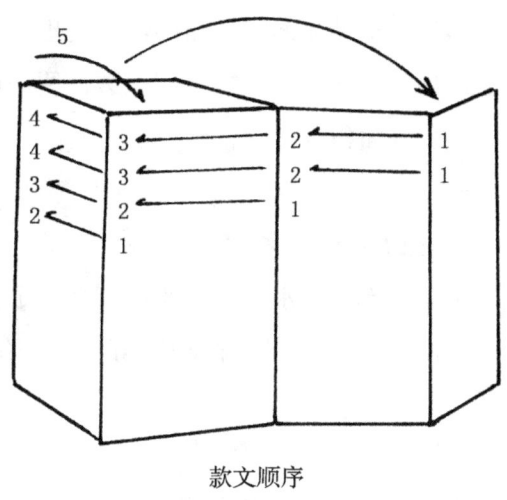

款文顺序

八、边款的拓制

刻好的边款，是不能像印面那样，蘸了印泥钤在纸上的。边款艺术的展现，是通过用墨拓在纸上加以流传。边款拓在纸上，便能全面地显示它的面目。因而作为一个篆刻作者来说，边款的拓制是必须学会的。

拓边款有一个比较复杂的工艺过程。拓制前，首先要备好第一章中所说到的棕刷、拓包、白芨及纸、墨、笔等工具材料。

拓边款的过程，大体可以分为如下几个步骤：

（一）洗洁石章

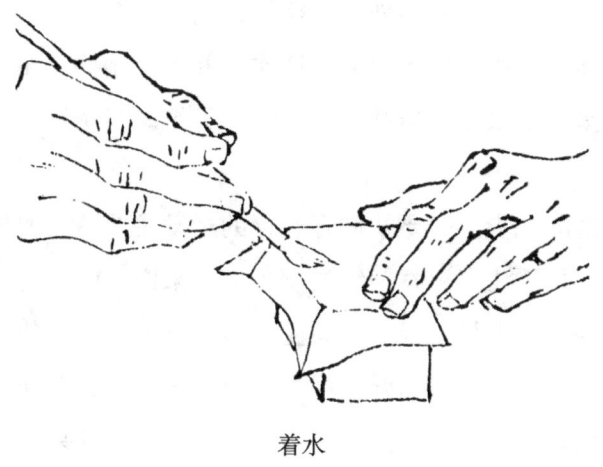

着水

将刻好的边款，先将石屑刷尽。如果有油泥污垢的话，应用肥皂稍加清洗。如油蜡过厚，也应设法清除。在有油污的情况下，拓制过程中纸张容易脱落，着墨也困难。

（二）着水蒙纸

在所拓的边款上，先用笔蘸白芨水使之湿润，然而将拓纸蒙上，如拓制印谱，应使拓面与印面的位置处理适当。如果是单拓边款的便方便得多了。将纸蒙上之后，一般拓面不能全部湿透，便需用毛笔润上一些清水，以使拓面匀湿为度。但不宜着水面积过大。

（三）吸干余水

拓面部分着水之后，便使拓纸涨足。然而用吸水纸覆在上面，轻轻地用手掌按几下，使余水吸尽，同时按服拓纸，以拓纸不显露石章的颜色为宜。

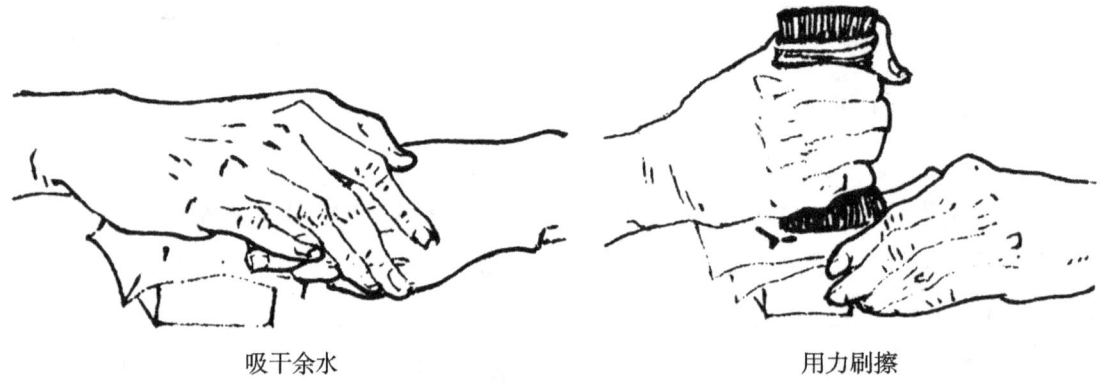

吸干余水　　　　　　　　　　　　用力刷擦

（四）用力刷擦

用左手的食指和中指，伸在拓纸的下面，将印章钳住，不使其移动。右手取拷贝纸覆盖在上面，然后用棕刷进行刷擦。先可轻轻地来回刷擦几下，使拓纸更加熨服，并显示印石四边轮廓。此时拷贝纸已着潮，可由内侧向外，将拷贝纸揭去。揭拷贝纸时，应手法轻捷，以免将拓纸吊起。这样反复将拷贝纸揭换三四次，并反复刷擦，拓纸就紧紧地贴在石上，字迹也就清晰地呈现出来。当拓纸不再粘连拷贝纸时，拓纸就呈半透明状，字迹已相当清楚了。

刷擦拓纸上墨，是拓边款中十分关键的一步。一要掌握好右臂的运动关节。不要动腕和膀，主要是靠小臂的来回晃动。二是要注意视察拓纸的颜色。如果刷擦的中途发现拓纸发白，字迹浮浅，则要重新着湿，再进行一遍。三要注意拷贝纸的湿度。如刷了几下，拷贝纸已着湿，便要揭下换一个地方，否则湿的拷贝纸极易被刷破，并伤及拓纸。四要把握好揭纸。如果拷贝纸粘住，应马上试换几个位置设法揭下，如果这还不行，则可用着湿的纸覆在拷贝纸上，使其湿润，便易揭下。

（五）着墨均匀

用拓包蘸墨汁。墨要适度，太浓易粘，太淡易化。先可在砚边拓按几下，以免含墨过饱。然后在拓纸上，先轻后重，上下拍打，并略带斜势，

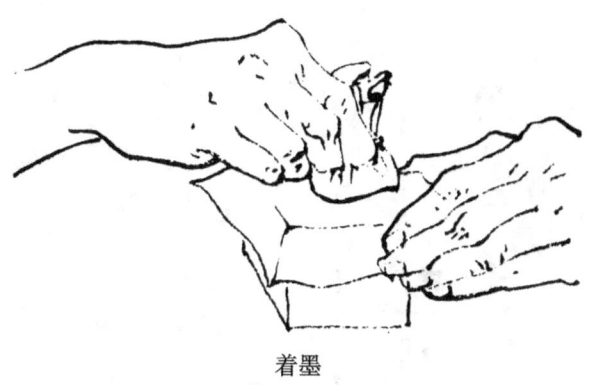

着墨

频率宜快，切不可拖抹。先可在无字处着墨，感到适度时，再拓文字，直至均匀。不要在某一处过多地反复扑打，否则会渗墨，墨色也难达到光亮程度。如字口清晰生辣，线条畅劲流利，则表明已达到理想效果。

（六）待干揭下

边款拓好之后，不能马上揭下，否则就会产生许多的皱纹。一定要等到干透揭下或自然脱落，这才平整光挺。

边款拓墨有浓淡两种，浓墨拓出的边款，墨色光亮，称为"乌金拓"。淡墨拓出的边款，一般色雅淡，少火气，称为"蝉翼拓"。此两种方法，视各人所好，皆可取之。

第八章 古代篆刻艺术（一）——古玺篆刻艺术

篆刻，自起源至今已有两千多年的漫长历史，历经十余个朝代。在这个长期发展的过程中，篆刻艺术曾出现过两个高度发展的历史时期。一个是战国、秦汉时期，这一时期的篆刻艺术的风格特点，主要是以时代加以区分的，如秦印、汉印等。另一个是明清时期，就不能简单以时代来加以区分，而应按其不同的流派来加以说明。不同的时代、不同的流派便会形成不同的艺术特色。只要我们对篆刻艺术的这两个高度发展的历史时期加以综合的比较分析，那么就一定能掌握篆刻艺术长期发展的基本概况。

一、篆刻的起源和应用

篆刻艺术究竟是什么时候产生的？这是历来篆刻家关心和研究的主要问题。然而，由于历史资料的不足，以及研究者的思想方法的局限性，所以关于篆刻的起源问题，一直没有能得到很好的解决，甚至有些观点还蒙上了神奇的色彩。

早在汉代，就有关于篆刻艺术起源问题的论述。《春秋运斗枢》中是这样说的："黄帝时，黄龙负图，中有玺者。"此外，《春秋合城图》谈得更有声有色了："尧坐舟中与太尉舜临观，凤凰负图授尧，图以赤玉为匣，长三尺八寸，厚三寸，黄玉检，白玉绳，封两头端。其章曰："天赤帝符玺'。"这两种说法，显然是把篆刻的起源，归之于神灵的创造和赐予了。

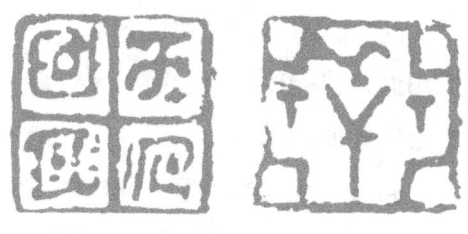

关于印章产生的最早年代，目前还没有能取得确切结论。除了认为篆刻起源于春秋时期之外，还有一部分学者认为产生的年代还要早一些。于省吾教授著的《双剑誃古器物图录》中有三件安阳出土的铜玺，使有的学者认为这三个铜玺出土于殷墟，其文字同殷商时期的金

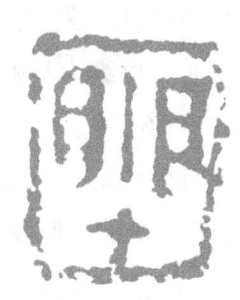

文、甲骨文有类似的地方。而与春秋时期的玺印文字则不尽一样。于是就得出"确属殷代"的结论。因而，也就把印章起源的年代大大提前了。

那么篆刻究竟是怎样产生的？根据文献的记载，篆刻的形成是与一定的经济和政治环境有密切的关系的。

《周礼》涉及印玺的有三处，都是与经济有关的。《周礼》掌节条下有曰："货贿用玺节"；地方司条下有曰："凡通货以玺节出入"；秋官职玺条下也有："辨其物之美恶与其数量揭而玺之"的叙述。汉郑康成注曰："玺节者，今之印章也。"又注："玺者，印也，既揭书撮其数量，又以印封之"。

大量的商品需长途递送，这就需要有一个安全可靠的措施，为了避免货物在运输途中失散，仅把货物捆起来是不够的，因为中途仍有重新被拆捆的可能性。于是人们就想出一个方法：在绳子捆扎的束结处，安置一个木框，将经过加工后的泥团填入，然后在泥块上盖以印章。这样，物体到达目的地后，要知道是否被私拆过，只要验看盖在泥上的印章是否完好就可以了。正如刘熙《释名·释书契》中所谈到的："玺，徙也。封物使可转徙而不可发也。"

除了商品货物的处理外，春秋至两汉的公文递送，为了防止失散和泄密，也采取这样的方法。此见于《左传》：襄公二十九年，"季武子取卞，使公冶问玺书，追而与之"。其他，《国语》、《鲁语》也有相类似的记载。

此外，有关的印玺的记载，还可见《礼记·月令》：孟冬之月，"坏（益）城郭，戒门闾，修键闭，慎管籥，固封玺……"，其中"固封玺"，即用玺作为封存财物或库房门的凭证。

同时，印章的产生，也是象征权力的需要。印章作为信物，在国家机构的权力的体现上，它也能起到"以检奸萌"的作用。

春秋战国时期，政治制度发生了很大的变革。官僚制度的形成，国君与臣下的关系，就不再是以血缘为基础的宗族关系。这样，国君授予臣下的政治或军事的权力，就必须要有一种信物，作为这种授予权力的象征。这种权力的凭证信物，在当时，最主要的就是用在军事上的虎符和用在政治上的印章。

国家任命官吏时，便授予印章，罢免官吏时，或官吏辞职时，就把印章收取回来。《韩非子》中有这样的记载："西门豹为邺令，秋毫之端，无私利也。而其简左右，左右比周而恶，期年上许，君收其玺。豹曰：'愿请玺复以治邺，不当，请伏斧钻。'豹因重敛百姓，急事左右。期年文侯迎而拜之。豹曰：'往事臣为君治邺，而君夺臣玺，今臣为左右治邺，而君拜臣，臣不能治矣！'纳玺而去。"其他，如《战国策》也载有："应侯因谢病请归相印。"

同时，政府公文的来往，也都需要以印章作为凭证信物。

除此之外，古代的印章还有非常广泛的用途：

（一）物勒工名。古代手工业者在所制的器物上盖印作为记名。最多见于战国和秦代的陶器上，同时代的漆器上，也常能见到类似的印痕。

（二）物名图记。一些器物的名称，有专门的图记标出。如战国时期的齐国标准量器上盖有"陈华右莫廪口毫釜"的专用玺。其他战国时期还有"右里升"等量器的图记性质的印记。

（三）印子金币。战国时期楚国的金币上印有"郢爰"和"陈爰"的印痕，其中"郢爰"金币出土最多，世称"郢金"。因金币上的文字是用玺印盖出的，故这种金币又称"印子金"。

（四）吉语佩印。专供佩带之用的特殊印章。常见的汉代吉语印有："黄神越章"、"黄神之印"、"黄神越章天帝之印"等。古人以为用此佩印，便能"辟除不祥"，进入山林时，可免虎狼恶神之祸。

（五）殉葬明器。古人生前用印，在死的时候则一起殉葬。因官爵有的是世袭的，其印玺往往要上缴。故而就常采取仿造的印玺用以殉葬。作为明器的印章，其制作多为草率。

（六）巨玺烙马。"日庚都萃车马"，是古印中最著名的巨玺，约七公分见方。这样大的印是难以作封泥的，此印的钮上有孔，为的是装纳木柄。于是人们意见认为此类印是烙马用的。

（七）封存库房。有一些巨玺是用作封房门的，传世的"魏石"等巨玺，就可能用于封库房的。

由此可见，印章的出现，首先是经济和政治上的需要，印章的使用是以广泛的实用性为基础的。

二、战国官私古玺

战国时期的印章，我们通常称之为"古玺"，这是由于这个时期的印章都称"玺"的缘故。古玺根据其印文的内容，可以分为"官玺"、"私玺"、"吉语"等，根据印章的大小，可以分为"巨玺"、"小玺"、"杂形玺"等。

（一）形式丰富

历代篆刻艺术中要数古玺印表现形式最丰富。由于当时的中国分割成许多的诸侯国，各诸侯国都有自己的性情和爱好，于是也就形成了各自的异常丰富多彩的特色。

首先，古玺印章的大小悬殊。古玺大的可以有数寸见方，除了最大的一方"日庚都萃车马"印之外，其他巨玺还有"大赝"（府），印面有6公分×5.3公分，"鄌将泹重玺"，印面5.5公分×5.5公分。而小的印玺只有黄豆般大小。小的古玺多见于单字玺和吉语玺。

同时，古玺的丰富形式还表现在外形的多样性。各种形式在方形和圆形的基础上加以变型和组合发展。如果我们按方、圆及方圆组合的三方面作深入的分析，就可以发现古玺丰富的形式是怎样形成的。

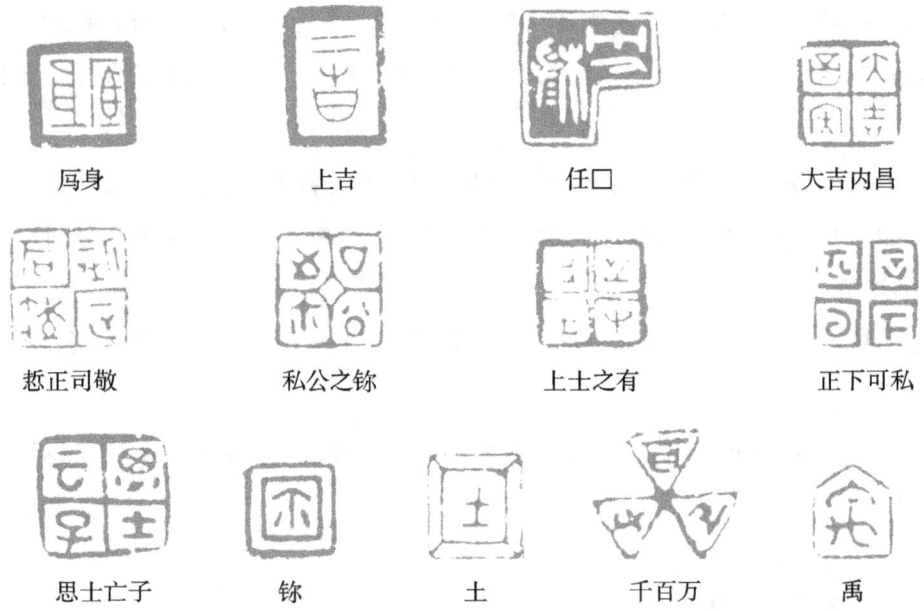

方形结构。"匓身"玺,阔宽的边框和细劲的文字,形成强烈的对比,是古玺中最多见的表现形式。这种方形的直线构成的方式还有长方形的,"上吉"玺,就是十分典型的例子,它的基调与"匓身"玺十分相似。古玺中有的长方印章长达到七公分以上,而宽度只有一公分余。还有一部分印章呈"┌"形的,"任□"就是非常规则的平行与垂直两个根本不同方向的有机构成。

印面内部的"田"字格的变化多样性,也是古玺的一个重要特色。"大吉内昌",这是"田"字格的基本方式,然而中间的"十"结构是可以变化的,"悲正司敬"、"私公之铱"、"上士之有"等印,巧妙地构成几个不同的模式:田、田、田,其他如"正下可私"古玺又在田的基础上,冲破边框,形成了四个正方形的小印组合。

还有一部分古玺,采取两道框栏,如"铱"的边框作回;而"土"的双框又作田,增加了内框与外框之间的连接。这样就使原来简单的文字印,增添了形式感,避免了单调乏味的弊病。

此外,采取增减边线的方式,来增强形式变化的。正方形本是印章的基本模式,当减去一条边的时候,就可以形成△,三个等边三角作等边三角形的组合,就形成了"千百万"这别出心裁的形式。另外古玺"禹",则是采取增加边线的方法,使之成为"⌂"形的五边结构形式。

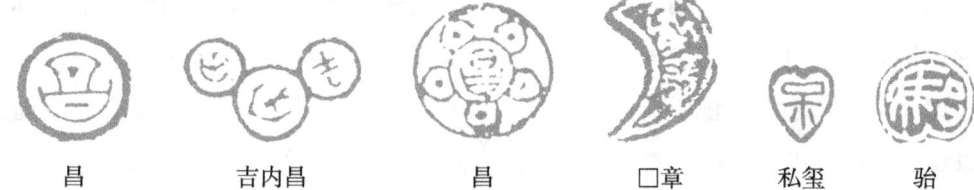

昌　　　吉内昌　　　昌　　　□章　　　私玺　　　驵

　　圆形结构。在古玺中圆形结构体现的经营创造力也是后世篆刻艺术印所莫能及的。单字吉语古玺"昌"，可谓最完整的圆形结构，然而古代的艺术家是不甘于固定一种格式的。在创作的实践中，当时的人们意识到，圆形可以采取多重组合的方式来丰富表现形式的。于是圆形的串联构成就形成了。"吉内昌"，就是三个圆形的单字相连接的表现形式。可贵的是，这三个"圆"不是采取一直线的连接，而是按弧形的串联方式，使整方印在圆弧形的基调上得到了和谐。如果"吉内昌"是圆形与圆形的外部联结的话，那末单字古玺"昌"，则是圆形内部构成的圆的重复组合。它采取大圆套小圆在大小圆形之间，又有五个小圆介入，而且每一个小圆的中心都有一个圆点。这样用七个圆的套合，就构成了别具一格的圆形古玺的特别模式。

　　圆也是可以变形的。除了用同一半径作出的正圆外，还可以用两根或两根以上的弧线形成变化的圆形章。一种是相同方向的圆弧构成，如"□章"，外形为"𝒟"形便是一种。另一种是相对方向的圆弧构成，最多见的"♡"形。如"私玺"，从印文布局到外形都采取对称经营格局。"驵"单字古玺取例置鸡心形⌂。外形对称，而内部文字布局则受文字自身结构的限制，而作随势经营。感觉上这样处理更为生动。

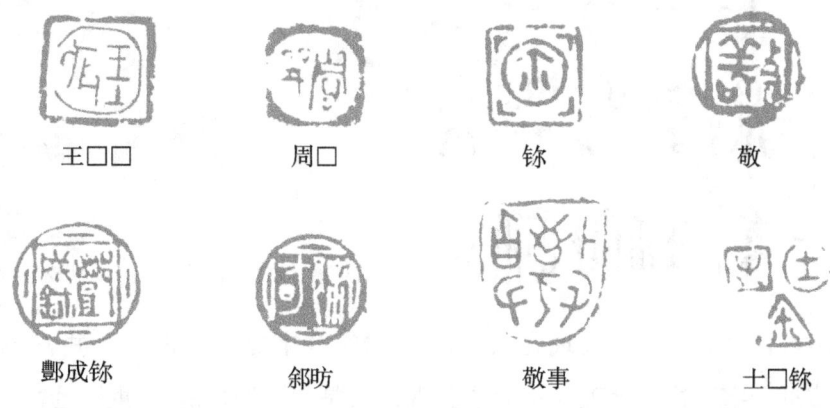

王□□　　　周□　　　铢　　　敬

鄞成铢　　　郐昉　　　敬事　　　士□铢

　　方圆综合构成。这种印章的基本形式是取方圆两种结构综合而成的。一种是方中寓圆，如古玺"王□□"、"周□"、"铢"等，都是采取外方内圆的结构方式。"铢"单字玺的内圆较小，在四角分别增添直线方折的线条，使印面丰富充实。另一种是圆中寓方。如朱文的"敬"、"鄷成铢"和白文的"郐昉"。在正圆之中置入正方，四周空间还可以添入直线，以求匀称丰实。第三种是有的古玺采用方圆线条的连接组合。如"敬事"、上部为方折的外形，下半部是圆转的外形，组合成"▢"的式样，也是很多见的。此外，一方印章分别有方形、圆形、三角形的三方小印组合而成，如"士□铢"等。

（二）文字诡奇

古玺是战国时期的作品。当时国家长时期处在诸侯割据的状态，在这种形势下势必导致文字的繁杂，古玺中的文字差异就大了，有相当一部分古玺文字，至今难以辨认。古玺文字所体现的是六国异文，通行于东方的齐、楚、燕、赵、魏、韩。六国异文既不同于甲骨文、籀文，又不同于秦国和秦统一后的文字。我们可以从"马"、"私"、"秋"、"信"、"玺"等印文中了解古玺异变的一些情况：

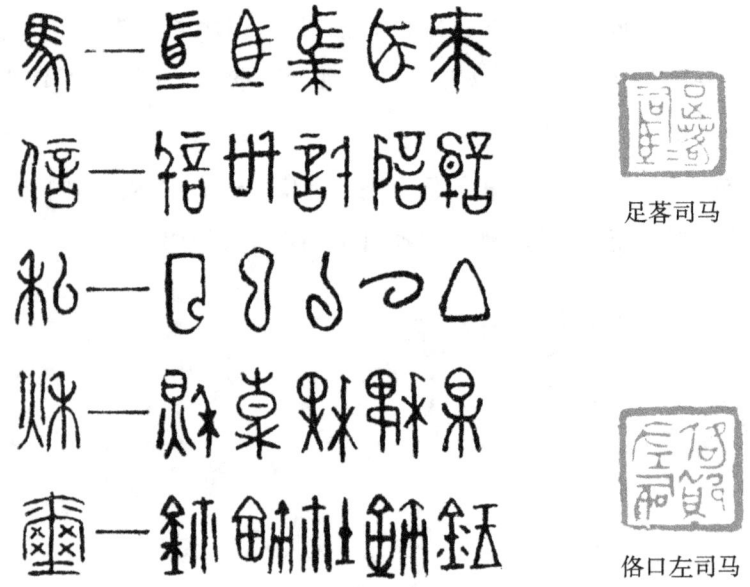

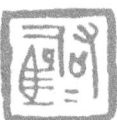

足苍司马　　　右司马

佫口左司马　　阳州邡口右司马

古玺中文字的奇特，还表现在大量的印文作合字处理。古玺一些常见的词，如"司马"就多见合字。这样处理一是为了美观，二是为了制作的简便。"足苍司马"、"右司马"、"佫口左司马"、"阳州邡口右司马"等古玺，都是富有特色的司马合字印。其中有的采取左右避让的方式合为一体，如"右司马"、"佫口左司马"等，形成对角组合结构。有的则是采取中间插入的方式，这种处理尤为大胆。

如"阳州却口右司马"印，"马"字正中插入，占据了"司"字的中宫，司字则曲居次位，俯向迎合，并辅以左右呼应。合字处理，更能体现浑然一体的艺术效果。

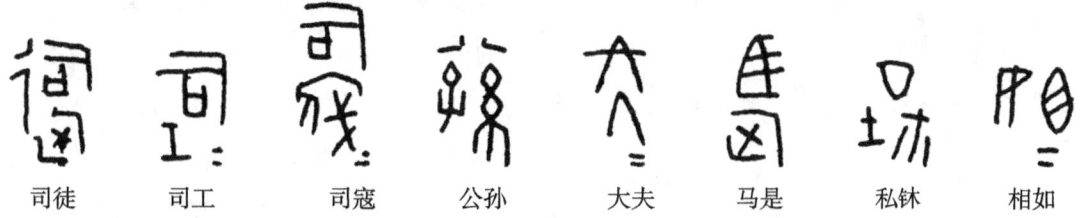

| 司徒 | 司工 | 司寇 | 公孙 | 大夫 | 马是 | 私钵 | 相如 |

古玺中常见的合字还有很多，其中比较典型的有："司徒"、"司工"、"司寇"、"公孙"、"大夫"、"马是"、"私钵"、"相如"等等在合字的过程中，不少合字把原有的结构部分省略了。例如"公孙"合字省略了"公"字的"厶"部，"马是"合字省略了"是"字的"日"部，"相如"合字，两字都各自省略了一半。所以合字印不仅丰富了文字的结构形式可使人产生新奇的感觉；同时，由于合字印省略了原有的结构部分，也可以给制作带来了方便。

（三）布局巧妙

古玺篆刻艺术的最大特点，莫过于章法方面的艺术技巧了。古玺布局手法变幻无穷，不是简单地作算子式的排列，而是追求与文字之间的主次映衬，虚实相生，刚柔互济，顾盼呼应的情趣。同时，借助印章的款式变化和造作技巧的不同，使布局的经营出其不意，妙得天趣，自无娇揉造作之感。无论奇秀清丽还是跌宕起伏，无论严谨端正还是险奇错综，都能达到多样而统一的艺术效果。

1. 跌宕起伏

古玺经营章法，常常是运用大开大合的艺术处理手法，勃勃生机的印面文字，恰如演员登场，各有各的姿色，然而能统一在一个剧情之中。其中起伏最大、形式感最为强烈的要数巨玺"日庚都萃车马"，虚实对比强烈，凝聚疏旷，险峻跌宕，取得经营松动而不散乱，动走龙脉的艺术效果。

首先，章法处理的大胆之处是中宫虚灵，一字不着却尽得风流。空白由中宫向上

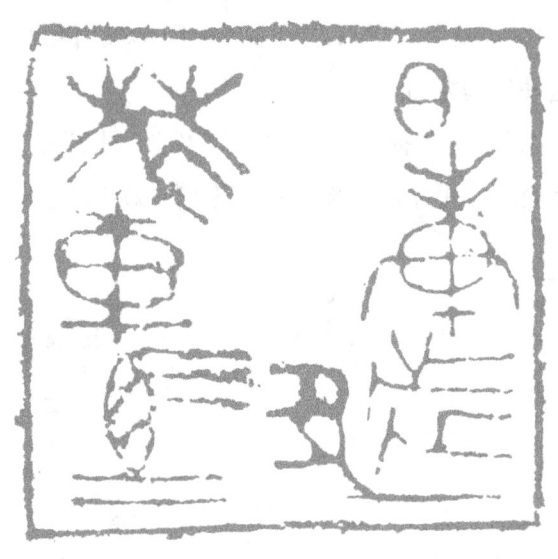

日庚都萃车马

面伸展，具有含蓄的欹斜变化，形成了一个富有流动感的空间。同时四周又有大小不等的小空间与之呼应，从而使印文得到充分的显现。这也给文字线条具有宽阔的活动余地，形成印文多姿多态的变化。印文分两行排列，字与字之间左右交叉承接，"庚"在"日"的右侧，"都"则向左伸展。同时，字的占位大小悬殊，"日"字略为"都"字的八分之一。右行的"都"博大宽宏，如大鹏展翅。左行的"马"字，上部三横，如旌旗迎风舞动。两字左右相应，笔断意联，把几乎"散乱"的两行贯联一体，这便是此印的"话眼"所在。整方印构成"⌣"形的弧曲昂勃之势，也具有"╲╱"形的相迎拱合之态，布势脉胳清晰，可谓时出机杼，意趣真率。清人华琳《南宗抉秘》中言及："多使通体之空白，毋迫促，毋散漫，毋过零星，毋过寂寥，毋重复排牙，则通体之空白，亦即通体之龙脉矣。"此巨玺正得此妙趣。

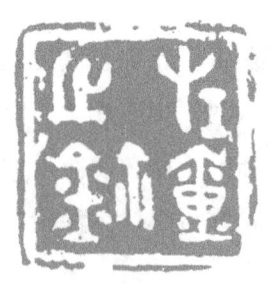

左稟之钵

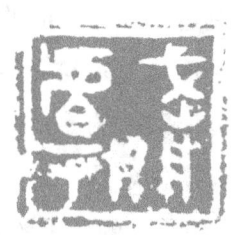

武关口

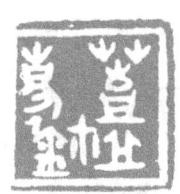

□丘事钵

类似上述印章的处理手法，在古玺中亦多有所见。其他如"左稟之钵"、"武关口"和"□丘事钵"等，也都采取中宫空灵的章法。这种处理手法，体现了以白计黑，追求"象外之象"的美学观。印面的空白，不是虚无。它蕴蓄着无穷的词情画意，人们可以通过想象来充实意境，获得更多美的享受。唐人作《白马》诗中有云："雪中放出空寻迹，月中牵来只见鞍"，便把艺术作品空白的妙处，说得十分形象，分析古玺中的这类印章，正在于探索虚灵中的妙蕴。

2. 奇秀清丽

与巨玺那种跌宕起伏绝然不同的，是独具风姿的小玺。小玺通常只有一公分见方，它所展现的是一种奇秀清丽的艺术风貌。

小玺通常是由细瘦挺劲的文字与宽舒浑厚的边框组合而成。这样处理是非常符合实际应用的，因为宽厚的边框能使纤细的印文得到充分的保护。同时，又符合美的表现形式，使印面形成粗细强烈对比，以粗线条补托细线条，更有利于使文字的精美得到充分的显示。

 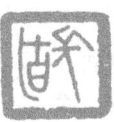 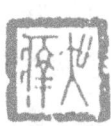 

1. 王雁　　　　2. 长盾　　　　3. 吴痒　　　　4. 吴□之钵

在文字的经营方面，也贵于巧施剪裁，善于运用各种艺术手法。首先，小玺布局匀称缜密，如"王雁"私玺，"王"简"雁"繁，作中间栏割，审势经营为左宽右窄的原理。"王"字竖划少，横里少占面积；"雁"字竖划多，就多占面积，这样印面就产生匀静的美感。同时在笔画匀称的基础上，又讲究疏密聚散的变化。"长盾"私玺，在阔宽边栏的映衬下，印文显得特别灵动而富生气。这是因为"长"字上密下疏，"盾"字下密上疏，交叉呼应，使两字向中间作相合的倾斜，产生富有节奏的动感。正攲的处理手法，在古小玺中是非常多的。"吴痒"玺，整体匀整端方，特别是"痒"字，笔画的安排尤为工丽，然而"吴"字的"口"部向右倾出，"央"部则作相反方向的微倾，使印面平稳中顿起波澜，生意盎然。由于其他的结构线条，也具有不同方位的倾斜，所以整方印依然要在统一之中。古玺还十分强调贯气，随气势而发生开去，既能产生多种丰富的变化，又不致杂乱无章。"吴□之钵"就是一例。此印除了"□"较为方正之外，其他三字都各具姿态，同时又有聚散的变化，即有"吴"与"之"的聚和"钵"字的散。"钵"之"木"部，交接印面正中，这样安排，使印面的左右上下都贯联了起来。

3. 随势结体

任何艺术作品都重视体势的表现，作品强调体势，就能增加美观，充满生机。古玺对势的表现，也放在首要的地位。特别在杂形玺中，文字的结构布局更能随形就势而采取灵活多变的经营方式。

1. 昌　　　　　2. 昌　　　　　3. 昌

这是一组"昌"字古玺，传世的这一单字玺，有好几十个。简单的"昌"字，却能在古玺中如千变万化，美不胜收，原因就在于印文的线条能应势作巧妙变化。方形的印式，印文的线条也以方折为主的表现形式，这样就能取得和谐的艺术效果。圆形的印式，便变方为圆，目的也是为了和谐。但是同样是使文字的形式适应圆形的结构，处理方式则是完全不同的。这两方圆形玺的具体处理，就非常有特色。一方"昌"字玺是将"昌"字上下两根线条处理成圆形线条，并使之可以成为一几完整的圆。统一中又有变化，在圆形内寓有点和直线的点缀，使表现形式随之丰富。另一方"昌"字玺也是圆形，处理方式则不同，则将上下两部分处理成两个大小不等的圆，小圆包含在大圆中，小圆的直径正好是大圆的半径。"昌"字"曰"部的起首笔画，又处理为左右两个半圆，这样就构成一个别致的图案。此外多字的圆形古玺，同样能随势布局而得奇妙的效果。

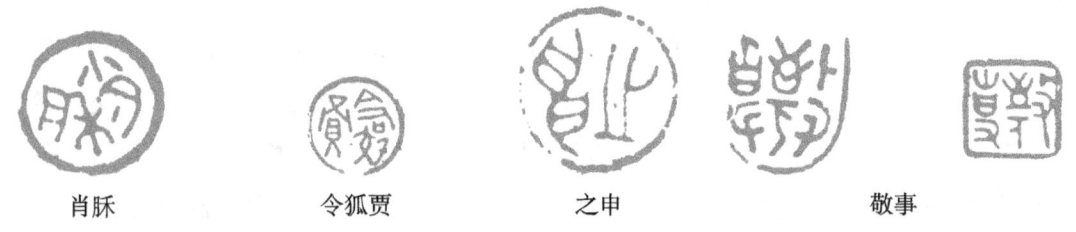

肖胅　　　　令狐贾　　　　之申　　　　敬事

"肖胅"玺，印文不是作机械的平列，而是采取避让的方式，将"肖"字的上部向左移，"胅"的右部向下移，这样参差就使印文妥然地纳入圆形的印式之中。同时，"月"与"月"、"小"与"禾"等相似的结构，作相对的呼应，不仅增加了和谐的节奏感，而且加强了结构的凝聚力。其他圆形印式的"令狐贾"玺、"之申"玺等也极富有特色。"敬事"玺，是古玺中常见的吉语印，其结构经营之奇巧，是古玺中常见的古语印，其结构经营之奇巧，也是非常引人注目的。其中方圆结合的"敬事"玺，尤具特色。将此印与规律排列式比较，此玺强调了"敬"字"文"的上部，简约"事"字的首部"⊎",并使之与"文"的上部统一。同时调整"事"字下部的方向,使之与右边合向呼应。这样就使印面增加了多样而统一的装饰美。

4. 肆意奔放

在古玺中还有一部分印章,是以恣意奔放、雄迈霸悍的艺术格调取胜的。这类古玺大部分是凿印。即在已制好的印材上,用击凿的方式刻出印文。其作品线条生动自然、苍古劲健,时称"急就章",为汉代别具一格的将军印开了先河。酣畅淋漓、意趣盎然的古玺凿印具有相当高的艺术水平。

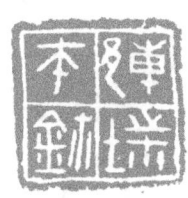　　　　　　

郱埭本钵　　　　　左田瘖□　　　　　计官之钵　　　　　司马□钵

"郱埭本钵"凿印,四字开合有序,各具姿态,充满变化而又不失协调。在线条原理上非常具有特色,所有的线条均呈现相同方向的倾斜,直线向右欹出,横线则左高右低,间距匀停,疏密自然,给人以一种春风拂柳的动荡感,可使人产生丰富的艺术联想。"左田瘖□",跌宕起伏中更见无所顾忌的刀凿痕。此印的特点,是字形或大或小,线条或直或曲,凿出前胸有成竹,凿击时一气呵成,犹如大写意绘画,豪情溢于笔端。"计官之钵",文字大小差异甚大,结体经营恣肆无羁,无所拘束。虚实相映,更使作品增添风采。"之钵"两字,强悍雄迈,线条丰实劲挺,起收方整,而"计官"两字,幽隐柔逸,线条虚细韧曲,起收含蓄。刚与柔、实与虚的强烈对比,使此古玺妙得天然。"司马□钵",也是一方凿痕清晰的古玺。线条虚实提按及方圆转折,都充分地显示出来。"司马"两字的欹险与"□钵"两字的平正,构成了绚丽多彩的艺术情趣。

第九章 古代篆刻艺术（二）——秦汉篆刻艺术

一、秦印

秦印，是指秦统一中国以后的官私印章。秦代的历史虽然不长，但秦代的篆刻艺术在我国篆刻史上却有着重要的一页。

秦代的印玺，改变了战国时期的玺无定制的局面。在秦代只有天子的印章可以称"玺"，臣以下的印章则只能称为"印"。《汉旧仪》记载："秦以前，民皆以金银铜犀象为方寸玺，各服所好。秦以来，天子独称'玺'，又以玉，群臣莫敢用也。"由此可见印的名称是从秦代开始的。

秦印在表现技巧方面，有许多独到之处。首先印玺文字发生了根本的变化。秦印采取的是统一的小篆书体，在章法处理上，有"田"字格、"日"字格等边框。这种形式在战国时期的印章中虽然也有，但在秦印中已是一种普遍的形式，并成为其基本特征。

南宫尚浴

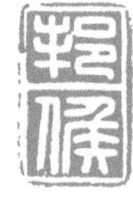
邦侯

私印多长方形的，这种形式在秦汉时期极为流行，通常称主为"半通印"，小官吏的印也取这种形式。此外，私印中也流行圆形和椭圆形等形式，按文字笔画的多寡，用框栏加以分割。秦印中亦出现吉语印，如"万岁"、"相思得志"、"思言敬事"等。

秦印的文字排列颇为随便。如"南宫尚浴"印，$\begin{smallmatrix}1&3\\4&2\end{smallmatrix}$ 排列方式，故很难读顺。据《通志略》记载："秦置六尚，谓尚冠、尚衣、尚席、尚沐、尚书，若分殿中之住也。"这为理解印文制式提供了依据。

秦印体式较难确定，这与秦代历史较短，有着密切的关系。

二、汉印

汉代是我国文化空前发展的鼎盛时期，人们通常称誉的"汉铜镜"、"汉画像石刻"、"汉代石雕"等，都表明了汉代艺术特有的历史地位。这不仅在我国的艺术发展史上有它光辉的一页，而且在世界艺术史上，也有它不可磨灭的功绩。在群星灿烂的汉代艺术中，汉印就是一颗至今依然闪烁着夺目光彩的明星。

我们所称的汉代，实际上包括西汉和东汉，以及中间的新莽时期，前后共四百二十余年。

（一）汉印的种类和形式

秦始皇统一中国后，到了西汉，中央集权的政治才确实地巩固了起来，特别是汉武帝时期，西汉进入了全盛的历史阶段，各种文化艺术也得到了迅捷的发展。这种形势无疑对汉代篆刻艺术的发展，产生巨大的推动作用。

汉印种类，根据文字的内容，主要有官印和私印这两大类。

1. 汉官印

汉代的官印，主要分为玺、印、章三种，包括帝王印和官吏印。根据汉代的制度，汉官印有明显的等级差别。如皇帝的印称玺，用的是玉印，钮首为虎；皇后的印也称玺，以虎作钮首，用的是金印；各诸侯王的印也可称玺，用金印，钮首是骆驼。其他皇太子以及列侯、丞相、太尉和将军用金印，印钮是龟。当时的将军印一般称"章"，其他官吏印称"印"。

汉印的等级差别，还表现在印章所系的绶带上。据汉制规定，"御史大夫，银印青绶。凡吏秩比二千石以上皆银印青绶。光禄大夫，无秩，比六百石以上，皆铜印墨绶。大夫博士、御史、谒者郎、无秩。仆射、御史、治书、尚符玺者，比二百石以上，皆铜印黄绶。"

不同的时期，对不同官职的用印都有明确的规定。如《汉官仪》称："孝武皇帝元狩四年，通令官印五分。"根据印章的具体差别，就能区别官职了。故《汉书·朱买臣传》载有："视其，会稽太守章也。"

我们现在见到的官印名称，主要有："王玺"，"尉印"、"丞印"、"令印"、"长印"、"司马印"、"相印"、"宰印"、"牧印"、"将军印"、"太守印"等。

由于汉代时跨四百余年，期间艺术风格的差异很大。西汉初期的官印，不少带有秦印的遗韵，常见有带边栏框或田字格的白文印，至新莽时期前后，由于手工业的发达，这个时期的官印铸造要比西汉精良，雕工也精美生动，官印的体积较西汉略小一些。摹印篆的运用印章文字的显著特点。新莽时期将印章文字定名"缪篆"，成为六书之一。东汉时期的官印，据传世的实物分析，相对地凿印多了起来，如将军印和兄弟民族的印章，相当多是凿制的。汉代还有一种填金银的印章。根据汉代的制度，有些爵位是虚设的，其所备的印章，都是金或银填在文中，这种印是不能钤用的。

西阳亭侯

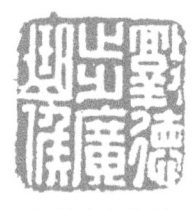
敦德步广曲侯

汉官印的文字多少不一，一般官印是四字、五字和六字。四字印，如"军曲侯印"、"部曲督印"、"别部司马"等。六字印，如"敦德步广曲侯"等。

五字印是官印的一大特点。古代印章字数不论，而汉武帝时，则把"五字印"作为一种印制。古代崇五行学说，即"金、木、水、火、土"。每个朝代都与五行有关，秦为"水德之时"，汉朝取代秦，也就产生"水生土"、"以土得旺"的说法。汉武帝太初元年，正式按"土德"进行体制改革，官印也就制定了"数用五"款式，即"官名更印章以五字"。如果官名不满五字的话，便在"印"字前加"之"字，如"蒙阴宰之印"，或在"印"字后加"章"字，如"琅邪相印章"。如果还不足五字的话，就添作为"之印章"，如"校尉之印章"。

军司马之印　　　　　　琅邪相印章　　　　　　校尉之印章

2. 汉私印

汉代的私印，形式要比官印丰富得多。这不仅表现在印文的排列形式，而且印式的处理亦新奇别致，能工巧匠的别出心裁的设计，使汉私印大放异彩。其表现形式主要有以下几种：

一面印——汉私印中姓名印，一般都是一面印。如"逢成"。印面除了姓名之外，还有的加"印"字或"之印"、"私印"、"信印"、"印章"等。如"戴众印"、"马复之印"、"枪勳私印"。

逢成　　　　　戴众印　　　　　马复之印　　　　　枪勳私印

多面印——这种形式的印章具有两面或两面以上。其中以两面印多见。两面印主要有这样几种构成方式：一种是一面为姓名，另一面为姓字。如"孙贵·孙子夫"两面印。另一种两面印是一面为姓名，另一面为名。如"王广·臣广"

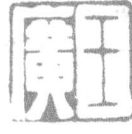 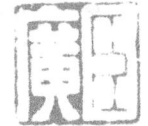

王广　　臣广

两面印。第三种是一面为姓名，另一面是吉语印。如"张门·日入千石"两面印。第四种是一面为姓名，另一面肖形印。如"郿翁来·（飞禽）肖形"。第五种是一面为吉语印，另一面为肖形印。以上各类形式并不是绝对不变的，有时也有综合交叉的表现。

套印——这是一种比较特殊的印式。套印有两套印和三套印及多层套印。套印出现于东汉时期，较多见的是龟钮套印。龟钮套印是把印上的龟背甲和身首分开来铸造成两件，然而又能套起来，成为完整的一件，两套印亦称母子套印。龟钮还有三套印的，即在子印的中间再套入一方更小的印。

带钩印——这是一种附于带钩上的印章。确切的说这种印式在秦时已有,只是不普遍罢了。带钩印大小不一,长可盈尺,短则数寸。带钩印的印面都是圆形的。

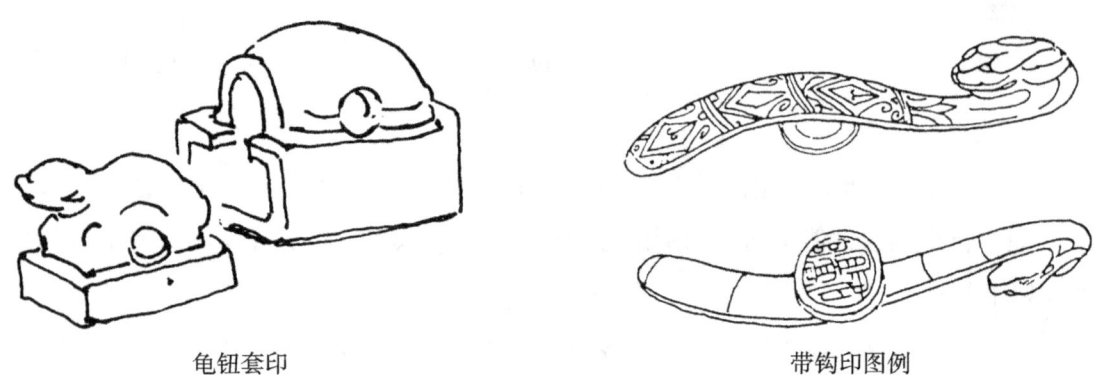

龟钮套印　　　　　　　　带钩印图例

朱白相间印——汉代私印除了大部分白文印之外,还有一部分采取朱白文结合的表现形式。这类印章的艺术特色已在第六章《章法》中作了介绍,这里从略。

(二) 汉印缪篆文字的艺术特色

要了解汉印艺术,就必须了解汉代摹印篆——缪篆的艺术特色。

缪篆,在汉代初期,便开始逐步形成,至王莽时期便十分成熟,并被确定为一种书体。缪篆在汉代史学家班固的《汉书艺文志序》中已曾论及:"六体者,古文、奇字、篆书、隶书、缪篆、虫书。"许慎在《说文解字序》中谈到王莽篡政之后,改定文字,"时有六书:一曰古文,孔子壁中书也;二曰奇字,即古文而异者也;三曰篆书,即小篆,秦始皇使杜人程遂所作也;四曰佐书,即秦隶书;五曰缪篆,所以摹印也;六曰鸟虫书,所以书幡信也。"

为什么要称汉摹印篆为缪篆呢?历来不少学者对此也都曾作过阐明与注解。如颜师古在注释《汉书·艺文志》时说:"缪篆谓其文屈曲缠绕,所以摹印也。"清代段玉裁也曾说:"规度印之大小,文之多少而刻之。缪,读如绸缪之缪。"清末袁枚在《缪书分韵序》中也提到:"缪即摹印所用也。古文二篆繁简不同,而结构皆圆,以篆刻印,宜循印体,文变圆为方,分朱布白,屈曲密缜,有绸缪之象焉。"此外,清代另一个学者谢景卿在《汉印文韵序》中也分析得极为周全:"缪篆固别为一体,屈曲真密,取纠缪之义，与隶相通，不尽与说文合，复其损益变化，具有精意，不可磨灭章法配合"，"缪篆出自汉人，固与碑文款识并"。

根据以上的这几种注释，我们就可以认识到，作为汉印使用的缪篆，在当时有着广泛的社会基础，是一种普遍使用的文字。同时，缪篆的结构与大小不尽一致，笔画有增有减，特别是线条屈曲缜密，笔势的方直平正，与隶书相通。如果通过与小篆的比较，就能更充分地显示出缪篆的一些特点：

1. 屈曲缜密

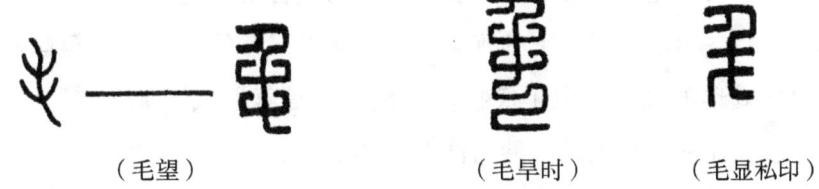

（毛望）　　　　（毛旱时）　　　　（毛显私印）

小篆文字的笔画，繁简悬殊。小篆的"毛"字笔画是十分简洁的。虽然印章的布局要领是疏可走马，密不透风，但必须是以篆法和印文的统一为前提的。为了取得疏密统一的艺术效果，根据缪篆的特点，不少笔画简单的文字，采取了增加曲折重叠的方法，使得印面文字丰实，形成印章文字所特有的装饰美。以上从汉印中选出的三个缪篆"毛"字，就是采取不同的曲折延伸的处理，形成不同的屈曲缜密的结体方式。其中"毛旱时"印的"毛"字，横画多达十笔，要比小篆的"毛"多好几倍。

2. 笔势方正

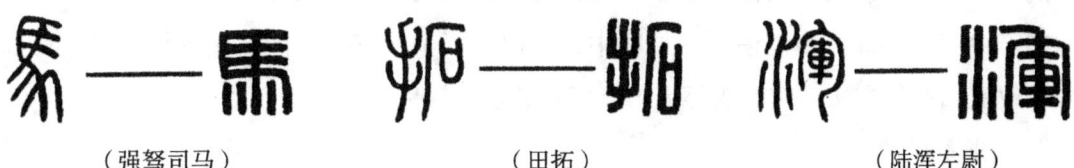

（强弩司马）　　　　（田拓）　　　　（陆浑左尉）

小篆的"马"、"浑"、"拓"等字，线条都圆转流畅。然而，在汉印中，这些特点都已消失之。为了适应印章的形式特点，文字也发生了与之相适应的变化。原有的弧曲线条，圆转的都处理成方正平直的形式。原来线条组合欹斜参差取势的地方，也表现为平头方足。

3. 简损笔画

巖—嚴　　　縢—胜　　　遷—迁
（但严之印）　　（石胜密）　　（赵迁）

缪篆屈曲填密的特点，并不是在所有的印章文中反映出来，特别是对于一部分结构繁、笔画多的小篆来说，更不是如此。相反地，相当一部分的缪篆要比小篆简约得多。小篆中的"严"、"胜"、"迁"等，线条结构的组合情况比较复杂，这样的笔画线条，要在极有限的空间里表现出来的确是非常困难的。缪篆在使小篆笔画屈曲填密的同时，也对笔画繁琐的文字采取了简损的方法。于是就形成了如"严"、"胜"、"迁"的结构方式。这样处理，产生了一种简洁明快的美感，也体现了缪篆与隶相通不尽与《说文》合的特点。

4. 结体多样

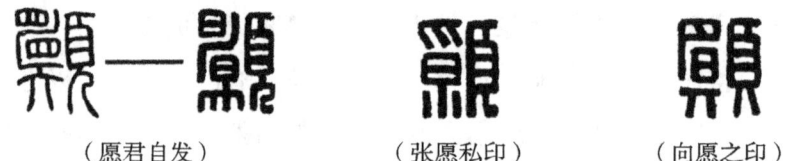

（愿君自发）　　（张愿私印）　　（向愿之印）

一个字往往有几种，甚至十几种或更多种的写法。这里所举的"愿"字，除了右侧与小篆基本相同之外，其左侧则相差很大。从这一点说来，缪篆是一种并非规范划一的书体。缪篆的这一特点，丰富了篆刻艺术的表现力，不仅可以使相同的字在几方印中产生变化，而且也能使同一方印中，在出现两个或三个相同文字的情况下，可以采取改变结构的方法，使其取得更丰富完美的艺术效果。

5. 长短随势

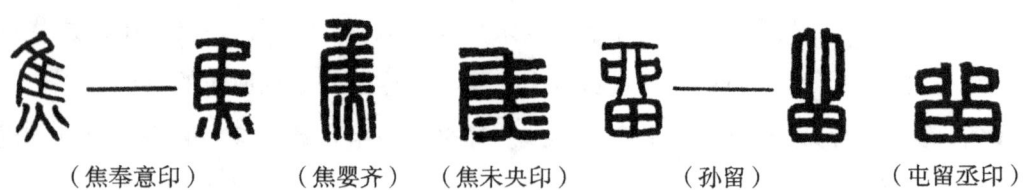

（焦奉意印）　　（焦婴齐）　　（焦未央印）　　（孙留）　　（屯留丞印）

小篆一个主要的形式特点是，字形取势窄长。但对缪篆说来，则并不是如此。因为在有限的空间里，排列没有固定数量的文字，便不能按小篆固有的特点依样搬入。这样就要求印章文字必须随形取势，两字印的"留"字，必然趋长，四字印的"留"字必然趋方，否则就难以适应印面的实际。由此可见，缪篆还有一个外形纵横没有固定比例的特点。

（三）汉印章法的艺术特点

汉印的成功之处，还体现在它对印章布局处理方面的独到之处。汉印章法的最基本的艺术特点是能在平整停匀中寓以变化，深沉含蓄地表现出各种艺术情趣。我们分析汉印章法方面的艺术特色，有利于了解汉印的处理技法，提高对汉印的鉴赏能力，也有利于掌握汉印的处理技巧。关于汉印章法处理的艺术手法，我们可以从这样几个方面进行分析：

1. 匀停方整

① 文字均匀。汉印的文字排列，基本采取均等占位的方法。不论文字的多少，笔画的繁简，其占印面的空间是相等的。

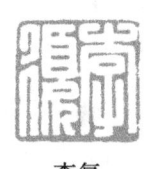  

李复　　　　　　　　上官充郎　　　　　　　安平侯印章

"李复"、"上官充郎"就是均等占位式。为了增添匀静的韵律美，对一些笔画比较简单的文字，通过增加线条缠曲的方法，来补充空间。如"李复"印的"李"字的字头，增加了横折，使其丰满充实。"上官充郎"印的"上"字，原来只有两笔平画，现在增加横向的曲折，增添了两笔横画，形成了两横一竖的形式。同时，把原来居中的竖画，移至左边，并与底横画联成一体。这不仅使字形丰满，而且字的气息也贯畅了。

汉印中的五字印，也作仿似六字形的排列，"安平侯印章"就是一例。五字印是汉代一种国定印制，布局时将末字"印"或"章"字，作上下结构整齐排列，"印"的

"爪"与"巴"分别占六分之一;"章"字"立"与"早"也分别占六分之一。这样五字印一眼看上去,便似天衣无缝的均等占位的六字印了。

② 线条均匀。有的汉印不是以文字均等占位,而是以线条间的均等占位,文字笔画多,就多占位,文字笔画少就少占位,从而达到匀停和谐的效果。

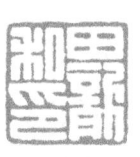　　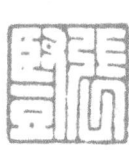　　

　　田龙私印　　　　　张竖　　　　　　和福

"和福"、"张竖"、"田龙私印"等,就是以笔画线条均等占位方法布局的。"和福"印的"和"字,竖画为五笔,"福"字竖画为六笔,两字占位就以此决定多少。"张竖"印的"张"字,竖画较"竖"字多,于是"张"字就多占了面积。"田龙私印"为四字印,由于"田"字的横画最少,仅三画,而"龙"字的横画有七画,这样"田"字就自然地少占位了。

2. 疏密虚实

① 自然虚实。由于印章文字的笔画本来有简有繁,在均等占位的情况下,即使不加以特别的增损处理,虚实疏密也会自然产生。

　　　　　　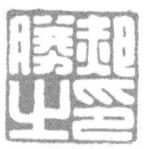

　三封左尉　　　关中侯印　　　淮阳王玺　　　郝胜之印

"三封左尉"、"关中侯印"、"淮阳王玺"、"郝胜之印"等,就是运用这样的处理手法,产生丰富多样的疏密变化。这些印中的"三"、"中"、"王"、"之"等字,笔画极其简单。但并没有因此笔画少而少占面积,而是依然向四周扩张,顶实四角。这样笔简处白疏红密,笔繁处红疏白密,构成了艳丽明快的艺术效果。

② 对角疏密。对角疏密就是以左下与右上的疏或密对左上与右下的疏或密。

"王萌私印"的右上的"王"字与左下的"印"字，笔画较简，线条以横向排列为主；右下的"萌"字与左上的"私"字，笔画较繁，线条以竖向排列为主，这样处理不仅产生对角的疏密变化，而且还具有对角纵横的线条变化，所以更具有楚楚动人的艺术感染。

王萌私印

③ 调节虚实。分朱布白，通过适当的调节，使红与白相对集中，便能取得虚实对比的强烈艺术效果。

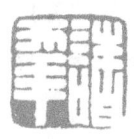 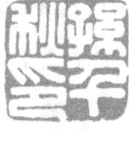

诸幸　　孙千私印

"诸幸"、"孙千私印"，就比较充分地体现了聚散对比的处理特点。这两方印的共同特点是，笔画排列均匀紧密，使"幸"与"千"两字的垂笔处，集中聚红，而其他部位则表现为满白，这就使红与白构成鲜明强烈的对比。

④ 并笔调节。通过笔与笔之间的并合，使原来笔与笔之间的琐散留红消失了，使白相应集中，而四周的红色也相对突出，从而达到以红托白的艺术效果。

  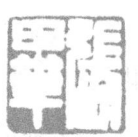

陈甫始　　　　　麗翁　　　　　张毕

"陈甫始"、"麗翁"、"张毕"等印的一个共同点，就是印文的处理保持极其完整，然而文字内部的笔画关系却处在朦胧之中。由于文字的外形特征鲜明，所以并没有妨碍我们对印文的识别。这些以红来衬托白的处理方法，能给人一种集中、明快的感觉。

⑤ 粗细强弱。汉印的线条基本上是粗细一致的，这也是汉印基本的艺术特色，特别是汉印中的玉印，更集中地体现了这种艺术特色。但是从总体上说，汉印的线条并不是完全这样的，而是充满了强烈的粗细变化。

"太医丞印"、"兰左干尉"，在这方面的处理是有独到之处的。四字在均等占位的情况下，"太"字显得绰绰有余，而"医"字就显得过于繁密，共有九笔横画，即使线条保持平匀的粗细，"医"字也会显得闷臃塞阻。如附印"医"字的处理适当细

 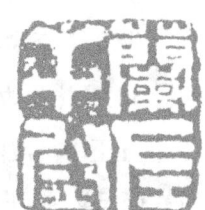

太医丞印　　　兰左干尉

一些，恰到好处。"兰左干尉"印的情况相似，而且，无论在横画或竖画方面都显得更为复杂些。在具体的处理上，则有所不同。它采取的是粗细相结合的处理方法，作为"兰"字的主体框架，线条并没有全部收细，而是仅将内部的结构部分作细白文的处理。这样经营更能有利于总体的协调作用。

⑥ 内宽外细。有的汉印，其线条本来是粗细相同的，但由于长期的使用加上年代的久远，印章的四边都不同程度地发生了形变，使线条由粗变细。"郭广印信"、"军曲侯印"等，线条粗细的变化就是在这样的情况下发生的。

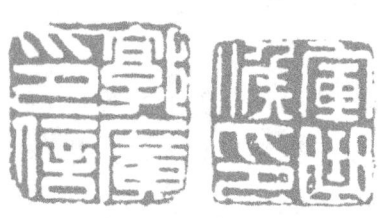

郭广印信　　军曲侯印

"郭广印信"，印文的中间部分线条平整宽博，而四周靠边部分的线条都比较窄，而且四角都呈圆形，分明是经过长期的击碰所造成的。四边的细白文，与中间的粗白文相映生辉，更增添了无穷的魅力。"军曲侯印"，也是同样的情况，由于印文原有粗细的变化，所以就显得更生动一些，特别是四周的边线，劲直中寓变化，包含着丰富的细微波折，充实了表现形式。浙派篆刻艺术，正是从这些富有起伏变化的汉印线条中悟出切刀的表现手法的。

⑦ 外宽内细。上述的现象，对于白文说来是产生外细内宽的艺术形式。而对于朱文说来，则是另一种情景。由于四边受到力的冲击等因素，所以容易产生并笔的现象，于是就形成了四周的线条比中间线条宽厚的特点。

李禽印信　　　　许普印信　　　　靳郎印信

朱文"李禽印信"、"靳郎印信"、"许普印信"等，都表明了这一类风格的表现。

3. 圆转弧曲

方正中寓波曲，是汉印的又一艺术特色。线条方圆互映，不仅能使印面增添活跃的气氛，而且还有利于产生各种艺术意境。正如有人评论不同的波纹线条产生的联想是不相同的，或"微风漾波"、或"惊涛怒浪"、或"春潭发蛰"、或"大江悠悠"。根据线条的圆曲程度的不同，我们分几种类型，介绍其章法处理的特色：

① 波势隐微。平整挺直的线条中间，穿插一些带有波势的线条，就会增添静动交映的艺术效果。

 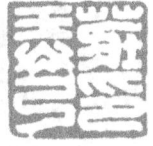

武陵尉印　　　庄弄弓印

汉官印"武陵尉印"和私印"庄弄弓印"，基本线条都方直平整。但其中部分线条作微转圆弧处理，就使印面生动多了。"武陵尉印"的"武"与"尉"的长线条，都作弧线表现。由于弧曲的程度、方向、长短的不同，使原来结构较平淡的印文变得活泼起来。"庄弄弓印"线条的弧曲处理显得更为幽隐一些，细细品味，尤觉酣味无穷。"庄"字的"爿"部，由竖笔延伸为横画，向右伸展。特别是向上微呈弧曲的横线，将整个"庄"字和谐地统一起来。最耐人寻味的还是"弓"字，印文将"弓"字最后的横画，作弧折状处理。这样不仅调节了原来比较平板的分朱布白的空间，而且使一个本来比较简单的结构，变得别具姿态。

② 曲直分明。这类印章的线条曲直鲜明，对比强烈。汉私印"叔得意印"、"孙武"等，就具有这样的特色。

叔得意印　　　　　　孙武　　　　　一般处理方式

"叔得意印"的成功之处，就在于有几种不同形态的线条，或横或竖，或圆或斜，有机地组合在一起。其中最突出的是直线与圆线组成强烈的对比。如"得"字的"彳"部与"意"字的"心"部，作圆线处理表明了作者设计的精心。这两根线条回旋急转，流畅舒圆，与其他的直线构成了鲜明的对照。"孙武"印，在圆直线条的对比上就更强烈了。"武"字顶部的横式"∽"曲线与竖式的"S"形曲线，将其置身于挺直的线条之中，也显示了作者的胆略。但作者并不是草率应事，而是有意识地将竖"S"形结构向中间移动，并将原来居"武"字最右侧的竖直线移到最左边。试想如果按"武"字的惯例经营的话，那么必然导致：一是右侧直线过多，二是"S"形线过于偏向左面的弊病。

③ 盘绕连绵。有的汉印印文线条常常采取几经盘曲，连绵不断的巧妙处理方式，来增加感染力。如汉印"邵乃始"印和"丁应"等。

邵乃始　　　　丁应

"邵乃始"印，除"邵"字的"刀"部独具匠心地处理成横"S"曲线接直进竖画之外，更难得的是将"乃"字的两笔连接，作几番不同方向、不同弧转的盘曲，在直线的衬托下，体态更显得生动优美、婀娜多姿。"丁应"印，"丁"字线条的连绵处理也取得了较好效果。此印的"丁"与"应"，在篆书中笔画多寡悬殊。眼下我们看到的则是"丁"字的末笔几经曲折，转折的方式也富有变化，有竖向的，也有横向的；有方折，也有圆转，真可谓有"金蛇狂舞"。

限于篇幅，汉印的艺术特色不能一一作详尽全面的介绍，但只要我们能把握上述这些方面基本特色，那么逐步全面地理解汉印的精妙之处，也就不会太困难了。

三、凿印

凿印，是古代印章的重要表现形式。它在章法、格调、制作等方面，与铸印差异很大。凿印，特别是将军印的恣肆强悍的风貌，与端庄典雅的铸制官印，形成鲜明的对照，并使无数艺术家为之折腰。凿印虽然多为急就之作，但具体辨析一下的话，凿印也具有多种风格。

（一）浑穆雄强　凝重拙厚

"云南令印"、"军司马印"、"虎步司马"等印，共同的特点是线条浑穆拙重。其线条并非一下子能凿出的。"云南令印"，章法朴实无华，线条简直宽阔。其中"印"字巧思寓朴拙之中，"印"字上部的三斜笔，并缩为一直线下几个三角形的起伏，线条的起收方圆结合，横线条作上弧线处理，有效地展示了强悍的力感。

云南令印　　　　　　　虎步司马　　　　　　　军司马印

"虎部司马",也以雄强称著,线条转折形方实圆,拙厚朴茂,又从容不迫。每一根直线都充满了细微的波状变化,洋溢着金石之气。

"军司马印",虽以多处并笔而有别于他印。但并笔处,线条依然浊中见清。特别是"马"的三横画,从收笔处可见到笔迹体势。

(二)挺劲瘦厉　简直宽绰

东垣长印　　　　　　　殿中司马　　　　　　　定安令印

"东垣长印"、"殿中司马"、"定安令印"等,章法注重印文的四角定位,笔势开张。如"定安令印",在方挺的框架之中,构成相互通畅的宽绰空间,表现了精刚健逸的情趣,也更显示出线条犀利强劲,坚实不摧的魅力。

"东垣长印"、"殿中司马"两印,笔画稳健沉着,密处齐整一律,尤见功力。章法富有节奏感。"殿中司马"印的对角疏密,构成了主旋律。"马"字密中见疏,又增加了和谐的节拍。"东垣长印",左侧的"长"、"印"两字,自上而下形成了密与疏的交体的重复,亦富有抒情的韵味。

(三)欹肆不羁　跌宕险峻

"扬威将军章"、"行神将军章"等将军印,更显示了凿印锋颖劲厉之势。线条爽利,一往直前,横直的转折处,有明显的交接痕。"扬威将军章",垂直的线条参差不齐,欹肆跌宕,显得十分生动。字形的不规律,在印面的中部与底部产生虚疏挺劲的直线,使人联想起剑戟的武威来。"行神将军章","行"字欹险而小,"裨"字方直而长,对照强烈,险夷相生。

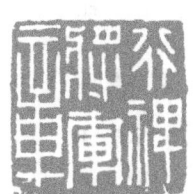

扬威将军章　行神将军章

（四）天真烂漫　率意明快

"凌江将军章"、"裨将军印章"，作品线条起伏多变，仿佛是毛笔书于石上，有绵中藏针之感，充满了天真烂漫的情趣。如"裨将军印章"，凿锋所致，随处生姿，"章"字的四竖笔，粗细各异；"印"字则方中寓圆，转势自然。"凌江"两字的水部，明快简捷，作三竖笔，一气呵成。结构亦欹正率意，不拘一格，两字上下左右拉开间距，灵动多姿，奇趣横生，特别是由此产生错觉，原来五字印的三行式排列，仿佛成了七字印四行的布局，而被挤缩了的"章"字，却依然从容不迫。

裨将军印章

凌江将军章

四、肖形印

肖形印，又称生肖印、图形印等。它以表现人物、动物、植物等为物象的图形篆刻，是秦汉篆刻艺术主要的组成部分。汉代为肖形印的全盛时期，至六朝便衰落。

肖形印题材十分丰富，其中动物题材最多，除了常见的马、鹿、羊、鱼等一般动物之外，还有熊、犀牛、鸵鸟、骆驼等各种珍禽异兽。各种动物的特征，都表现得惟妙惟肖，栩栩如生。如"驴"肖形印，大头、大脑、大耳朵，使人一眼就能认出是驴，而决不会是马或骡。又如"骆驼"那宽厚的嘴唇，肥硕的脚蹄，以及显露的驼峰，都充分地把特征刻画得精细入微。

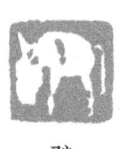
驴
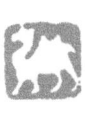
骆驼
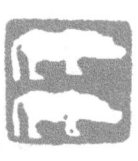
犀
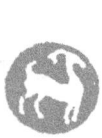
羊
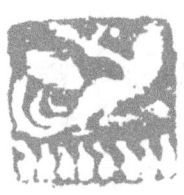
群鸟朝凤
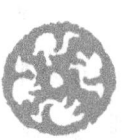
四鸵鸟

肖形印还反映了古代劳动人民的生活，常见"狩猎"、"搏兽"、"牛耕"、"驯兽"等肖形印。勤劳勇敢的劳动人民的形象，在方寸之间，得到了生动的体现。同时，也在一定程度上反映了统治阶级的豪华生活。最著名的作品有"拨琴击鼓"、"车马出行"、"歌舞伎乐"、"百戏杂技"等。

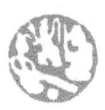 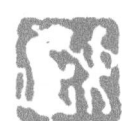 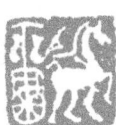 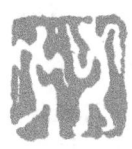 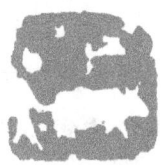

拨琴击鼓　　　猎兽　　　车马出行　　　舞　　　牛耕

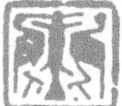 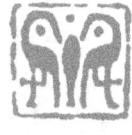 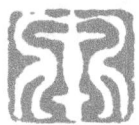

双鹤争鱼

古代肖形印在造型处理上的独到之处，还表现在善于对形象进行高度的概括。"双鹤争鱼"（一称白鹭），除了具体表现形象特征之外，还有一部分同类的肖形印，在这一基础上把形象概括成抽象的线条。为了丰富表现形式，还加入了一些点，使画面增加了浓厚的装饰味。同时，肖形印在一个印面的方寸之间，却能以严谨的章法，表现丰富的物象。"宫阙"一类肖形印的一个基本特色，就体现在这一方面。以楼阁为主体的对称图中间，还巧妙地经营了树、马、鸟和文字等。不同的形象相互避让，各得其所。中间经营动物式文字等使对称的形象变得更生动。

  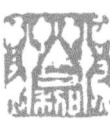 

宫阙　　　室下乐舞　　　日利　　　王係

古代肖形印的欣赏，与一般印章不同。通常在纸面上的朱迹，尚不能充分代表肖形印的艺术特色。当把肖形印盖在泥块上时，就发现留下的是半浮雕的艺术形象。对表现对象的细节都作了精心的刻画。如肖形印"鹿"，出的仅是一个基本的轮廓，而从封泥拓下的效果就大不一样了。鹿的形象逼真，耳、蹄及花斑，都表现得细腻入微。

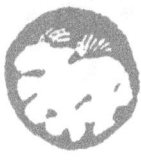 

麋鹿

肖形印中还有一类是图形文字结合的表现形式。其特点是图文并茂，应用性强，所以能广泛流行。"闵喜"龙印，"恭喜"、"张口"虎印，以及"赵多"四灵印，都是喜闻乐见的形式。其中四灵"赵多"印，更有代表性。"四灵者"为"苍龙"、"白虎"、

"朱雀"、"玄武",代表天之四方。汉代"四灵"广泛应用于各种装饰。四灵"赵多"印,章法严谨而又活泼。"赵多"两字笔画严密整齐,正居印中;四灵形象生动,活泼可爱,朱雀曲颈昂首,白虎张开大口,四灵之毛、爪、目、舌等细节,也都精致地表现出来。印文的静与四灵之动,形成强烈的对比,这正是图文结合的肖形印为什么如此感人的基本原因。

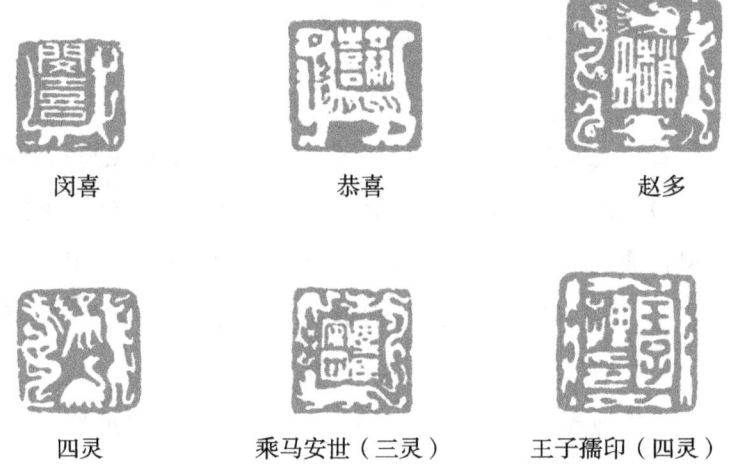

闵喜　　　　　恭喜　　　　　赵多

四灵　　　乘马安世（三灵）　王子孺印（四灵）

第十章 明清流派篆刻艺术

在篆刻艺术发展史上，习惯地将战国、秦汉、魏晋六朝时代的印章称为古代篆刻艺术，明清以后的印章称为流派篆刻艺术。这两个历史时期，是篆刻艺术发展的两个高峰。而唐宋元三代，篆刻则处在衰微的阶段。衰微的原因主要是，隶书，特别是楷书的应用取代了篆书。篆书不仅脱离了实际的应用，在艺术上也缺少提倡；同时官印和私印根本上分家，官印和私印之间已不能起到相互的推动作用；此外在这个时期的文人虽然想亲手篆刻，但镂金琢玉毕竟力不从心，难以胜任。

到了元末，篆刻艺术的发展出现了转机。当时的文人积极参与篆刻创作，其中吾丘衍、赵子昂等人"力矫元人之曲"，在圆朱文方面作出了一定的贡献。但更有意义的，还在于画家王冕发现了花乳石，并用以自刻了"会稽佳山水"等印，从而使文人治印有了理想的材料，只是当时没有得到普及推广。

到了明代，篆刻艺术进入了复兴时期。文彭和何震对流派篆刻艺术的开创起了重大的作用。文彭系文徵明的儿子，起先，由于受金、玉、牙、角印材加工的限制，他只能自己篆写后由他人凿刻。后来一个偶然的机会，他发现了"灯光石"冻石，用这种材料治印，便能达到得心应手的效果。经过他的倡导，石材就因此被广泛地应用。

这为文人治印创造了物质条件。何震也是流派篆刻艺术的开山人物，是一位"集大成者"的艺术家。他与文彭情同师友。何震曾遍游边塞，结交众多的将帅。当时自大将军而下，都以得其一印为荣。这一生活经历不仅使他见多识广，有机会接触众多的金石文字，而且也使他胸怀博大，对他艺术风格的形成产生直接的影响。一方面军战意识融入了他的艺术思想。他曾以军战作比喻来论述他的治印理论"下笔如下营，审字如审敌，对篆如对垒，临刻如临阵……"另一方面反映在奏刀上显现了一种"猛利"的特点。何震的篆刻更富有创造性。后继者程朴曾称誉他的作品："白文如晴霞散绮，玉树临风；朱文如荷花映水，文鸳戏波；其摹汉印急就章，如神鳌鼓波，雁阵惊寒。至于粗白、切玉、满白烂铜、盘虬屈曲之文，各臻其妙，秦汉后一人而已。"

在文彭、何震的倡导下，篆刻成为当时文人的时尚。正如朱简所述："无不人人斯、籀，字字秦、汉，猗欤盛哉。"从此争奇斗妍，支派繁衍，名流竞起，各植藩园。自明清以来，出现了以文彭为代表的吴门派，以何震为代表的徽派，以苏宣为代表的泗水派，以汪关为代表的娄东派，以程邃为代表的皖派，以丁敬为代表的浙派，以邓石如为代表的邓派，以黄牧甫为代表的黔山派，以吴昌硕为代表的吴派，现代以齐白石为代表的齐派等等，呈现了一派繁荣的景象。

清代中叶是流派篆刻艺术发展的全盛时期。在这以前的各种流派，多少带有探索性，在推动篆刻艺术的发展方面，虽然起到了不可磨灭的作用，但也有许多的不足，如文彭学习汉印，总不免有纤弱的弊端，何震"猛利"之间，也总带有锋芒显露的习气。对当代篆刻艺术影响最大的，是清代中叶的浙派、邓派，晚清的黔山派、吴派，以及现代的齐派等，本章主要对当代篆刻起决定性影响的几个流派，作简要的介绍。通过对这些流派的分析，以便初学者了解有关流派的基本特色，主要处理手法，以及艺术发展道路等。

一、丁敬与浙派

丁敬（1695—1765），字敬身，号砚林、钝丁、龙泓山人、弧云石叟等。浙江钱塘（杭州）人。

丁敬的艺术活动在雍正、乾隆年间，当时印坛已呈争奇斗妍的局面。丁敬能开创浙派，是与他"离群"的指导思想分不开的。他有诗云："古人篆刻思离群，舒展浑目岭上云；看到六朝唐宗妙，何曾墨守汉家文。""离群"，就是表现在他不循明季篆刻的颓风。明何震以"猛利"来矫正文彭的"秀润"，然而有些作品不免生硬，锋芒毕露，存在"新剑发硎，了无古意"之弊端。后来的继承者，又加以不确当的发展，而流为猎奇。此外有些人则一味追求秀媚工细。于是丁敬力图在自己的作品中展现平正浑厚，清刚朴茂，以此"力振古法"。

丁敬的"离群"还表现在食古而化。丁敬治印不是一味追求与汉印的逼真，世人称誉他："开千百年印学之奇秘"，正表明他把学习汉印看成是手段，把自创作为目的。

丁敬开创浙派有一个发展的过程。一方面丁敬自身经过长期的艰苦探索；另一方面浙派能数百年昌盛不衰，还在于浙派诸大家的不断努力。就丁敬而言，除了方直的朱文，如"丁敬身印"之外，也有圆朱文"敬身"，方圆结合的"砚林亦石"，此外还有柳叶体、倒薤体一类的作品，反映了丁敬的探索是多方面的。其中艺术感染力最强、影响最大的是以切刀所表现的方直一路的作品。"玉几翁"、"丁敬身印"、"龙泓馆印"、"西湖禅和"等印，便是浙派篆刻的规范之作。

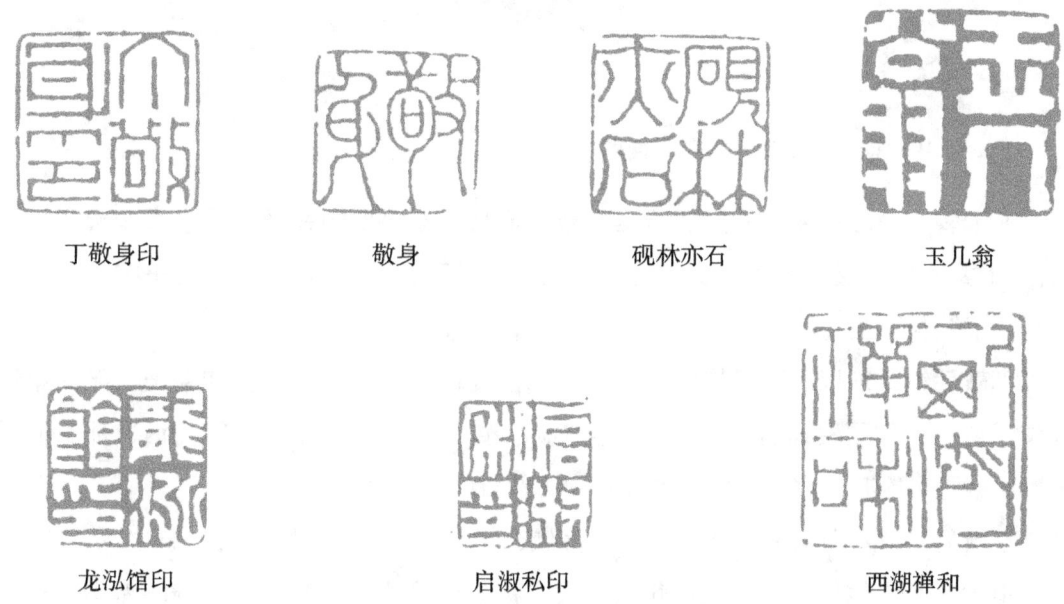

丁敬身印　　　敬身　　　砚林亦石　　　玉几翁

龙泓馆印　　　启淑私印　　　西湖禅和

丁敬六十岁前后是他博取众长、开拓创新的成熟时期。在此以前的一些作品，虽没有摆聪明人习气，但也有不少作品独具风貌。四十五岁刻的"玉几翁"印，切刀碎刻，刀痕毫不含糊，清晰可辨，已见浙派端倪。此印线条简捷正直，"玉"字的扩张，

"几"字的收,"翁"字的避让,章法很有独到之处。五十三岁创作的"西湖禅和"朱文印,刀法更为苍劲拙朴。四字的疏密调理尤见匠心,"西"字的对角占位,"湖"字的中宫空灵,"禅"字和"和"字的右左下角的留空,使印文体现了拙中寓巧的情趣。

五十五岁作的"两湖三竺万壑千岩"印,正表明丁敬开创的浙派已趋成熟。除了切刀含蓄沉稳,自然质朴的优点之外,在字法处理上的创造性尤为突出。寸方之间刻满白文八字,而无局促紧迫之感。"两"作"网","湖"作"湖","竺"作"竺","万"作"卍","壑"作"壑",八个字中就有五个字简约。丁敬六十岁以后拟汉白文的"汪彭寿印",方直一路的"包氏梅垞吟屋藏书记"等篆刻作品,艺术特色强烈。刀法纯熟,结构严谨,一扫明人纤弱妍媚的积弊,展现了浙派的高浑朴茂、气象万千的雄姿。正是人们所称道的:"熔铸秦汉,古今一人,然无意自别于白完"、"一以秦汉为归"。

汪彭寿印　　　　　两湖三竺万壑千岩　　　　包氏梅宅吟屋藏书记

善于多方面的吸取,能变能新是丁敬的成功之本。罗矩在《西泠八家印选序》谈到:"丁龙泓集秦汉之精华,变文何之蹊径,雄健高古,上掩古人",这里突出的正是一个"集"与"变"。

丁敬后继者加以不断发展的,也在于都能变能新,各有建树。如果把浙派简单地视作只有一个相同模式的话,则不符合实际。如果浙派真是千篇一律的话,那么浙派艺术也就不可能有如此感染力,也决不能历数百年而不衰。

丁敬的风格对浙派中的其他七人(蒋仁、黄易、陈豫钟、陈鸿寿、赵之琛、钱松)影响很大。因为他们都是浙江杭州人,故合称为西泠八家。又按其辈分的差别,有前后四家之分。对于后继者的艺术特色,当代篆刻家叶潞渊曾作这样的分析:"丁敬后继者的艺术特色,蒋仁以古秀胜,黄易以遒劲胜,奚冈以淡雅胜,陈豫钟以工致为宗,陈鸿寿以雄健自喜,赵之琛以秀丽为能,唯钱松虽取法丁敬而自有建树。"下面分别介绍有关他们的作品：

蒋仁（1743—1795），原名泰，字阶平，号山堂、吉罗居士、女床山民，浙江仁和（杭州）人。

物外日月本不忘　　　　　三摩　　　　邵志纯字曰怀粹印信　　　三十六峰堂

黄易（1744—1802），字大易，号小松、秋庵，别署秋景庵主、散花滩人、莲宗弟子等。

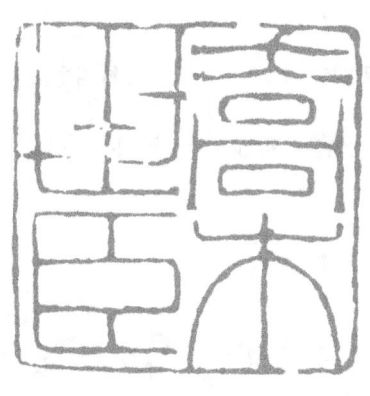 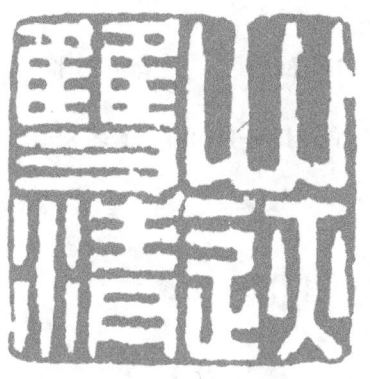

乔木世臣　　　　　　　　心迹双清

奚冈（1746—1803），原名钢，字钝章、铁生，号萝庵、鹤诸生、蒙泉外史、散木居士，浙江钱塘人。

 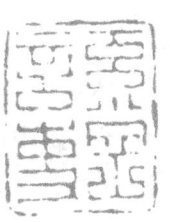  

蒙泉外史　　　　奚冈言事　　　　频罗菴主　　　　清勤孝友

陈豫钟（1762—1803），字峻仪，号秋堂，浙江钱塘人。

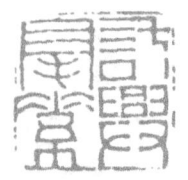 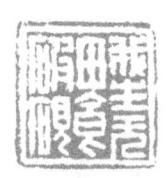  

诧兴毫素　　　　我生无田食破砚　　　几生修得到梅花　　　求事斋

陈鸿寿（1768—1822），字子慕，号曼生、曼寿、种榆道人。

赵之琛（1781—1852），字次闲，号献父、宝月山人，浙江钱塘人。

 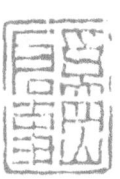 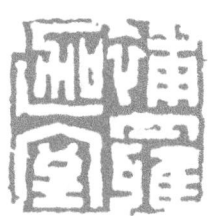 

召园外史　　　　奚冈启事　　　　补罗迦室　　　　慈竹斋书画章

钱松（1818—1860），本名松如，字叔盖，号耐青、铁庐、未道士、西郭外史，浙江钱塘人。

 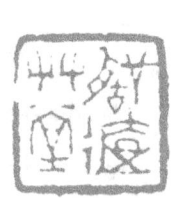  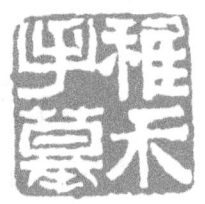

沈祖谏印　　　　声远草堂　　　　集虚斋藏真记　　　稚禾手摹

从西泠八家的作品中，可以看出浙派在创造性地运用切刀碎刻的技法，有效地强化了作品苍劲朴茂、浑厚古拙的金石气的同时，还在篆书的原理方面，主张丁敬的："说文篆刻自分驰"，采用篆取隶法，化繁为简的方法，浙派在这方面的卓绝贡献，在当时说来也是无与伦比的。然而，究其最终未能不衰的原因，最发人深思的是八家之后趋于定型。

本来至钱松时，也许可以出现转机的。钱松，是一位才华出众的艺术家。他的篆刻宗法汉印，旁及丁敬，曾慕汉印二千方。赵之琛第一次见到他的作品时，惊叹曰："此丁、黄后一人，前文、何诸家不及也。"钱松无论在刀法、章法等方面，都力挽颓风，时出新意。他的作品中不仅有"集虚斋藏真记"、"沈祖谏印"等，明显的用浙派刀法刻成，也有以崭新的表现形式刻成"稚禾手摹"，此印参以隶楷的笔法，具有非常强烈的独创性。然而，钱松过早地谢世，享年仅四十三岁，终未担当起进一步开拓浙派的重任。同时，当时学习浙派的人往往遗神取貌，结果一流于熟，再流于俗，刀法趋于僵化，成为"锯齿燕尾"。由此也给后人一个启示，学习浙派篆刻艺术，不仅要求其刀法、篆法、章法方面的精华，更重要的还在于学习西泠八家不断开拓的精神，确立"离群"意识，不断能变能新。

二、邓石如

邓石如（1743—1805），初名琰，以字行，后更字顽伯，号完白山人。安徽怀宁人，是清代杰出的篆刻家、邓派篆刻艺术的开创者。

邓石如长期处在经济十分窘困的情况下，以书法篆刻谋生，把自己的毕生精力献给了艺术事业，并开创了继往开来的一代新风。

邓石如在十七岁的时候，便走上了以书刻自给的道路，凭着一技之长，走遍了安徽、江苏、山东、河南、河北、湖南等十余省。寻师访友，畅论道艺，并寻访碑碣、卖字求生。张约轩谈到邓石如的经历时，曾说："山人每足迹所经，必搜求金石，物色贤豪。或当风雨晦明，驰担逆旅，望古兴怀，濡墨盈斗，纵意作书，以舒胸中郁勃之气，书数日必游，游倦必书，客中以为常。"（《东园还印图序稿》）

邓石如一生，自始至终异常刻苦地从事学习创作。为了寻观庐山碑碣，而使干粮不足，八天没有饮吃，以山果充饥，也不懈追求。1805年，邓石如临终的那一年，他还不避旅途的辛劳，到皖南泾县为"孔子庙庭"书写"碑额"。"一囊漂泊等浮鸥"，这正是他一生的形象写照。

邓石如辛酸备尝的坎坷一生，也是他独特艺术风格形成的一个重要因素。邓石如所处的年代，正是"柔媚甜俗"的书风盛行的时候。"光、滑、方、正"的楷书，是取士的一个基本要求。写折卷时，人虽各异，而所书则千篇一律，即所谓"馆阁体"。他以改革者的姿态，同这一时尚进行了不调和的斗争。与此同时汉魏碑志出土甚多，邓石如也正"适逢其舍"，因此开拓了视野。邓石如以篆书入手打开局面，他初学李阳冰，进而研究秦汉碑碣，法宗李斯，并得史籀周秦以来金石铭识的神髓。包世臣曾有评议："山人篆法以二李为宗，而纵横捭阖之妙，则得之史籀，稍参隶意，杀锋以取劲折，故字体微方，与秦汉当额文尤近。"由于他在书法方面的精湛造诣，故被誉为："四体书具为国朝第一。"

邓石如勇于开拓的精神和书法上的杰出成就，对他篆刻艺术的发展产生了不可估量的影响。他主张"书印相参"，以篆刻充分反映书法美，便是他最显赫的功绩。乾嘉时期是明清流派篆刻艺术发展的全盛年代，除邓派外，主要派别还有二宗，一宗为浙派，为丁敬所开创，至邓石如时，正处鼎盛时期，继起者蒋仁、黄易、奚冈、陈豫钟、陈鸿寿等，也都生长于这一时期。另一宗为皖派，为程邃所创，效之者巴慰祖、胡长庚、汪肇龙等，也处在这个时期。这样就形成了清代篆刻史上三派鼎立的局面。

皖派、浙派与邓石如在艺术表现的手法上，有很大的区别。皖派用的是涩刀，即不疾不徐，欲进又住的方法；浙派用的是直下不转的切刀。如果说皖派属于"阴柔"的话，那么浙派则可以说属于"阳刚"。邓石如富有自己的特色，游刃徜徉，行刀如笔，既具皖派的阴柔，又有浙派的阳刚。同时，他能熟练地掌握各家书体，特别是魏晋以前的金石文字，在作品中时有流露，又取鼎篆古文错杂其间，浑为一体，自然天成。

邓石如的朱文作品，最能体现他的书法美，代表作"江流有声，断岸千尺"印，尤其受到人们的称道。

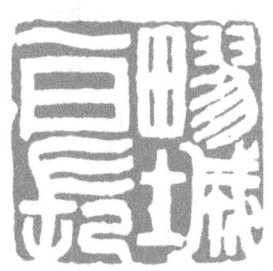

疁城一日长

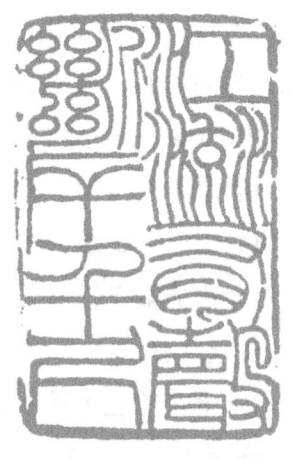

江流有声，断岸千尺

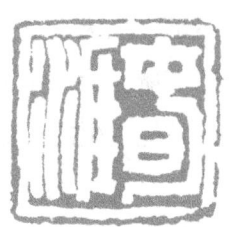

春涯

此印文繁简悬殊，作者大胆之处，是让每一个字不论笔画多寡都占有一定的空间，于是就形成了左右强烈的对比。邓石如曾创造性地提出"疏可走马，密不透风"的篆刻章法理论。这方印，是这一理论最完善的实践。

邓石如的白文印也楚楚动人。"疁城一日长"，耐人寻味。印文近乎满白，然而从不以臃肿、锯牙、燕尾之类貌为拙；笔底劲挺，又不见怒勃之气；刀法凝练，能以平实之中显示奇峭。特别是大胆地将"一"字横画作波势表示，易情为动，显示了无限的生机。作品以"宛转流畅、刚健苍厚"的风貌，使人留连忘返。

晚年，王灼曾拜访山人，赋诗相赠。有诗云："昆刀镂玉蟾肪白，汉尊调脂虎魄红，书溯冰斯穷籀颉，刻兼蛇鸟杂鱼虫。"这可以说是对邓石如艺术风格的概括。邓石如在赠罗聘的"乱描繁花何晴昊"印的边款上，跋云："雨峰子梅，琼瑶璀璨。古浣子摹篆，刚健婀娜。"所谓："刚健婀娜"正确地反映了邓石如"刚"、"柔"相间的艺术特色。

邓石如的代表作品，还有"古欢"、"意与古会"、"笔歌墨舞"、"逢原"、"守素轩"、"燕翼堂"、"春涯"等。

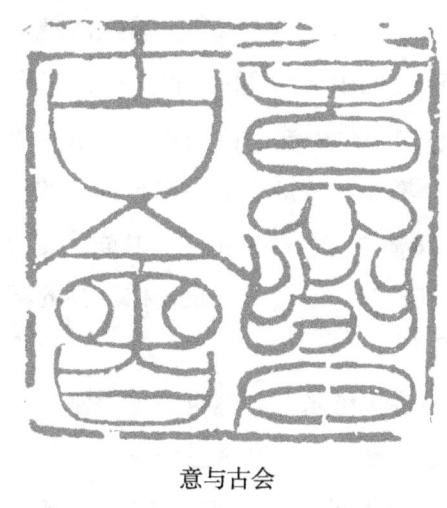
意与古会

逢原

三、吴让之

吴让之（1799—1870），原名廷扬，字让之、攘之，别署让翁、攘翁、晚学居士、方竹丈人、言庵、言甫等，江苏仪征人。为包世臣（慎伯）的弟子，故颜其居为"师慎轩"。

邓石如的后继者中，影响最大、造诣最深的要算吴让之了。吴昌硕曾语人："学完白不若取径于让翁。"

吴让之自幼喜欢治印，十五岁起，就开始摹习汉印。三十岁左右，他见到邓石如的篆刻作品，喜出望外，尽心研究，按他自己的说法，已到了"尽弃其学而学之"的程度，并做到了"笃信师说，至老不衰"。由于吴让之书法受业于包世臣，同时又具备扎实的汉印功底。所以，他在全面继承邓石如篆刻艺术的同时，又具有自己强烈的艺术特色。

吴让之篆刻艺术的特色，是圆美流转，婀娜多姿。吴让之的作品，体现了他多方面的才能。首先，吴让之的篆刻继承了邓石如"书印相参"的艺术主张。他的朱文作品"足吾所好玩而老焉"、"岑仲陶父秘笈之印"等，充分显示了篆刻的书法美。

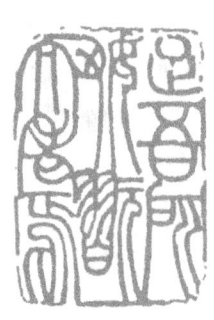
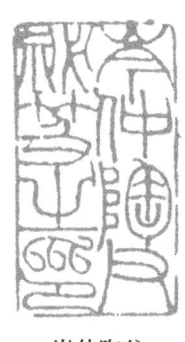

足吾所好玩而老焉　　岑仲陶父秘笈之印

吴让之的篆刻方圆相参，浑融清健。不仅整体上完美，也十分注意处理细节的变化，如印文中"笈"字、"印"字，前者有意识地将中间结构缩小，以丰富体态的变化；后者将三斜笔处理成螺旋形，圆转精到，增添了装饰美。而纵长取势的印文，如"好"、"玩"、"焉"等，仿佛是飞流直下，势不可当，其间，又多转折避让。吴让之的篆书与邓石如相比较，既有相似之处，但又不完全一样。吴的篆书骏迈雄强之气稍逊，而艳丽洒脱之情则他人所不及。

吴让之作篆书十分娴熟，不讲究工具，不挑拣纸张，对笔也不论柔刚，随意挥毫而不失规范。他的传世作品很多，如《宋武帝与藏焘敕》和《三乐三忧》等。吴昌硕对他的篆书评价很高："下笔谨严，风韵之古隽者不可度，盖有守而不泥其迹，能自放而不逾其矩。"吴让之篆刻也体现了这一特点。

吴让之篆刻在章法处理上，也有独到之处。上述朱文印字形优美多姿，线条宛转绸缪，布局疏密得体。他对白文印的处理得心应手。也如"盖平姚十一"印，印文的原本结篆如按一般的章法去处理是有一定的困难的。但他却能简繁相易，在章法处理上顺乎字势。"盖"字横画多，便随势使字形趋长；"姚"字竖画多，便顺势使形趋宽，相互避让，参差互济。同时为了避免"平"、"十"、"一"等字的机械划一，采取了把"平"的两横画的间距撑足，左右两斜笔也作长短不等的处理。另外借助"姚"字的外形多变，特别是底部的起伏不平，给下部空间带来了生动的气息。

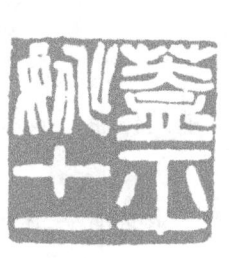 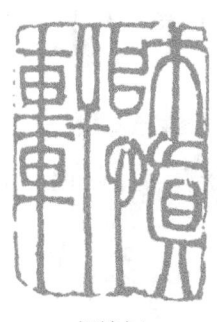 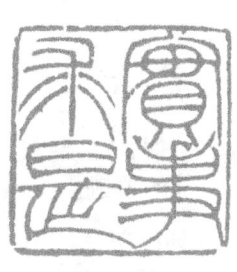 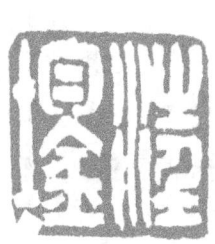

盖平姚十一　　　　　师慎轩　　　　　实事求是　　　　　汪鋆

吴让之的刀法也体现了非凡的技巧。他执刀如执笔，善于用腕，故能八面用锋，冲切披削，将挺劲、苍朴、浑厚、逸畅等各种韵味都能恰如其分地表现出来，故向有"神游太虚、若无其事"的称誉。如"实事求是"朱文印，运用冲刀镌刻，爽捷劲健，生动而又细腻地展现了线条的丰富变化，无论起笔收笔，都得以淋漓尽致的表现。"汪鋆"白文印，则是另一种景象。冲切结合的过程中，发挥了切刀的作用。切刻过程中，富有轻重快慢，顿挫疾涩的变化，内蕴力度气势，刀意质感，细致入微，神情凝注，这与冲刀效果迥然不同。正因如此，吴让之便成为历史上影响最为深远的篆刻大家之一。吴昌硕、黄牧甫等一代宗师，也都受益于吴让之。

四、赵之谦

赵之谦（1829—1884），字铁三、支自、益甫、撝叔，别号冷君、悲庵、无闷、子欠、憨寮、笑道人等，斋号二金蝶堂，浙江会稽人。

赵之谦出生于一个破落的商人地主家庭，原先他家很富有，藏书很多，后来逐渐破落。这为他青少年时进行刻苦学习，提供了有利的条件。同时，又使他成为受苦难人中的一员，这对他后来做地方官时，能体察民间的疾苦有一定的影响。他三十一岁时，曾在杭州卖画。中举后，由于太平天国农民运动的冲击，他先后到温州、黄岩、福州等地，之后又到北京。在这段时间里，他卖画为生，以文会友。三十七岁，他在北京多次参加会试，但一直没有被录取。此时他在诗、书、画、印等方面，却获得了辉煌的成就，成为晚清杰出的艺术家。四十四岁时，赴江西任职，先后任鄱阳、奉新和南城等县的知县。晚年他几乎再也没有刻印，这正与他这一段经历有密切的联系。我们现在所见到的赵之谦的作品，基本上是他四十多岁去江西前创作的。

赵之谦的篆刻早年专攻浙派。切刀深刻，锋颖颇具，显示安详平正的气息。"金蝶投怀"、"书香世业"、"吉祥"、"第二个不才子"等，是他三十四岁以前的作品，显示出浙派丁敬、陈鸿寿一脉的痕迹。

此后，赵之谦的篆刻由单一的取法浙派，转为多元化的继承方式。当时他的艺术养料主要来自三个方面：一是他对《吴纪功碑》发生了浓厚的兴趣，"锡曾审定"、"星手遹疏"等反映的正是这方面的收获。特别是"丁文蔚"印，以单刀直冲而著称，他自己也觉得颇得《吴纪功碑》意。二是与此同时，他由浙入邓，改道从邓石如。因为那个时候，浙派已衰落，赵之谦希望以此力矫浙派末流步趋前人，过于追求方正的弊失。这一时期他创作了不少名作。其中白文"何傅洙印"、"燮咸长寿"和朱文"镜山"、"何徵心伯"、"鉴古堂"等，有的浑厚古拙，有的娟美多姿，展示了邓石如的手法。第三是从古代文字中吸取养料。除了先秦玺节，秦汉印章外，还从战国钱币诏版、汉代灯镜砖瓦，到魏晋南北朝的碑版造象，无不兼收并蓄。赵之谦深有体会地说道："从六国币以求汉印，所谓取法乎上，仅得乎中也"；"取法在秦诏、汉灯之间，为六百年摹印家立一门户。"此时赵之谦的面目大不相同，著名代表作，有朱文的"宝董室"、"寿如金石，佳且好兮"等，无论方直还是圆曲，都表现出丰富的艺术内涵，表明取精用宏，已达到了融会贯通的境地。

赵之谦篆刻强调书画之法用于刻印。他有诗云："古印有笔又有墨，今人但有刀与石。"欣赏赵之谦的白文印，会给人沉厚明朗的感受，这就使我联想起他的绘画。赵之谦绘画，花卉最为人称道，善于用红、绿、墨三色，鲜艳浓郁，对比强烈。这一绘画特色，与他的篆刻是一致的。欣赏赵之谦赴江西后的作品"赐兰堂"朱文印，线条提按起伏，横竖转折，都显示了书法笔墨的细腻变化，可谓形完意足。

 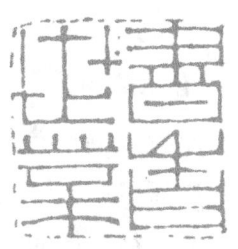 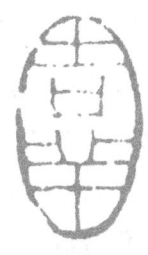 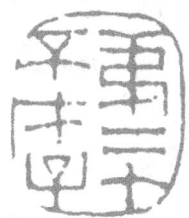

金蝶投怀　　　　书香世业　　　　吉羊　　　　第二个不才子

  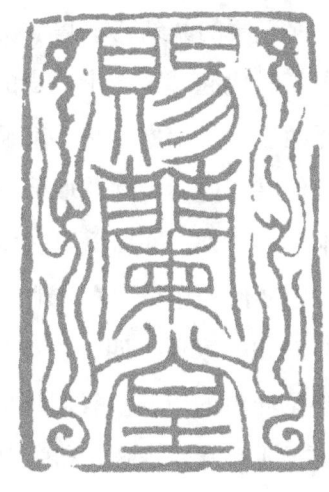

宝董室　　　　寿如金石，佳且好兮　　　　赐兰堂

　　赵之谦对篆刻艺术的贡献，还体现在他创造性地发展了边款技法，自明代文彭、何震开始镌刻边款，或单刀或双刀，都是作阴文表现。清代虽经丁敬等篆刻家的努力，使单刀边款取得进一步完善，但还是作阴文表现。赵之谦不仅单刀边款有独创之处，而且创造性地推出双刀法阳文款识。其中最著名的是："仁和魏锡曾稼孙之印"的"悲庵为稼孙制"六个阳文款识，乃是"始平公造像"之滥觞。同时，赵之谦还用以人像和动物的形象，著名的有"绩溪胡澍荄甫"、"同孟子四月二日生"的两面印边款中的"龙"，以及"仁和魏锡曾稼孙之印"边款中的"马戏人物"，接近"嵩山少室石阙"等汉画像的遗韵，为开五百年来边款之先河者。

五、徐三庚

　　徐三庚（1826—1890），字辛谷、上于，号袖海、井罍、金罍道人，别署荐未道人、翯嗁散人、诜郭、余粮生、大横等，浙江上虞人。

徐三庚是一位多才多艺的艺术家，既是一位大篆刻家，又是书法家、竹刻家，并能设计各种各样的博古文玩。多方面的艺术修养，也补养了他的篆刻。徐三庚长期在上海以鬻艺为业。当时上海是我国主要的通商口岸，海上画派也已崛起。徐三庚与任薰、虚谷、任颐、蒲华等画家都有密切的交往。他的作品不仅风靡一时，还影响到日本。

徐三庚的篆刻艺术基本经过三个发展时期。他生长在浙江，从小受到浙派的熏陶，自青年时代起，至三十八岁的阶段中，一直刻苦攻习丁敬、黄易，特别是陈鸿寿、赵之琛两家。二十岁出头，就显示了卓荦的才华，著名的"石董狐"等作品就是这个时期的作品。此后，他兼取邓石如，此时邓石如的再传弟子六十五岁的吴让之，正处在艺术鼎盛时期。邓派篆刻艺术对徐三庚产生了巨大的影响，婀娜多姿、圆转流畅的印风，也从他的作品中充分地显示了出来。这一时期创作的"张子祥六十以后之作"，便是邓石如的家风。四十岁以后，徐三庚为了开创自己的风貌，开始了从古人作品中，去寻觅养料的历程。我们从他的印章以及边款风格的变化中，可以了解到他当时主要求法于《天发神谶碑》和商周金文、两汉碑额等。

徐三庚篆刻艺术特色，是得"吴带当风，姗姗尽致"之妙。他善于安排婀娜多姿的篆法，与浙派苍茂朴拙的刀法完美结合，使线条的圆转流畅与苍劲斑驳形成强烈对比。

石董狐

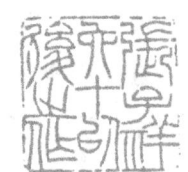

张子祥六十岁以后作

"桃花书屋"，是为世人称道的力作。作品有浓郁的书法味，笔势的起收转折，表现得恰如其分，给人以笔墨酣畅的感受。畅达的线条，以切刀法表现，增加了凝重劲健的内涵。同时，细腻多变的手法，把毛笔运行中留下的锋颖，也都淋漓尽致地表现了出来。线条的聚散产生的分朱白文，又将四字的优美体态充分地显示出来，产生了扣人心弦的艺术魅力。

桃花书屋

成达章印

吴宝森印

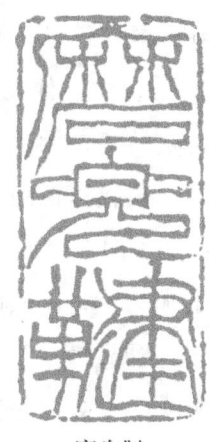
磨兜鞬

蒲华印信

"成达章印"，更全面地展现了徐三庚"吴带当风"的姿韵。白文线条顺着结构，紧凑地排列组合，形成了浓厚的装饰性和醒目的朱白对比。更为难得的是，宛转流利的线条，借助切刀的巧妙运奏，尤其是转折处，笔笔生姿，轻重粗细的变化，构成了各种可爱的姿态。

"磨兜鞬"、"蒲华印信"、"吴宝森"等，也都体现了徐三庚的艺术特色。

然而，后人评论徐三庚时，在称赞的同时，也总少不了贬抑之词。这是因为徐三庚的作品中，爱以细小的转折来修饰篆书的线条，本来这样处理可以增加趣味情韵，但过则为患。同时徐三庚又爱作仰头伸脚的布局态势，导致了以妖媚取悦于人，过于矫揉造作的弊病，产生适得其反的效果，特别是在晚年的一些作品中这种现象就更明显。

徐三庚的传世佳作很多，主要见于《似鱼室印蜕》、《金罍道人印存》、《金罍山人手刻印存》、《金罍印摭》等印谱。

六、黄牧甫

黄牧甫（1849—1908），本名士陵，亦作穆甫、穆父，别署黟山人、倦叟、倦游窠主，安徽黟县人。

黄牧甫和吴昌硕都是清末杰出的篆刻大师，吴昌硕开创的吴派和黄牧甫开创的黟山派交映生辉。

黄牧甫出生于文化家庭，父亲博雅能文，著有《竹瑞堂集》。黄牧甫从小就喜爱篆刻，八岁时便操刀治印。十四岁时黟县发生太平军与清军的激战，他因家园被毁而失学，不久父母先后死去，他被迫离开家乡，到江西南昌谋生。他在"未使游食之民"印的边款中曾这样回忆："未尝学问，即壮失怙恃，家贫落魄，无以为衣食行，溷迹市井十余年，旋复失业，湖海飘零，藉兹末伎以糊其口。"黄牧甫在南昌时，曾随兄开设过照相馆。其间篆刻艺术也取得了显著进步，二十八九岁时，他在南昌出版了《心经印谱》。以后于三十三岁时迁居广州，并得到一些人的大力荐举，从而有机会入当时最高学府——国子监读书。三十六岁到北京国子监学习，主要致力于金石学，在王懿荣、吴大澂等金石家的指导下，印艺大进，并参加了重摹《石鼓文》等工作。两年后，他又参加广州广雅书局校书堂工作，同时参加《十六金符斋印存》的钤拓。在这一时期黄牧甫创作了大量的作品。第二次去广州共住了十四年，这是他艺术活动最辉煌的时期。五十一岁离开广州回安徽。晚年别署"倦游窠主"，一定程度上反映了他思乡的感情。两年后曾应邀去武昌，参加《陶斋吉金录》的辑著工作。至五十五岁复归家乡。五十九岁病逝。从他的这番经历中，我们可以得出这样两个结论：一是黄牧甫篆刻艺术上取得的成就，与他致力于金石学的研究是分不开的。二是如果黄牧甫不是过早隐退逝世，那么他还可以取得更大的艺术成就。

黄牧甫篆刻的基本特点是平正而奇险，精巧而拙朴，挺劲而秀逸，富有内蕴的意境。构成这一艺术特色，来源于黄牧甫在艺术上多方面的创造。

首先，他追求光洁艳美的印风，对把烂铜印作为仿汉印的风格标准进行了挑战。他在印跋中感叹地论述道："汉印剥蚀，年深使然，西子之颦，即其病也，奈何捧心而效之"，"赵益甫仿汉，无一印不完整，无一画不光洁，如玉人治玉，绝无断续处，而古气穆然，何其神也。"他不仅在创

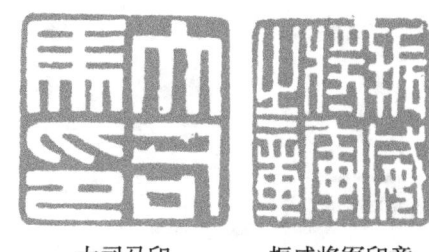

大司马印　　振威将军印章

作中是这样处理的，即使临摹汉印，也都是保持完好，毫不加以破残。他临摹的汉印："大司马印"、"少司马章"、"振威将军之章"等，都充分说明了这一点。

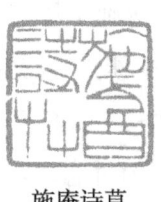　　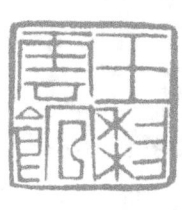　　

施庵诗草　　　　　　玉梨云馆　　　　　　溧阳陶父

黄牧甫篆刻的章法有强烈的艺术特色。他凭借深厚的金石文字的功力，特别是取吉金文字入印，造诣尤见精深。如"施庵诗草"，巧妙地运用不同的直线、折角线、弧线，使印面产生丰富的变化，同时采取部分结构参差组合，特别是"草"字的结构，作左上右下的安置，不仅增加了虚实的变化，而且增添了动感而富有生机。"玉梨云馆"，平直的线条中充满了变化。如"梨"字，将两个"×"形结构串联起来，右边则以均匀的四根斜线作整齐排列，形成强烈的装饰美；"梨"字的右侧竖笔与"馆"字的右侧竖笔，均微微倾斜，又使印面增加了动感。此外如"溧阳陶父"一印，巧妙地运用"点"与"线"的结合，平直的汉印文字间，"陶"字的中间一画作大篆"点"的笔意处理，起到了画龙点睛的作用。黄牧甫章法处理上的精湛造诣，得到广泛的称道，邓尔雅论及："（黄牧甫）尤长于布白，方圆并用，牝牡相衔，参伍错综，变化不可方物。"

同时，黄牧甫的刀法也与众不同，善于以薄刀锐刃冲刻。运刀时刀锋较竖，取势轻行，干脆爽落。由于每根线条的起讫，均一气呵成，不作改易，就形成了光洁劲挺的线条美。

黄牧甫的成功还表现在篆法方面的独到之处。他广采博取，从秦汉玺印到钟鼎权

量，镜铭钱币，古陶砖瓦，无一不摄取。

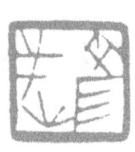 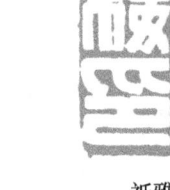  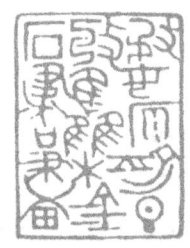

彦武　　　　祗雅楼印　　　　柏銮　　　　婺原俞旦收集金石书画

黄牧甫善于运用不同的篆法，创作多种风格的作品，并通过线条的变化，展现层出不穷的奇姿妙态。"彦武"印，以劲挺的直线表现开张的局势；"柏銮"印则以凝练的弧线构成静和的布局；"祗雅楼印"，直线与圆线的有机统一，达到了尽善尽美的境地。"婺原俞旦收集金石书画"印，更是黄牧甫取用大篆文字的优秀佳作。圆转的线条，寓以方直，出其不意。文字结构多姿多态，尽得参差避让之妙。其中"旦"字尤其起到了重要的作用，"旦"字的圆与对角"石"字之方，形成了强烈的对比。若不是呕心沥血的苦心经营，决不会取得如此佳妙的艺术效果的。

七、吴昌硕

吴昌硕（1844—1927），初名俊、俊卿，字苍石、仓石、昌石、昌硕，别署缶庐、老缶、苦铁、削觚庐、破荷、大聋、酸寒尉、芜菁亭长、破荷亭长、五湖印匄，浙江安吉县吴村人。父亲吴辛甲，为举人，兼究金石篆刻。吴昌硕10岁时就读私塾，每天翻山越岭数十里，风雨无阻，养成了刻苦勤学的优秀品质。14岁时，随父习金石，因家清贫，一方石章反复磨刻，常剩一石片。16岁时，由于使刀不慎，左手无名指受刀创溃烂，因缺药治疗，致使手指烂去半节。17岁遇战乱，随父逃亡他乡，又被乱兵冲散，只身流亡安徽、湖北等地。为谋生给人打杂做短工。五年后回家，一家九口，仅存他与父亲生还。此后，边辛勤耕作，边发愤读书习艺。23岁从同乡施旭臣受诗法，兼学书法、金石。27岁时，刻成第一本印谱《朴巢印存》。

吴昌硕自29岁起离故乡，正式开始了他的漫长的艺术道路。在苏州、上海一带，寻师访友，致力于艺事。吴昌硕先从画梅高手潘芝畦学梅，从杭州学者俞曲园学金石古训，并得到苏州三大收藏家吴云、吴大澂、潘郑庵的赏识与指导。期间印艺日进，刻成《篆云轩印存》，后经吴云删选，改编《削觚庐印存》。40岁前后，在上海与画家任伯年结成至交。此后又与杨香吟、虚谷、任阜长等人交往。此时不仅绘画突飞猛进，篆刻也进入全盛时期，最著名的印集有《缶庐印存》。

吴昌硕晚年定居上海，书、画、印、诗臻于人艺俱老的佳境。他与蒲作英、张子祥、胡公寿、吴秋农等相交甚密，时常雅集挥毫，素有"海派"之称。1913年，西泠印社成立三十周年之际，71岁的吴昌硕被公推为社长。时年编成《缶庐印存三卷》。

吴昌硕一生，从事篆刻达七十年之久，承前启后，开创了影响深远的"吴派"。吴派篆刻艺术把书、画、诗等多种艺术因素与表现形态生动而理性地融会在一起，从而丰富了篆刻艺术的表现手法，开拓了表现领域，也提高了篆刻艺术的境界与水准。所以较之丁敬、邓石如、吴让之、赵之谦等大家，其形式更为强烈鲜明。

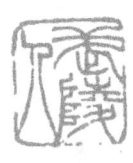　　　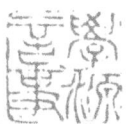

武陵人　　　　　喜陶之印　　　　　骑虾人　　　　　学源言事

吴昌硕篆刻艺术大致可以分为三个发展时期。初涉印坛到40岁之前，多为摹仿时期。主要师法浙派、邓派。31岁刻的"骑虾人"，切刀工稳朴拙，颇有丁敬、黄易等浙派韵味。同年刻的"武陵人"印，结体舒展，线条婉丽，显然取法赵之谦。35岁时刻"学源言事"，边跋："仿完白山人"，尽得邓石如刚健婀娜的神韵。32岁时刻的"喜陶之印"，经营章法上无疑是受到了吴让之的影响。这一时期吴昌硕广泛吸取了明清各种流派艺术的长处，为其日后的吴派篆刻艺术的形成，打下了扎实的基础。

　　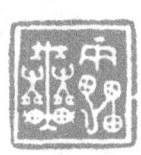　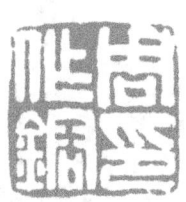

方溶益印　　　　汪鸣銮印　　　　两罍轩　　　　　周作熔印

35岁以后，吴昌硕的模仿重心移到了取法古代玺印方面。37岁时刻"方溶益印"、"周作熔印"两印，章法工稳端庄，字法简约方正，刀法凝重苍劲。体现了汉印的风貌。期间又作有"汪鸣銮印"和"两罍轩"印，前者线条坚细秀逸，近于汉玉琢印，后者文字奇丽多姿，颇与战国古玺相仿。

 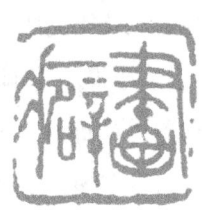 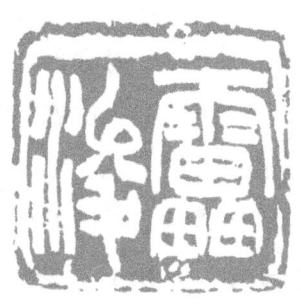 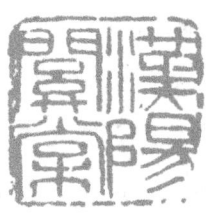

积赶庐　　　　　画癖　　　　　　雷浚　　　　　汉阳关棠

吴昌硕自40岁后，进入了探索时期，力图突破前人的藩篱。这一时期，他精研秦汉印后，渐渐地悟出古印之妙，并多方博取。努力探索如何将历代钟鼎、玺印、权量、诏版、封泥、泉布、碑碣等金石文字的精髓，汇融于印学。四十岁起所刻的"雷浚"等，不仅保持了汉印的遗风，而且文字线条苍劲凝重，体现了《石鼓文》的笔意。在刀法处理上，也已由稳健持重趋向于宏放老辣。特别是这一时期刻的"积赶庐"、"画癖"、"汉阳关棠"等印，将印的笔法与《石鼓文》、封泥融会一体，秀姿劲态中见古朴苍茂。这些有效的探索，为他晚年开雄浑古拙的吴派篆刻艺术风格揭开了序幕。

吴昌硕自50岁时起，便以其深厚的功力和深邃的目光大胆变法创新，从而跨进了最辉煌的创新时期。这一时期的作品无论在刀法、章法、书法等方面，都已具有自己的艺术特色。

 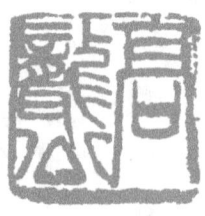 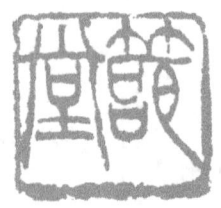

竹宾书画　　　　　高聋公　　　　　节堂

吴昌硕五十三四岁时所创作的"竹宾书画"、"节堂"、"高聋公"等印，充分展示了吴派篆刻艺术的风采。处理手法多变灵活、并笔、破残，或以印文线条作为边线等，都有独到之处。这样避实就虚的经营，打破了印面简单及直线排列容易产生的局促感，有效地开阔了空间，增添了生动流畅的气息。

心陶书屋

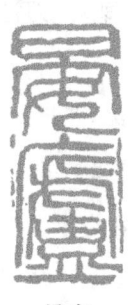
晏庐

且饮墨瀋一升

此后创作的"心陶书屋"、"且饮墨瀋一升"、"晏庐"等，更充分显示了人印俱老、炉火纯青的艺术境界。他的作品在书法上具有石鼓文的古朴、汉篆的简约、古玺的放肆、封泥的浑朴、诏版的峭拔等特点。在章法上疏密自然，宏博畅达。貌以漫不经心中，实为法度严谨，整体的虚实体现了他所擅的大写意的画风。在刀法处理方面，也较前人有明显的不同。以往的篆刻家大都采取锐角快刃的刻刀，而吴昌硕则改用钝刀厚刀，刀杆也较粗重，以钝刀入石。吴昌硕自谓此为"钝刀中锋法"。这样产生的线条古拙淳厚，老辣苍莽。所以吴昌硕的作品具有蕴含深厚、神隽味永的艺术魅力。

八、齐白石

齐璜（1863—1957），字白石，号濒生、阿芝、借山吟馆主者、寄萍老人等，湖南湘潭人。齐白石是享年最高的篆刻大师。

齐白石早年家贫，先后当过十多年的牧童和木工。据《白石印草·自序》所述，刻印"始于二十岁以前"，但正式研习则是30岁以后的事。他所以能自成一派，关键在于他能刻苦勤学，不墨守成规，不断地探索。

齐白石治印，刻苦的程度是非常感人的。他有诗云："石潭旧事等心孩，磨石书堂水亦灾。"他自注道："余学刊印，刊后复磨，磨后又刊，客室成泥，欲就干，移于东，复移于西，移于八方，通室必成池底。"生动地记叙了他在友人黎松庵家练习刻印，弄得客室里尽是石浆的往事。

　　齐白石的艺术生涯，他自己也曾作过全面精辟的总结。他在《自序》中写道："友人黎松庵以丁、黄印谱原拓本，得其门径，后数年，得《二金蝶堂印谱》，方知老实为正，疏密自然，乃一变。再后喜《天发神谶碑》，刀法一变。再后喜《三公山碑》，篆法一变。最后喜秦权纵横平直，一任自然，又一变。"由此我们可以了解到，齐白石先是从浙派入门，然后改习赵之谦，进而在此基础上，不断地从秦汉金石文字中汲取营养。逐步把《三公山碑》的篆法，《天发神谶碑》的刀法，以及秦权量诏版文字的结构方式等艺术精神，消化吸收，四变其艺，最后终于开创了齐派篆刻艺术。

　　齐白石43岁时，在友人那里得到赵之谦《二金蝶堂印谱》，是一个非常重要的突破点。他见此印谱后，爱不释手，并用朱笔精心钩摹了一套，长期进行研习。至55岁定居北京时，还以赵之谦的风格，鬻印谋生。故陈师曾赠诗云："齐君印工而画拙，皆有妙处难区分。"然而继承赵之谦篆刻艺术的真正成功，是在于他创造性地将赵之谦偶尔为之的作品"丁文蔚"的风采，加以充分地发扬光大，这是他自创风格的重要契机。

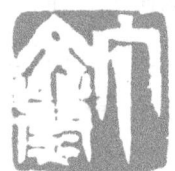
丁文蔚

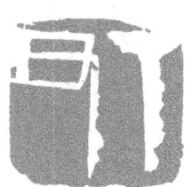
丁丑

望白云家山难舍

门人知己即恩人

　　赵之谦作"丁文蔚"印，与他的基本风格是大相径庭的。作品采取偏刀直冲的单刀法，刀痕光毛对比强烈，转折方直。如与齐白石的作品相比较，风韵何等相似，是一脉相承的。

"快刀断蛟成死物，昆刀截玉露泥痕。"齐白石这一诗句，集中地概括了他的艺术主张和他的艺术特色。齐白石篆刻艺术的基本特色，首先显示在他的刀法独树一帜。齐白石奏刀一般采用的是由怀内向外，单刀偏刃直冲的手法，并总以这样固定的方式刻出每根线条。所以他刻出的刀痕线条，都是一面光滑，一面毛躁。如白文竖线为左光右毛，横线下光上毛，就是在这样的刀法下产生的效果。同样他的朱文也是如此，则是线条的两侧光毛情况相反，竖笔左毛右光，横画下毛上光。为了避免线条剥落过烈，奏刀时没有白文那么悍猛，锋刃也没有那么偏斜罢了。我们只要对"丁丑"、"望白云家山难舍"、"门人知己即恩人"等印稍加分析，就可以清楚地了解这一特点。

齐白石治印，强调不削不作，绝摹仿，恶整理。他在印跋中谈到过："予之刻印，少时即刻古人篆法，然而即追求刻字之解义，不为摹、作、削三字所害，虚掷精神。人誉之，一笑；人骂之，一笑。"所谓刻字解义，就是应懂得刻字的根本道理和基本要求，要充分发挥镌刻的作用。反对"摹"、"作"、"削"，就是反对机械地摹仿古人，反对矫揉造作，细削修刮。齐白石主张"快剑断蛟"、"昆刀截玉"，也是这个意思。他为此句作了注解："古今人于刻石，只能蚀削，无知刻者。余故题此印存，以告来者。"又云："世间事贵痛快，何况篆刻风雅事也。"这些正是刻字解义所作的最充分的阐明。齐白石的作品，也正是这一理论的实际体现。

齐白石的偏刃单刀的奏刀技法，也是与他的章法相一致的。齐白石处理章法，善于使欹正、背向、险夷在强烈的对比中求得统一。首先，齐白石善于将全局的体势贯连成一体。白文印"老白"体现了这一特点。如局部的分析、线条都是极不规正的，欹倾的幅度也非常大。"老"字向右，"白"字向左，向背分明。然而却能在这样的情况下

老白

取得统一，其根本原因就在于以势贯一。"老白"两字的左右侧竖笔作并笔处理，使两字合二为一；同时，"老"字上促下疏，"白"字下促上疏，这就使印面构成了曲折起伏的体势。再加上横线结密的对角呼应和竖线稀疏的对角呼应，以及两字上下相互参差占位，这样整方印就显得十分紧凑了。

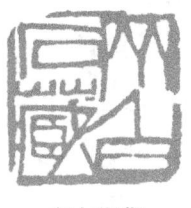
齐白石藏

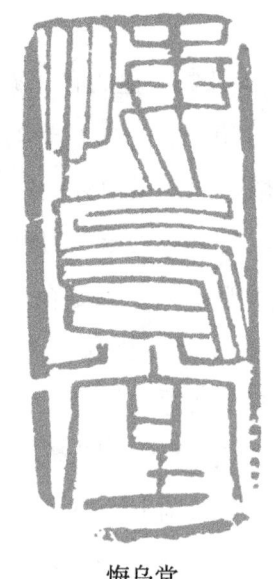
悔乌堂

　　借助边框的交结并笔，也是齐白石经常采取的统一手法。"齐白石藏"，就是用这一办法处理。此印四字中除"石"字外，其他三字与边框连接的线条都作并笔，方正粗宽的框栏，显得十分自然妥帖。这对欹倾多变的线条，无疑起到了充分的制约作用。同时，结构与结构、文字与文字的相互齐并，也增强了整体的统一。

　　更多的印章，则是通过综合处理的方法达到理想的效果的。"悔乌堂"，便是生动的一例。此印，竖框宽强，三字纵向的线条相承贯连一体，避免了可能的琐散。欹正、背向的精心安排，更是取得了情势的统一。如"悔"字，左右结构作相合的取势，"心"部朝右，"每"部向左，拱拥呼应。又如"乌"字，上正下倾，体态生动，四斜笔与"堂"字的右上竖折笔紧接，也就求得了稳定的局势。"堂"字的化险为夷，主体部分的右倾取势是特别明显的，几乎到了摇摇欲坠的地步。然而，末笔的横画，凝重粗实，取势左侧，便能取得了体势的中正。

　　由此我们体会到，齐白石奏刀痛快，强悍凌厉，决不是随心所欲，而且依循严谨的章法。启功在《记齐白石先生轶事》一文中，曾谈到他亲眼看到的齐白石刻印的经过：齐白石治印，先就印文查字书，把字写在印石上，再用小镜子审视后精心修改，最后奏刀。强调刀法的重要性，也是齐白石对弟子的一贯教导："刻印主要在配合篆字的章法，要使字个个舒展自然，气势纵横；但是千万不要故意使字仰头伸脚，造作称

奇，那就索然无味了。"（娄师白《怎样治印》）

齐白石对篆刻艺术的贡献，还在于他运用篆书，善于易圆为方，化繁为简。

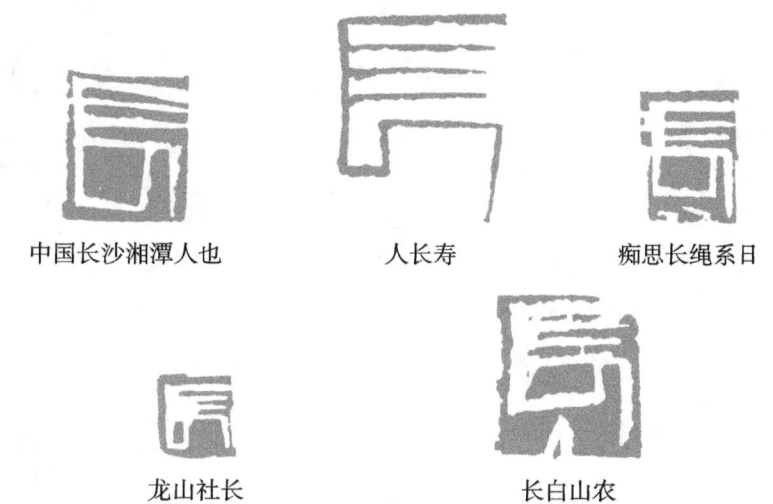

中国长沙湘潭人也　　　　人长寿　　　　痴思长绳系日

龙山社长　　　　长白山农

齐白石曾刻了不少有"长"字的印章，"长"的基本篆法很多，齐白石在创作"人长寿"、"中国长沙湘潭人也"、"痴思长绳系日"、"龙山社长"、"长白山农"等印时，都取了这一简洁的结体方式。

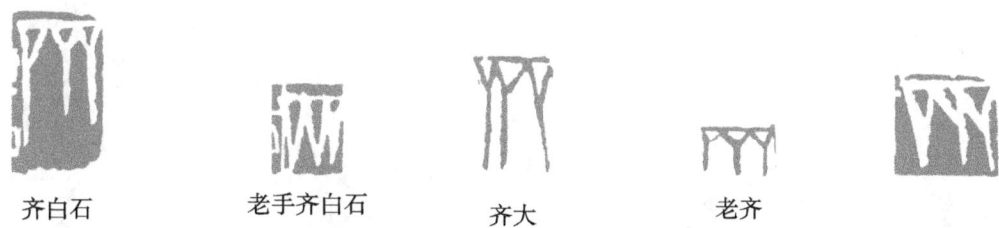

齐白石　　　老手齐白石　　　齐大　　　老齐

齐白石刻的自用印中，对于"齐"字，也选用这种简洁的方式，而且在实际的应用中，反复精练，便将原有的"艸"字的顶部简略成一横，将部分三向的"丫"部构成方式，也简化成两根直线的粗交。齐白石创造性地变革篆书的结构，正是为了更能体现"快刀斩蛟"的刀法，更能发挥直线纵横的章法布局，使刀法、章法、篆法的三者得到高度统一。

齐白石的一生是勤奋治印的一生，至94岁时仍偶有印作。他一生作了逾万方印章。其中，他的自用印更是呕心沥血，创作于最成熟的时期。

古玺私玺

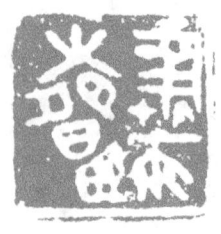 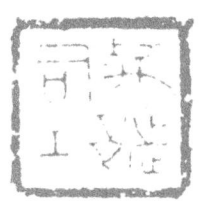 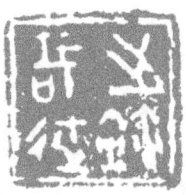

□□　　　□都司工　　　□迹之钵

□□家钵　　　五官之钵　　　亡麋

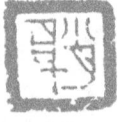  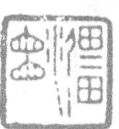 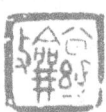

肖身　　王□　　强泪　　公孙鈘

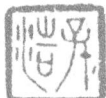 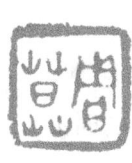  

孙浩　　周莫　　司马爱　　石□

汉印

常乐苍龙曲侯

即墨长印

新越余坛君

文德左千人

新前胡小长

军司马之印

军曲侯之印

孝子单祭尊

少渠长印

尚书散郎田邑

霸陵园丞

康武男家丞

肖形印

胜之

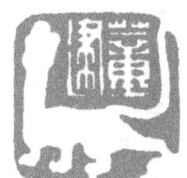
董建

□弘之印

张补

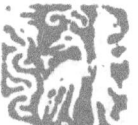
三灵

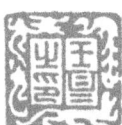
王昌之印

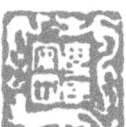
乘□安世

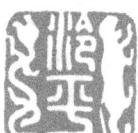
泠平

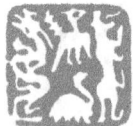
四灵

华居印

徐成□徐仁

日平

□赏

赵多

王子孺印

臣惲

鸟虫书印

薄戎奴

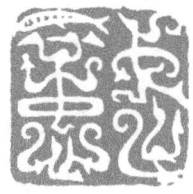
武意

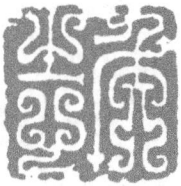
侯志

新成甲

缑仔妾娟

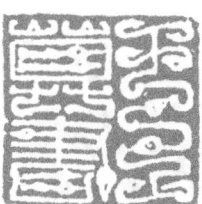
王莫书

王武

夷吾

吕掌里

曹嬿

杨玉

梭治

吴让之篆刻

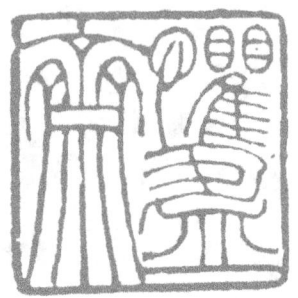
惧盈斋

两罍轩

丹青不知老将至

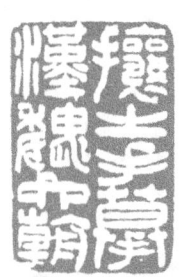
攘之手摹汉魏六朝

熙载之印

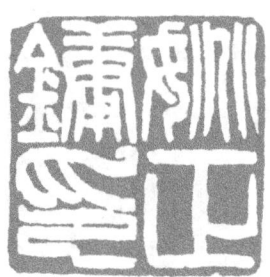
姚正镛印

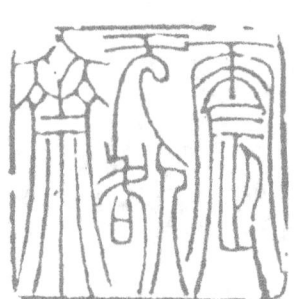
震无咎斋

赵之谦篆刻

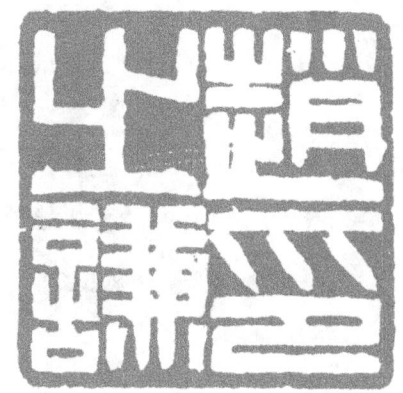
赵之谦印

灵寿花馆收藏金石印

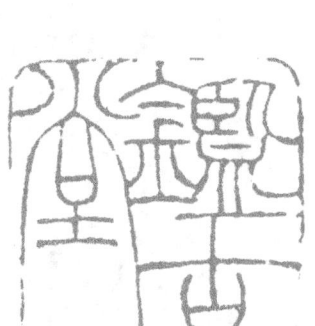
鉴古堂

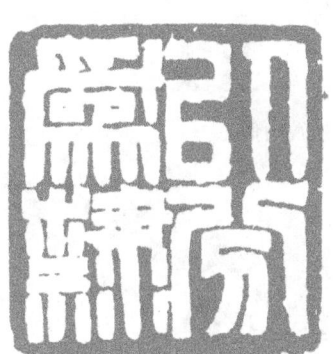
以分为隶

灵寿花馆

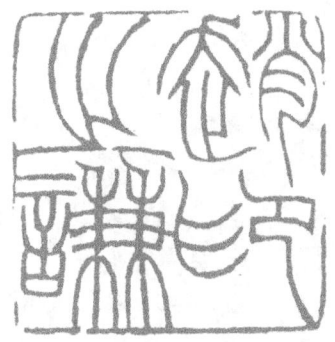
赵之谦印

黄牧甫篆刻

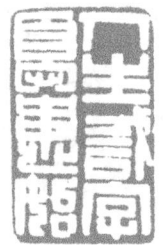
人生识字忧患始

仲冈

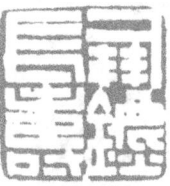
凤镰长寿

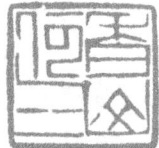
香山何三

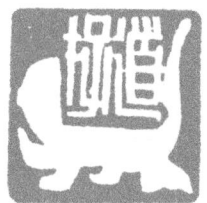
道存

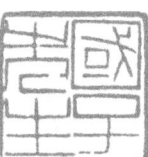
国子先生

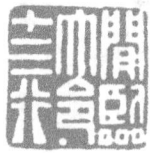
闲临大令十三行

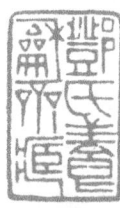
邓氏养和斋藏

李下无蹊径

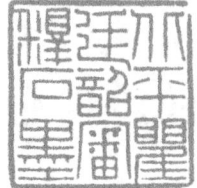
北平瞿廷韶审释石墨

翕怀斋印

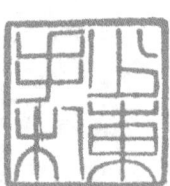
少东手札

吴昌硕篆刻

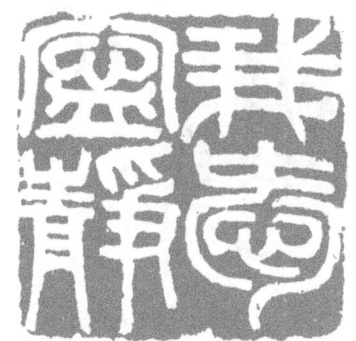

我爱宁静

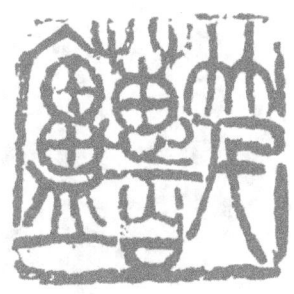

竹千蕙百庐

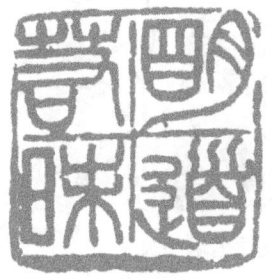

明道若昧

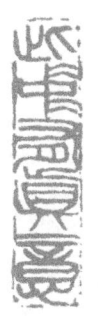

此中有真意

山阴沈庆龄印信长寿

张熙私印

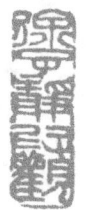

徐子静段观

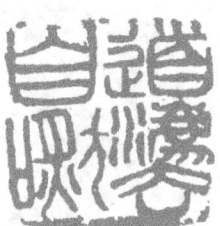

道法自然

齐白石篆刻

叹清平在中年过了

要知天道酬勤

年高身健不肯作神仙

叹浮名堪一笑

接木移花手段

天涯亭过客

吴昌硕篆刻

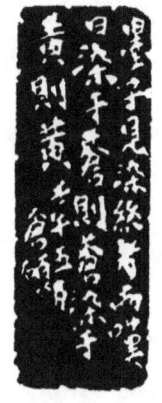
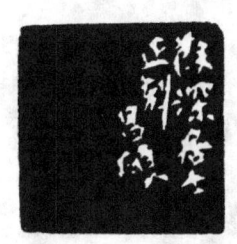
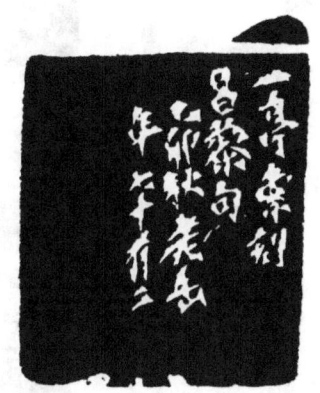
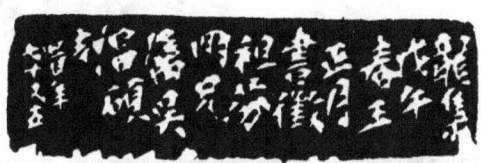
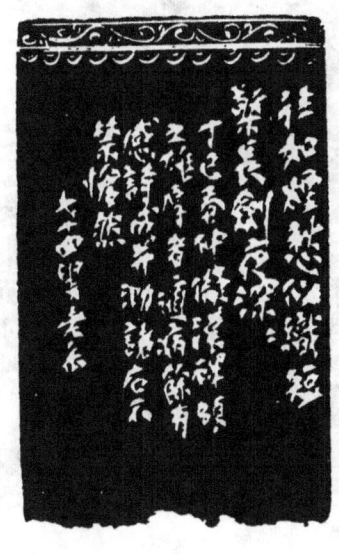
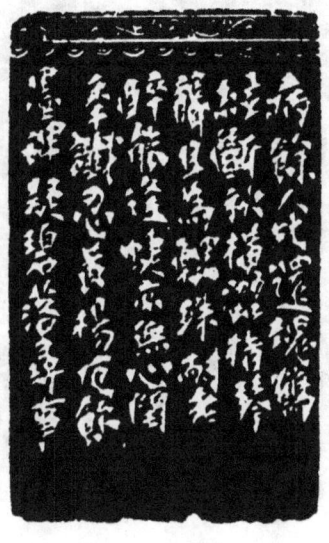
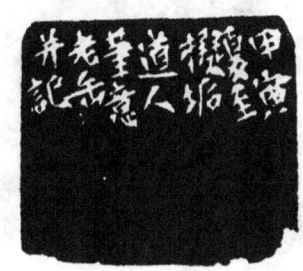

钱君匋篆刻

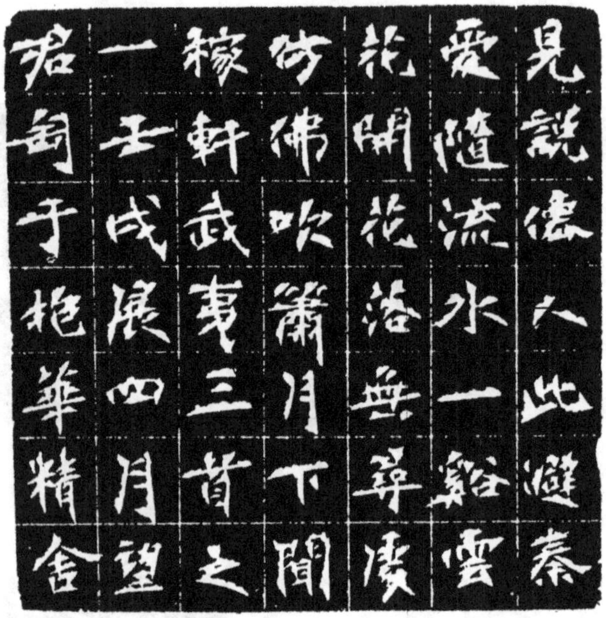

見說儂人此避秦
愛隨流水一谿雲
花開花落無尋處
彷彿吹簫月下聞
稼軒武夷三首之
一壬戌展四月望
君匋于抱華精舍

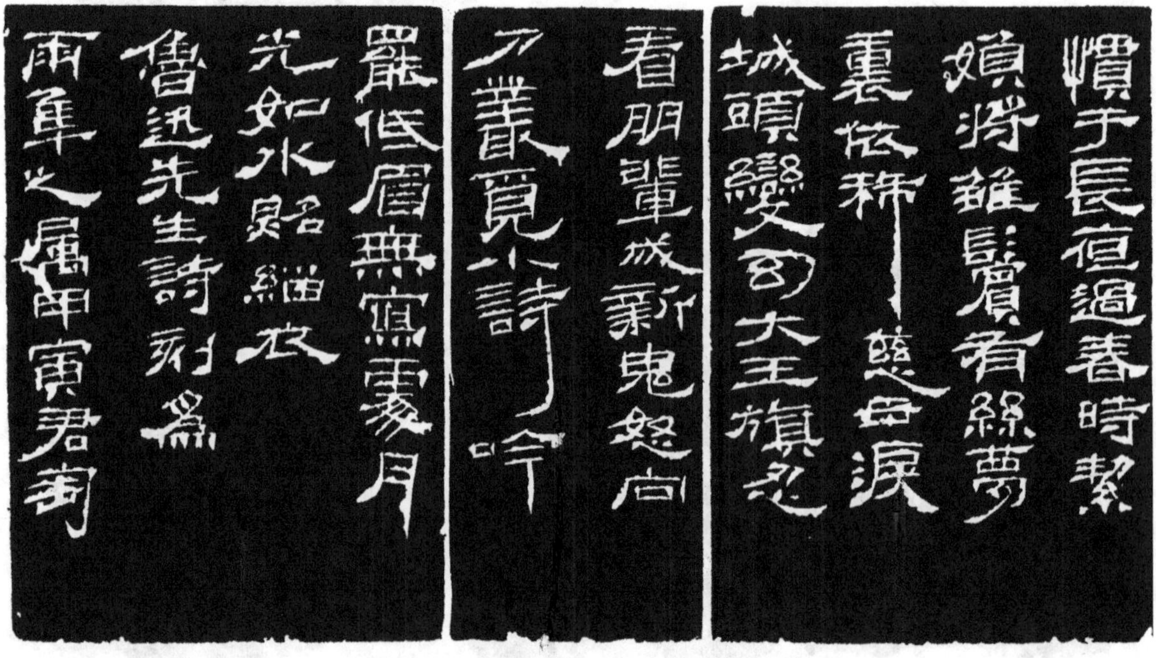

慣于長夜過春時挈
婦將雛鬢有絲夢
裏依稀慈母淚
城頭變幻大王旗忍
看朋輩成新鬼怒向
刀叢覓小詩吟
罷低眉無寫處月
光如水照緇衣
魯迅先生詩刻為
雨年之屬甲寅君匋

钱君匋篆刻

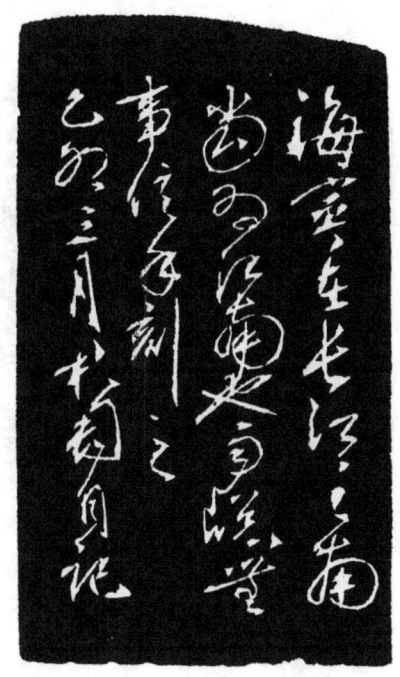

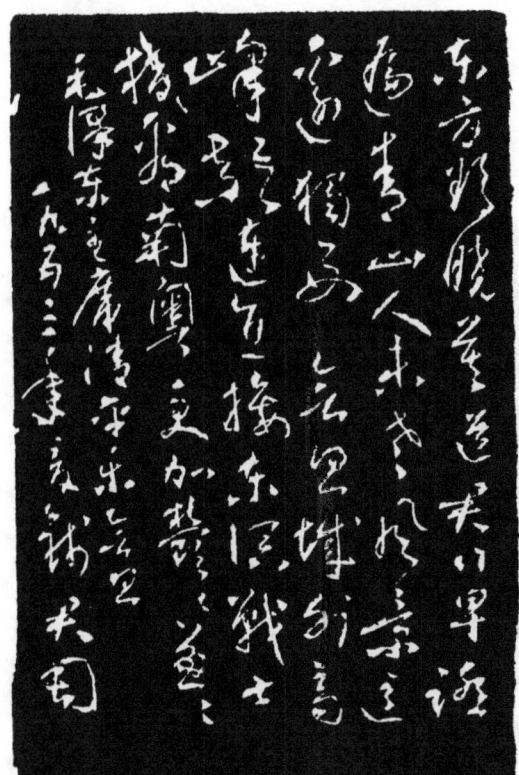

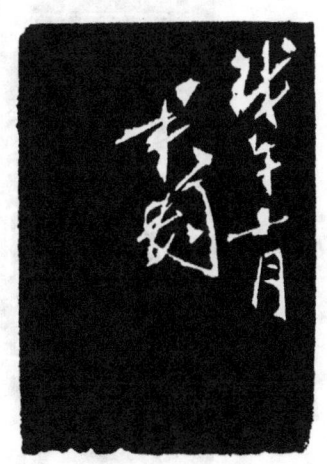

钱君匋篆刻

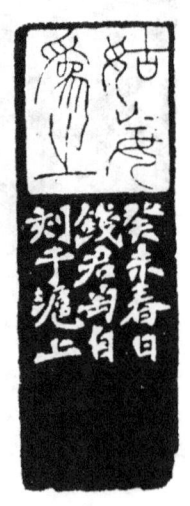

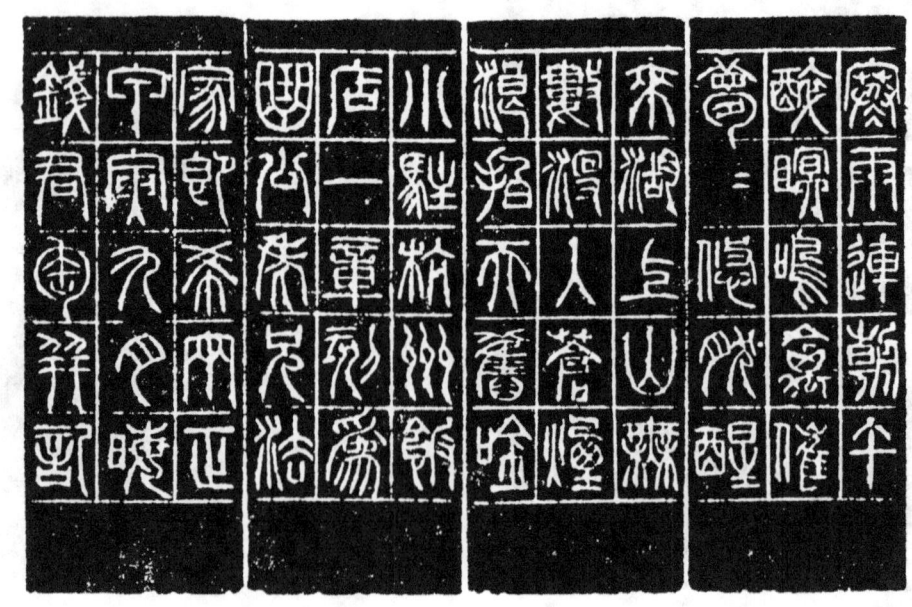

篆刻欣赏

序言

人类艺术活动的基本过程，不仅包括艺术的创作，而且还包括艺术的欣赏。篆刻艺术欣赏，就是欣赏者通过对篆刻作品认真的观察分析，从而充分感受作品中所蕴藏着的艺术美。要取得理想的完美的欣赏效果，除了作品本身是否具有艺术性外，还在于欣赏者的欣赏水平的高低，涉及到欣赏者的经历、素养等基本要素。唐代书法家怀素，善作草书，世称"狂草"。李白看到了他的狂草，惊叹不已。他从怀素狂草的飞舞线条中，感受到了"飘风骤雨"，"落花飞雪"，"神鬼惊"，"龙蛇走"以及"楚汉攻战"那样气象万千的宏伟情境。这在欣赏者与作者之间，可谓心有灵犀一点通，达到了艺术创作与艺术欣赏之间最理想的结合。

篆刻欣赏，包含着极为丰富的内容。"刻画金石岂小道，谁得鄙薄嗤雕虫"，这是篆刻大师吴昌硕的诗句，它强调了在艺术领域中，篆刻艺术的地位是绝不可低估的。篆刻艺术起源至今，已有两千多年的历史，区区方寸之间，却有着广阔的天地。发展至今，不仅不衰，而且日益昌盛，正表明了篆刻艺术具有旺盛的生命力。这一景象的产生，直接与篆刻艺术所体现的艺术美的丰富性是分不开的。篆刻艺术与书法艺术虽然有着相当接近之处，都是以汉字作为主要的表现对象，但是由于在材料、形式、技法，特别是艺术趣味的追求等方面有着本质的差异，所以展现的艺术效果，也是不相同的。貌似微小的篆刻作品，却能寄托作者深厚的感情，渗情于法，法溶于情，便使篆刻作品产生巨大的独特的艺术魅力，并超出了文字本身所具有的含义，诱发人们产生多方面的艺术联想。篆刻艺术体现的形式美也是极为丰富的，除了体现一般的视觉艺术形式美的表现规律之外，同时还具有篆刻艺术的独特的美的表现形式。这不仅反映在篆刻艺术独有的章法美、刀法美和书法美，还表现在篆刻艺术不同的时代美和流派美，这就使得篆刻的艺术美变得更加绚丽多彩。仅就某一时期或某一流派着眼，是难以了解篆刻艺术的全貌的。所以篆刻艺术的欣赏应该是多层次多方位地进行全面探索。只有这样，才能全面地领略篆刻的艺术美的全部内涵。

  篆刻艺术的欣赏，也和其他艺术的欣赏一样，是一种"情感的操练"（朱自清语）。要获得篆刻艺术美的感受，欣赏者自身的生活体验、素养等固然有着直接的决定作用，但欣赏者在欣赏过程中，不抱偏见，感情真诚，才有利于领悟作者寄托于作品的真情实感。同时，自己的感情也会随之而激动起来。这种激动的表现，体现了你已从作品中获得了丰富的美的感受。以真挚的感情欣赏篆刻艺术，不仅有助于提高对篆刻艺术的认识，更有助于陶冶心情，提高修养。

  篆刻欣赏对于初学者说来，尤为重要。提倡篆刻艺术，除了讲清篆刻艺术的具体表现技法之外，重视篆刻艺术的欣赏，意义就更大了。因为光有技术意识是不够的，作为任何一门艺术，都更需要有艺术意识的指导，只有提高篆刻艺术的欣赏能力，才有利于提高篆刻的创作水平。

  在篆刻艺术欣赏中，经常会遇到对某一具体作品褒贬不一的看法。这不仅因为欣赏者的自身原因，更重要的还因为时代、环境的差异，所以篆刻艺术的欣赏很难也不必有一把具体的统一标尺。但这并不会影响艺术欣赏的正常开展，因为艺术作品形式美的一般原则是客观存在的，例如对称平衡、调和对比、多样统一，以及内容与形式的统一等。人们只是在认识客观事物的基础上，将美的形式原则在艺术创作中加以应用而已，所以具有相对的客观标准。从根本上来说，哲学上的对立统一规律，是艺术创作与欣赏过程中必须遵循的最基本规律，对篆刻艺术的创作和欣赏都具有普遍的指导意义。同时，即使对同一作品持有不同的看法，也不仅不会妨碍艺术欣赏的正常开展，而且经过互相切磋，会更有利于欣赏水平的提高，有利于创作水平的提高。

第一章 疏如晨星 密若潭雨——篆刻艺术的章法美

章法，在绘画中称为"经营位置"，这里指的是印章文字或图形的安排，是处理印面（图）文结构的艺术手法。由于篆刻艺术作品不外乎白文、朱文，所以篆刻艺术的章法，又称为"分朱布白"。篆刻作品的刀法美、书法美，以及深邃的艺术意境，主要是通过合理的章法布局全面地展现出来的。所以篆刻艺术的章法，并不是篆刻创作的目的，而是手段，只有巧于布局，才能使作品具有隽永的艺术意趣。

世界上的一切事物都是处在矛盾的对立统一之中。这也是篆刻艺术分朱布白的基本原则。"疏可走马，密不通风"的布局手法，就是强调"疏"与"密"这对矛盾的对立统一。

优秀的篆刻艺术作品，在处理疏与密的关系时，首先是追求作品的整体的统一效果。疏与密的安排，决不能机械地分割，从全局来看，就是注重疏中兼有密，而不是空洞无物，否则就会一览无余，没有意味可品；同时，又要善于求得密中兼有疏，这样，密处也不是板实的一块，否则会显得堆砌拥塞，使人喘不过气来。所以疏与密是有机的组合，辩证的统一。正如吴昌硕精辟论述的："一方印章，犹如一个人体，四肢躯干必须配置得当，全身血脉精气，尤应贯通无阻。否则，变得畸形呆滞，甚至成为半身不遂的病人了。"(《吴昌硕书法篆刻集》)我们在欣赏优秀篆刻作品时,便能发现篆刻家们处理疏密的对立统一,手法是变幻无穷的,他们充分调动了篆刻艺术的各种表现技巧。特别是对文字的经营,决不是简单的算子式排列,而是追求字与字间的主次映衬、虚实相生、刚柔互济、顾盼呼应的情趣。同时借助多种的具体技法,如冲、切的刀迹和敲击的破残,便能使作品从整体上,更能体现取势向导,在细节上也丰富了露藏的变化,使疏密的布局出其不意,妙得天趣,又无矫揉造作之感。

一、均等占位

中国的每一个汉字都包含丰富的内容,表现在它是形、声、义的统一。这一特点就使汉字的结体变化多样,结构复杂,产生笔画多寡悬殊的现象。如篆书中的"一"字与"🔲"(粗)字就是非常典型的。所以,充分利用篆书固有的结构疏密,进行均等占位的布局,便成为历来篆刻家最常见的一种艺术处理手法,特别在汉代篆刻艺术中更为流行。

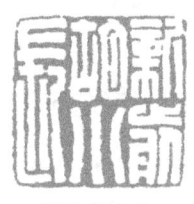  

新前胡小长　　　　　山阳尉丞　　　　　汉假司马

"新前胡小长"、"山阳尉丞"、"汉假司马"等汉印,就是均等占位的布局方式。不论字的笔画多少,都占有均衡的印面空间,由于"小""司""山"等字笔画简少,而"前、胡、长"、"军、汉、马"、"阳、尉"等字的笔画多,于是,疏密的对比就自然产生了。为了使"小""司""山"等字能占足其位,古代的艺术家都有意识地采取延伸的方法,将这几个笔画简少的字,向四周扩张,撑实四角,取得字形大小的均匀统一。

明清篆刻艺术家,在创作实践中继承了这一章法布局的传统手法,产生了大量的优秀作品,成为流传千秋的瑰宝。清代邓派创始人邓石如的元朱文"古欢",便是借助"古欢"两字原有笔画的多寡,采取均等占位的不朽佳作。这方印并没有因"古"字笔画少而让位于"欢"字,"欢"字也没有因笔画多而占"古"字的位置。如此平分秋色，便形成了布局强烈的疏密对比。

作品的成功之处，表现在这种强烈对比，又不"分庭抗礼"，不是把两个篆字简单地移入，而是使其有机的统一，取得章法美的完满体现。首先，作者将"古"字的口部加以夸张，强调线条的圆势，令人拍案叫绝的是，"口"部被摹拟张口颜笑之态，这样处理使简单的线条赋以生命的形象，耐人寻味，妙于传神。同时，这弧曲的线条，也不是孤立的，与"欢"字圆转线条呼应，就使印文上下线条取得统一，加强了字与字之间的紧密联系。反之，如果不是这样处理的话，那么势必导致上下各自为政，产生腰斩之弊。此外，"欢"字的笔画，尽管繁密，但作者依然强调上紧下松，使"欢"字的下部留出相当的空间，出现密中见疏，并以两根重线将"欢"字支撑起来，就使印章在上下呼应的同时，又取得稳重中寓空灵之妙。细细玩味，印章跌宕有致，生趣盎然的章法美，足使人们陶醉。

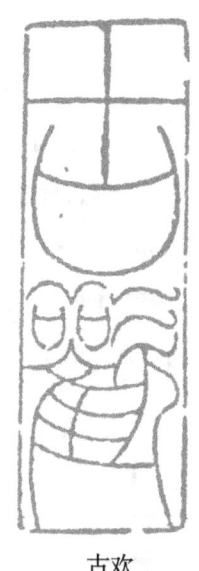

古欢

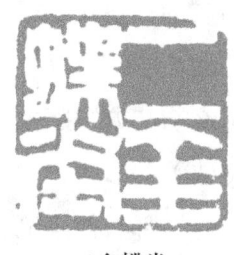

二金蝶堂

如果说邓石如的"古欢"，是以朱文的均等占位形式扣人心弦的话，那么赵之谦的"二金蝶堂"，则是以白文的同样方式取得光耀千古的艺术效果。

"二金蝶堂"四字笔画多寡更为悬殊，然而，只有两笔的"二"字，也不相让，与多笔画的"金""蝶""堂"三字，各争四分之一印面。"二"字在它的领地中，顶天立地，让中间大面积空出留红。同时，作者又注重具体细节的刻画，一是将"蝶"字在保存外形的基础上，使其增加并笔，以此减少"蝶"字笔画之间的琐散空隙，从而形成大块面的空白，这一处理不仅使"蝶"字变得更为含蓄，更重要的作用，还在于"蝶"的空白，与"二"字的留红形成鲜明的对比，光彩夺目，一下子就把欣赏者吸引了。同时，印文四字的平整线条中，寓有变化微妙的欹斜，"蝶"字的末笔与"金、堂"二字的字头，均取势倾斜，这就使朱白的分布平整而不刻板，蕴藏着勃勃的生机。此外四字的均等占位，也并非绝对机械的平分，"蝶""金"两字对角相峙，略取扩张之势，而"二""堂"两字则稍加收敛，这一细小的变化，更在整体疏密强烈对比的主旋律的基础上，又增添了含蓄和谐的华丽节奏。

二、增减笔画

印章文字与其他一般书法,有一个显著的区别,就是以线条作为表现形式的笔画具有极大的随意性,既可以使其短,缩之成点,甚至可以省略;又可以使其长,延伸盘曲。所以印章文字的篆书又称"缪篆",意思就是笔画线条弯曲绸缪,有别于规范篆书的意思。这样就使一个篆字在结构不变的情况下,由篆刻者根据实际的疏密需要,加以增减,以取得理想的朱白分布。

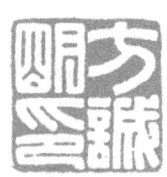
方诚明印

当我们欣赏明代汪关"方诚明印"的时候,就可以发现它正是以增减笔画的方法,达到合理的疏密布局。印章以"方"、"印"对角的疏与"诚"、"明"对角的密,组成基本的疏密格局。为了强调这一对比,作者有意识地减少疏处的线条和增加密处的线条。"方"字在汉印文字中有好多的变化,如果取汉印"长孙方居"的"方"字结体,或取"左朱方"的"方"字结体,那么这样笔画一多,印面就会显得平淡无味。如今的"方"字布局,不但笔画简洁,而且向左的两根弧斜线,与"印"字向右的三根弧线相对呼应。同时对"诚"与"明"两字则尽量使其线条充实。汉印中"天下大明""巨神季明"两印的"明"字,均写作"明",如果选用这个明字的篆法,那么与"方"字也就无法形成对比了,整个印面就会变成三疏(方、明、印)对一密(诚)的形势,失去印面的节奏韵味。所以作者选用标准的小篆"方"字的结体,并将"月"部右侧竖笔回转延伸向上,使之更加稠密。"诚"字增添线条转折,用意也正在于此。印章线条严谨粗细匀停,增加了装饰美韵律,形成了一种典雅文静的章法美。

"集虚斋"一印,在处理线条增减方面,也是有独到之处。此印为西泠八家之一钱松所作。印文中三字笔画本都是繁密,如"斋"字常见为"斋"。倘若这样安排,那么这方印必然形成僵直沉闷的结局。如今取得成功,关键在于"斋"字简写为三个"爪"形,疏与密,静与动,正与欹,对比醒目,在平直丰茂的线条中,形成一个"活眼",顿使异彩四射。

集虚斋

我们结合吴昌硕的"千寻竹斋"两方内容相同、章法相异的作品加以欣赏,就可以更进一步领略到艺术大师们在增减笔画方面的良苦用心。小的一方"千寻竹斋",求密于上方而偏中间,"斋"字取简法,与"千"字相对呼应,富有装饰趣味。垂直的线条伴有曲直的变化,富有随风扬拂之感。特别是"斋"与"千"的字头都趋向中间,便将线条的疏与密、简约和繁复有机地统一了起来,充分显示了取势向导的别具匠心。大的一方"千寻竹斋","斋"字就繁,形成左侧的上密与右侧的中密相映照;并组成左面的垂直线与右面的水平线形成对比,加上中间的数根斜线作有机过渡而达到统一。如果将这两方印的"斋"字相互调换,那么其后果便不堪设想。

 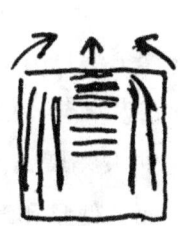  

千寻竹斋

三、空寓龙脉

"日庚都萃车马",是古玺中最大的一方印,约为七厘米见方,有古代巨玺之最的美称。布局凝聚疏旷,险峻跌宕,取得了经营松动而不散乱、气势雄挺的艺术效果。作品的章法之妙,从如下几个方面分析,便可得到深刻的体会:

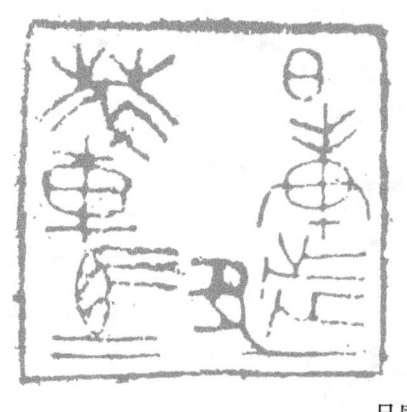 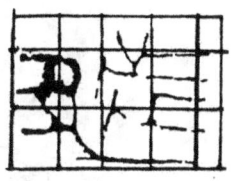

日庚都萃车马

（一）中宫虚灵。印面中间的完整空间,足足占了印面九分之二,然而一字不着,却尽得风流。空白由中宫向上面伸展,有着含蓄的欹斜变化,形成一个富于流动的空间。同时，这一空间不是孤立的存在，上方的左右两角，左边下角，以及底部的中间，均有大小不同、形态各异的空间与之相呼应。"以白计黑"，空间与印文形成强烈的对比，使文字得到充分的显现。同时，也给文字的线条具有宽阔的活动余地。

（二）印文多姿。"日庚都萃车马"，分二行排列，字与字之间的承接，左右交叉参差。"庚"位于"日"的右侧，"都"则向左伸展。字的占位大小也相当悬殊，"日"字仅是"都"的八分之一。两行分列，也各呈姿态。右行的"庚""都"两字，紧逼印边，产生上疏下密向下腾挪的动势，左行"萃""车""马"，则分上下二处与边线逼近，形成"疏—密"交替的节奏变化，印章文字好像在空中自由地动荡。

（三）巧设印眼。尽管文字左右舒展，显得放纵无羁，但却散中有收。"马"字上部三横，如旗旗迎风劲舞，"都"字博大宽宏，如大鹏展翅。两字左右相应，钩心斗角，笔断意联，把几乎"散乱"的两行贯联一体。这便是印章的"活眼"，是印章线条组合最精彩的部分，构成"∪"形的弧曲昂勃之势，也具有"∧"形的相迎拱合之态，布势脉络清晰，真可谓时出机杼，意趣真率。清人华琳在《南宗抉秘》中言及："务使通体之空白，毋迫促，毋散漫，毋过零星，毋过寂寥，毋重复排牙，则通体之空白，亦即通体之龙脉矣。"巨玺正得此妙。

类似上述印章的处理手法，在古玺中也还比较多，如"左稟之钵""武关叔""囗罾

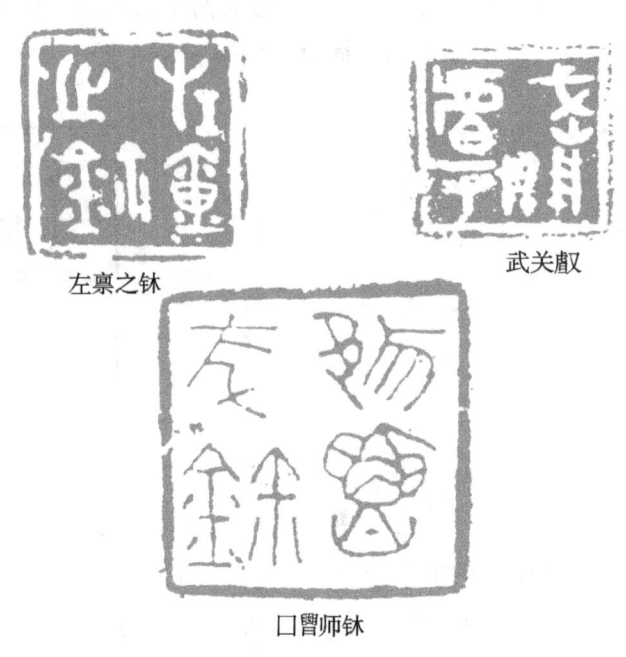

左稟之钵　　　　武关叔

囗罾师钵

师钵"等，也采取中宫空灵的章法。欣赏古玺这类章法经营，不能不使我们对古人表示敬佩，因为这表明古人已掌握了以白计黑，追求"象外之象"的美学观点。在中国画的理论中有这样的说法："画有一分空，生气随之发。"印面空白不是虚无，它蕴蓄无尽的诗情画意，人们可以通过想象，来充实意境，获得更多的美的享受。唐人作的《白马》诗中所云："雪中放出空寻迹，月中牵来只见鞍"，便把艺术作品中空白的妙处，说得更形象了。欣赏这部分古代巨玺的章法美，妙处正在虚灵之中。

四、粗细相生

利用印章线条的粗细变化，也是表现印章布局疏密的有效手段。其基本表现手法有两种：一种是以粗的线条表现主体，以细的线条表现次要部位，即以疏来突出密。另一种是以细的线条表现主体，以粗的线条表现次要部位，即以密衬疏。

在古玺私印中，以密衬疏，运用浑厚的粗线托主体是最常见的表现手法。"王达"、"高昌"、"长盾"、"汤胁"等印，奇趣盎然，不同凡响。

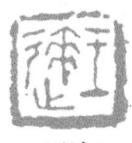
王达

高昌

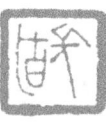
长盾

汤胁

"王达"一印欹斜疏落，点画狼藉，尤具魅力。"达"字结构宽宏，形成三部分疏松占位，与"王"字组成四个单元的有机构成，形成起伏跌宕的生动景象。但如果没有厚重框栏的话，那就必然会导致活泼有余而稳重不足的松散杂乱的后果。

在古玺中，前人娴熟地处理疏密、虚实的对比，充分表明了古人在艺术上的精湛造诣。《左传》、《国语》中就提出"和与同异论"的观点，并已进一步阐明"和实生物，同则不继"的美学主张，这种古代阴阳对立的朴素辩证的观念，已在篆刻艺术中得以广泛的应用。

篆刻艺术中，粗细对比最为强烈的莫过于封泥了。"载丞之印"十分完美地显示了封泥的艺术风貌。

封泥又称泥封。封泥这一艺术样式的产生与篆刻艺术的起源有关。《周礼》中记载："反通货贿以玺节出入之"，"货贿用玺节"，"辨

载丞之印

其物之美恶与数量，揭而玺之。"《后汉书》中也谈到："自五帝始有书契，至于三五，俗化雕文，诈伪渐兴，始有印玺以检奸萌。"货物在运输的途中，恐散失偷盗，便在捆扎好的绳结处，备上泥埴，取印印在泥上，犹如今日的封蜡火漆。"载丞之印"便是古代泥埴上留下的印迹。四周宽阔的线条，并非印章的边框，是盖印时不规则的泥巴上溢时产生的。

"载丞之印"封泥，朴实拙淳，凝重浑厚，四周框栏密重而富有变化，密中有疏，实而不塞。特别是上细下粗，显得稳重，遒丽天成，没有造作之弊。由于钤印时泥土质地柔软，便自然产生"载"、"印"两字与框栏之间的若有若无的粘联，这一媒介使印面浑然一体，并产生耐人寻味的野趣。这种以密衬疏的艺术形式，使人们不由得想起荷兰画家伦勃朗的画。他作人像画有一种显著的特点，就是四周呈阴暗的色调，中间有一束明亮的光射下，照射在人物的额上，人物的形象就显得鲜明而光辉夺目。封泥印艺术效果与伦勃朗的表现技法不正有相一致的地方？

自封泥印近八百年来为人们重视发现之后，便得到艺术家们的高度推崇。吴昌硕便从封泥中吸取了大量的养分。清末的篆刻家赵古泥，则更多运用封泥的艺术，融会贯通，开出了新的艺术流派。后继者邓散木在这方面更高一筹。

  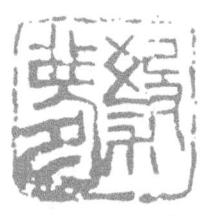

沈均将印　　　　雨盦　　　　杀梦

五、残破空灵

古代印章主要是取铜、玉为基本材料。岁月的久远，古代留下的印章，都不同程度地受到化学腐蚀和物理撞击的作用，产生剥落变形，这种现象，固然使一部分印章被毁灭了，但也使大量的古印产生一种意想不到的奇妙效果，变得更为浑厚朴拙，苍劲古丽，形成一种特殊的金石气息。

才智出众的后世艺术家常常不满足于光润整洁的艺术效果，便将刻好的印加以碎刀切刻，敲击打磨，摹仿古代金石的残缺痕迹，以增添印面的变化。但这种破损不是盲目的乱敲猛击，而是为了章法上疏密的需要而采取的有的放矢的艺术加工。

"烟村"为现代篆刻家赵古泥的鼎力之作。宽厚凝重的边框，与线条刚挺细劲的文字形成强烈的对比，显然是取法古玺私印。为了加强艺术感染力，以破残来调整章法的疏密方面，有独到之处，起到了画龙点睛的效果。

烟村

首先，基本布局富有特色。除了线条粗细的虚实对比之外，还有动静的对比和空间的合理安排。"烟"字静，线条方直均匀，取向纵直；而"村"字动，字脚左右舒展，圆润飘逸。空间的处理也有聚散，文字紧靠印面右上的两侧边框，而左右宽绰，显示充分的活动余地。"村"字左面伸展的曲线，增加了空间的变化。

但仅有这样的布局，还不能取得尽善尽美的效果，破残合理，印章才放出异彩。

（一）文字的破残，使相同的线条形态各异。如"烟"字"囗"与"川"产生粗细虚实的变化和笔断意联的神韵，"烟"字的末笔，也使原来孤立的线条变成波势起伏。

（二）边框的破残，更充分地反映了作者的精心构思。首先在密处破，产生密中见疏灵；同时，四边破残有主次之分，右强、上弱、左微顾盼呼应，浑然一体。作者采取直线横破，横线直破，也就取得疏灵而不松散，气息通畅，节奏明快的艺术效果。

从"烟村"一印中，我们发现朱文的破残是使印面线条减少，是实中求虚，密中求疏的有效方法，那么对于白文说来，破残便是增笔画，这可以增加留白的密度。

"邹之峥印"为明代篆刻家汪关所作。汪关原名东阳，字杲叔，悉心宗学汉印，后在吴得汉代精美完纶之铜印"汪关"一枚，遂改名关，更字尹子，并以"宝印斋"颜其室。汪关是明代追汉印的一代大家，善冲刀，刀法朴茂稳实，朱迹圆浑秀丽。他治印从不轻易破残，而表现满白文的笔画时，大胆泼辣，毫不留情。"邹之峥印"显示了其浸淫汉印而取得的成果，在汉

邹之峥印

印满白文的基础上，加以夸张，形成了并笔工丽的艺术风格，对当时和后世的影响都很大。他强调了笔与笔之间的大面积破残，使"邹""峄""印"三字的内部并成一片空白，与数点留红相映，展现了一种宁静细腻的艺术情趣。由于充分地保留文字的外形轮廓，故而依然使人识别无误。

现代篆刻家来楚生娴熟于破残之道，风格独具，别有一番风情。"然犀"取法秦权，结体生动，放肆不羁。"然"字线条，以纵向为主，"犀"字线条，以横向为主，形成基本的矛盾冲突。作品的成功，表现在作者善于将对立的双方变得平和统一。破残的巧妙应用，在作品中起到了决定性的作用。"然"字悬纵的线条有七笔之多，如果笔笔作清晰的交待，不免繁琐单调，令人厌恶。破残就能改变原来的面目。从何处着手，

然犀

作者是作了精心考虑的。关键抓住了"朽（犬）"部的左侧第一笔。这笔的下部向左加以破残，使之与"川（火）"部右笔相交融；这笔的上部向右的破残，使之与中间一笔合并，这样就使原来两个不同的单元，联合成一个整体。"犀"字的破残也有一番巧思。功夫花在"小"部，右侧两斜线中间破残联合，左侧两斜，上面的线条与"尸"部，下面的线条与"牛"部加以破残，使其密切地联结起来，形成"品"字形三点式融接。这样就不仅避免了笔画琐散的弊病，更显得红白缤纷，耀人眼目。

"然犀"印，不同凡响之处还在于：不该破的地方丝毫不破，犹如绘画"惜墨如金"；特别是"牛"部的中间一竖，在四周破残之中，保存完好，显然为的是使其与"然"众多的竖笔为伴，以起到权衡映照的作用。

"然犀"印在残边上也见功夫。"然"字的右侧及"犀"字的上、左两侧，都作全部残去，这就使印文的线条表现多了一种形式，可谓"外气内导"，使印面的白文与更大的空间融通，无疑扩大了作品的境界。

第二章 昆刀截玉 露泥痕——篆刻艺术的刀法美

　　篆刻艺术与书法艺术，虽然都是以汉字作为主要的表现对象，都是汉字的造型艺术，但是表现手法却是根本不同的。书法是以软毫中锋，表现笔画的粗细转折、提按顿挫变化，同时，通过墨色巧妙的运用，又可产生浓淡干湿差异。篆刻是通过钢刀镌刻的方式，在金石上表现汉字线条的刚柔虚实，粗细强弱，为汉字作艺术的造型。刀法美便成为篆刻艺术美最基本的艺术特征之一。

　　刻刀奏在石上，由于轻重徐疾，冲削切顿的不同变化，留下的线条印痕也富于变幻，或光洁圆润，或挺劲苍茫，游刃有余，洋溢着金石的气息，这便是刀法美产生的特殊的艺术魅力。篆刻艺术的刀法美，源远流长。书法用软笔表现笔法美，体现在纸帛上，始于两千多年以前，而用刀法表现我们的书法艺术，体现的刀法美，已有四千多年的历史了。最早的甲骨文，便已运用镌刻的方式，在龟背兽骨上表现了刀法美。1979年冬，陕西扶风齐家村出土的西周骨文，竟能在"指头大的一片龟骨上刻了三、四十个字"，其小如芝麻，细如发丝，笔迹瘦硬劲直，行文规正，充分显示了刀法技艺的高绝。秦汉时期刻石，更进一步推进了刀法的表现技巧。秦权的拙朴古妍，泰山刻石的秀劲圆健，三公山碑的纯古遒厚，特别是秦汉玉印的细腻秀逸，将军印的痛快淋漓，都充分显示了刀法美的奇异光彩。

继秦汉以后，明清流派篆刻在吸取秦汉表现技法的基础上，又广泛地吸取了古代各种刻石的表现技法，在刀法处理争奇斗艳。展现了一派千姿百态的新局面，并兴起了篆刻史上又一个高峰。对于明清篆刻流派说来，刀法已起到了开创流派的作用，例如浙派的创立，首先就在于刀法的不同——即切刀的运用而独立门户的。

明清篆刻艺术家重视刀法的处理技巧，还反映在理论上注意总结提高。流派篆刻艺术的开山鼻祖何震，便已总结有"刀法之六病：心手相乖，有形无意，一也；转运紧苦，天趣不流，二也；因便就简，颠倒苟完，三也；锋力全无，专求工致，四也；意骨虽具，终未脱俗，五也；或作或辍，成自两截，六也。"把刀法与神意情趣等艺术内涵的重要因素联系了起来。

一、切刀美印灯继焰

玉几翁

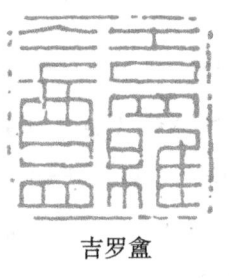

吉罗盦

小松所得金石

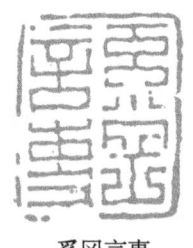

奚冈言事

这里展现的丁敬"玉几翁"、蒋仁"吉罗盦"、黄易"小松所得金石"、奚冈"奚冈言事"，均为浙派巨匠的力作。刀奏石上连切成线，充分显示了浙派切刀的艺术特色。切刀的出现，别树一帜，挽矫揉妖媚之失。近代艺术大家潘天寿有评论，言及浙派"非但有印灯续焰之功，可谓开印学五百年之奇秘而为当时印坛盟主。"（《治印谈丛》）此论决无夸张之意。

切刀技法的刀法美，首先表现在以丁敬为首的篆刻家们，勇于标新立异，开创了一种富于表现力的崭新刀法的表现形式。乾、嘉年间，是明清篆刻流派的发展，进入一个重要变革的时期。明代文彭、何震虽然以大无畏的气魄拉开了篆刻复兴的序幕，但是明代的篆刻艺术的水准，毕竟不是很高的。文、何尽管有"力变元人旧习"的良好愿望，也由于历史的局限性，未能直追秦汉。文彭的秀润，却显得嫩弱，何震的猛利，终究也摆脱不了生硬。此后的印坛虽然也名家辈出，风格各异，有的还称得上："浸淫秦汉，心摹手追，入于神境，超铁尘鞞，独撷古茂。"（孔云白《篆刻入门》）但总体上说来追求形式，争奇斗妍的风气更盛，或失于呆板，或过于猎奇。故而有人言及，入清以来，文何旧体，皮骨都尽，皖派诸子，力复古法，而古法反复，丁敬兼撷众长，不主一体，故所就弥大。

浙派的切刀美，富有音乐的节奏感。欣赏奚冈的"奚冈言事"和黄易的"小松所得金石"，都可以清楚地觉察到，浙派的运刀特点是以切成点，连点成线。无论白文还是朱文，都充分体现了一种缓迟而爽捷的流动感和节奏感。宋代书法评论家姜白石，曾将书法与音乐相提并论，指出："余尝观古人名书，无不点画振动，如见其挥运其时。"他从书法名作中体会到音乐节奏的振动。浙派的切刀的刀法美，正可使我们感受到音乐的抑扬顿挫。同时，切刀由于采取连切成线，线条便形成一种向左右外溢的张力，产生坚挺沉着，厚重丰满的线条变化，犹如书法运笔，不是一划而过，而取逆锋涩行，步步生姿，故印章具有笔墨酣畅、力透纸背的表现力。

切刀表现力特别的强，刀迹所至，富有金石的气息。秦汉古印经过千百年的腐蚀、磨击，使原有的挺直光润的线条，变得斑驳残缺，形成古拙苍茫的特殊韵味。切刀所成的线条，正意与古会。丁敬开创浙派，对发扬我国古代篆刻的优良传统，起到了不可估量的作用。丁敬的好友汪启淑便有高度的评价："古拗峭折，直追秦汉，于主臣（何震）、啸民（苏宣）外，另树一帜，两浙久沿林鹤田（林皋）派，钝丁（丁敬）力挽颓风，印灯继焰，实有动也。"（《续印人传》）

二、快剑斩蛟冲刀美

齐白石篆刻虽非初学者之楷模，但欣赏他治印的刀法不能不说是一种极大的艺术享受，齐白石治印，挥刀有风声，他以冲刀著称，单刀直冲，一往直前，强化了冲刀的表现形式，真可谓登峰造极。白文"鲁班门下"、"丁丑"和朱文"天涯亭过客"等，都比较全面地反映了齐白石的冲刀艺术特色。

鲁班门下

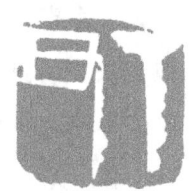

　　齐白石的冲刀，首先给人以一种强劲的力感；大刀阔斧，气势雄强，淋漓痛快，犹如快剑斩蛟，生辣疾速。同时，线条具有一定方向的齿形破残，产生强烈的爆裂状的形式感。此外，齐白石奏刀质朴简洁，刀奏石上，如笔锋着纸，不加修复。他在印跋中曾经谈到："不为摹、作、削三字所害，虚掷精神。"竭力反对矫揉造作，反对奏刀细削修刮，这一治印的准则正集中地体现了白石冲刀的艺术特色。

　　齐白石的刀法别开新面，在于简捷的刀势中蕴蓄着丰富的艺术内涵。齐白石印宗秦代的权量铭，《三公山碑》《天发神谶碑》以及汉代将军印等，功底深厚，在冲刀纵横之间，则善于将古碑的精华，神奇地寄发于刀迹之中，使之产生舒展宽博、苍茫质朴的古韵。

　　齐白石的刀法美，还体现在富有拙朴的天趣，具有鲜明强烈的形式。齐白石的冲刀的表现极有规律性，白文横画总是"下面光洁上面毛"，竖画总是"左面光洁右面毛"；就朱文而言则表现为：横画"上面光洁下面毛"，竖画是"右面光洁左面毛"。而棱角锋芒也明露不隐，很少加以修饰。齐白石主张："宁可粗犷一些，不宜修整太过。失去棱角，减弱了自然的生命力。"

　　白石这种特殊冲刀的形成，与他奏刀的具体方式是密切相关的。他治印运刀全凭臂力，右手拇指、食指、中指三指紧簇，捏住刀柄，刀口向外，刀柄卧向自身，刀刃略向左侧倾斜。刀锋入石，起刀略重向前冲击，这样就形成了"右光左毛"的白文线条。刻朱文用同样的方式，则是两刀中间留出一条线来，所以光洁与剥落的效果相反。

白石治印是以石就刀横画自右起，竖画自上起，于是就产生上述白文的印迹。

丁文蔚

齐白石开创这种爆裂状的冲刀，也与他有扎实的基本功和注意对前人创作技法不断加以总结是分不开的。白石有诗云："与世相违我辈能。"这里所言"与世相违"，反映了他敢于创造自家风格的精神。但这一创新的实现，正建立在首先是与世相合的基础上的。我们只要以清代赵之谦创作的"丁文蔚"一印相比较，齐白石的冲刀表现方式便能从中看到端倪。齐白石早年学浙派，三十四岁时，得赵之谦《二金蝶堂印谱》，并曾精摹一套，从此由宗浙派转为学赵之谦。1938年他为学生周铁衡作印序时言及："予年已至四十五时，尚《二金蝶堂印谱》，赵之谦朱文近娟秀，与白文法异，故予稍之变为刚健超纵，入刀不削不作，绝摹仿，恶整理。再观古名碑刻法，皆如是，苦工十年，自以为刻印能矣。"纵观赵之谦遗留下来的全部篆刻作品，白文之"异"者，则为"丁文蔚"一印了。此印冲刀挺直，已有十分明显的一边光洁，一边剥落的迹象。以此加以"稍之变"，便形成了齐白石自己的风貌。赵之谦创作的"丁文蔚"，对于齐白石说来可谓"仙人指路"！

三、冲切游刃更有余

吴昌硕治印，刀法富于变化，善于将冲刀、切刀两种不同的方法结合起来，这样就丰富了篆刻艺术的刀法的表现力。

吴昌硕治印，早年宗学邓、浙两派，其中给他影响最大的是邓派的吴让之和浙派的钱松两人，刻苦钻研数十年，故而不仅能娴熟地掌握邓派的冲刀，而且又能灵活地掌握切刀。"廖寿恒印"为吴昌硕五十三岁时所作，取法汉印文字的结体，笔画平整而宕落，严谨而生动。印文线条以横向排列为主，既具有浙派的切刀美，线条向左右波

廖寿恒印

势扩张，又具有邓派的冲刀美，线条流畅简直，兼两家刀法的长处，集阳刚与阴柔之美，古朴苍劲而不失含蓄。"寿"字的横画处理，运刀变化极为多端，时而一起一伏，顿挫涩行，时而酣畅流利，沉着痛快，每一根线条所产生的变化带有极大的随意性，很难归纳出变化的规律，这就充分显示了吴昌硕运刀的灵活性。

节堂

朱文印"节堂"，在处理运刀的冲切方面，更为完美，此印为吴昌硕五十四岁时的得力之作。"堂"的篆法为对称结构，吴昌硕以丰富的刀法，使"堂"字不仅富有端庄静穆的装饰美，又使左右线条富有变化，产生自由宽松、活泼生动的艺术韵味。细细品味，"堂"字中部的细小笔画，是以冲刀为主，运刀比较简捷，线条完整利落，而左右外侧的两根垂线，则以切刀为主，线条粗细起伏，变幻莫测。

欣赏吴昌硕"均将私印"，可以感受到吴昌硕处理冲切结合时，善于巧妙地表现篆书的笔意导向，转折行止。这是因为吴昌硕治印，运刀手势较前人略高一等，一是他腕力过人，奏刀全凭运腕，腕运则刀活，执刀不是固定在一个角度，而是转折自如，刀锋四出；二是他善于左右手契合相应，做到刀随石出，石随刀应，这样刻出的线

均将私印

条起伏跌宕，神贯气畅。同时吴昌硕的刀法表现的线条富有凝重浑朴、古气盎然的艺术意味。这种艺术效果的产生是与他使用的刀具也有密切关系，吴昌硕使用的是厚刃钝刀，此前人们较多的是用薄刃快锋。吴昌硕钝刀硬入，刻出的线条，犹如万岁之枯藤。

吴昌硕篆刻刀法美的取得，还在于他十分注重最后的细心收拾，昌硕篆刻，落刀放纵无羁，而收拾则细致入微，线条结集呆板的地方，便辅之以凿切，化弊劣为神奇，使印面产生空灵虚逸、超妙独绝的艺术效果。同时他还强调刀锋藏而不露，每每印章刻好以后，要在砖石上打磨，乃至在布鞋底上揉擦，以去其锋芒。如有机会看到昌硕原印的话，就不难发现印石四周均为浑圆无角。故就取得刀锋内含，绵中藏针、"容貌若愚"之感，隽永含蓄，更耐人寻味。周应愿《印说》中谈到："刻落手处须大胆，令如壮士舞剑；刻收拾处须小心，令如美女拈针。"这正是吴昌硕篆刻刀法美取得的重要原因。

吴昌硕治印刀法美的形成，与他善于吸取和发扬前人优秀技法是分不开的，从浙派的钱松那里，则获得了冲切刀结合的启迪。将吴昌硕篆刻与钱松所作的"富春胡震伯恐甫印信"作一比较，便可以看出在刀法处理上，是一脉相承的，并时常被人混淆。

钱松虽属浙派西泠八家之一，但只是因为他是杭州人，在刀法技巧上，博取众长，已突破浙派切刀的樊笼，别开蹊径。他注重于冲切的结合，特别善于以冲刀披削，对篆刻艺术的发展，起到了极大的推动作用。浙派要人赵之琛对他曾有此评语："此丁、黄之后一人，前文、何诸家不及也。"可惜的是钱松过早地谢世，享年仅42岁。有幸的是他的表现技巧得到吴昌硕的发扬光大。

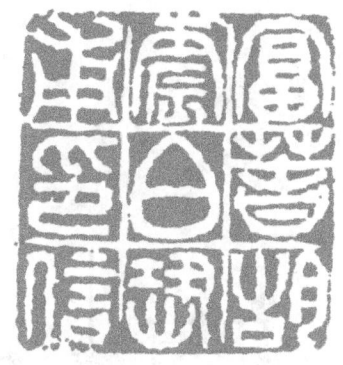

富春胡震伯恐甫印信

第三章 尤有墨 古印有笔——篆刻艺术的书法美

篆刻艺术是书法美的一种重要表现形式。古代尚未发明纸张的情况下，除了少量的竹简、帛书之外，书法艺术通常都不是直接以毛笔表现的，主要在金属器具和石碑上间接地表现。篆刻是以书法与镌刻两者在印材上有机结合的一种艺术表现形式。这里所谓的篆字，就是书写的意思，《说文解字》："篆：引书也。"故篆刻就是以刀镌刻来表现汉字的书写美。不仅如此，篆刻还对书法的发展，起有积极的推动作用。因为篆刻艺术的表现，受到材料的限制，则需在特定的范围内经营篆书文字，于是就形成了特有的印章文字，因其篆书绸缪盘曲有别于规范的小篆，故称为"缪篆"。"缪篆"在王莽时期被官定为六书之一，足见它的作用及地位。所以不精通篆书的书写艺术，就失去了欣赏篆刻艺术的前提。

明清以来的篆刻家，都十分重视篆与刻两者的关系，并有许多精辟的论述。明人徐上达著《印法参同》一书中谈到："印字有意，有笔有刀，意主夫笔，意最为要。笔管夫刀，笔其次之，刀乃听役，又其次之。三者果备，固称完美。"清代篆刻家也有诗云："古印有笔有墨。"现代更有简明的说法："篆刻者，七分书法，三分刀法。"这些都是真知灼见。

书法的重要性，在篆刻艺术的长期发展实践中也取得充分的证明。仅以自明清流派艺术的开山鼻祖文彭、何震起一直到现代吴昌硕、齐白石等而论，无论是印坛一代宗师，还是占有一席之地的篆刻家，无一不是在书法上有一定的造诣的，书法成就的大小与篆刻成就之间是成正比的。同时，篆刻艺术从对书法美的表现中，不断地得到充实和发展，先秦古玺中表现的书体，局限于大篆，汉印局限于缪篆，均以单一书体为主。那么对于当代篆刻说来，就不再是局限于某一种书体了。甲骨文、大篆、小篆以及隶书、楷书、行书，都得到充分的反映，也就是说篆刻所表现的书法美更趋多样化了。

正由于上述的原因，就决定了篆刻艺术家在创作过程中，把书法的笔情墨趣作为重要的追求目标。篆刻艺术的书法美，不仅是篆刻创作成败的关键，而且也是篆刻艺术的欣赏的主要内容。

一、朱简草篆开流派

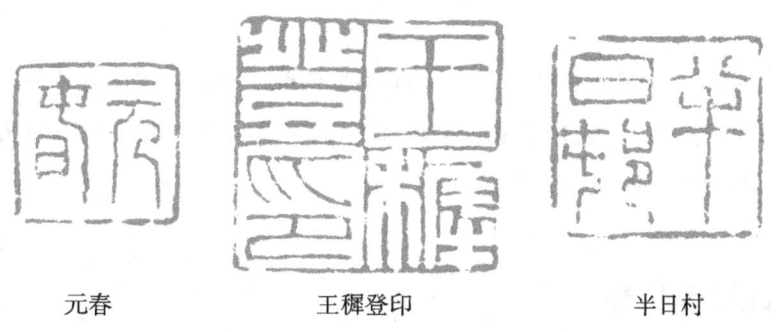

元春　　　　　王穉登印　　　　　半日村

朱简，字修能，号畸臣，后改名闻，明代开派大家，安徽休宁人。约生于1570年，卒年不详。他所处的年代，正是文彭、何震篆刻艺术风行时期，当时印章都囿于文、何二家。朱简却凭借他雄厚的艺术功力，另立门户，自成一家，被誉为明代中期，在追摹秦汉篆刻基础上开创奇特面目的第一人。

开创特立面目的因素，固然是多方面的，但是最根本的原因，则首先取决于他在书法方面的成就。他传世的作品不多，但从这里刊出的"元春""王穉登印""半日村"等印中，我们便可以了解到朱简在远追秦玺汉印的同时，对草篆有着精湛的造诣。既注重印内就印，又主张印外求印。他与书法家赵宧光相友善，"宧光笃意仓、史之学，创作草篆"（《书史会要》）。朱简向宧光学习草篆，并以草篆滋养他的篆刻。"元春""半日村"两印，刚健明快，笔势清朗，作篆如作草，奏刀如运笔，强调笔与笔之间的联系以及起笔、行笔、收笔的笔法变化。这就使朱简的篆刻增添了无穷的艺术魅力。秦爨公评有："修能以赵凡夫草书为宗，别立门户，自成一家，一种豪迈过人之气不可磨灭，奇而不离乎正，印章之一变也。"此论正言中了朱简的成功之道。

为了在作品中充分地表现草篆的书法美，在运刀的技法方面也随之有相当大的突破。"王穉登印"等印，刀迹明显，表现出短刀碎切，展现了朱简在刀法上的开拓成果。这种新颖的表现技法，善于线条的粗细轻重，转折参差的变化，特别有效地表现他那犀利、苍莽、险峭、凝滞的草篆情趣，取得了刀石之间洋溢着的浓郁醇美的笔墨情趣。

不仅在创作实践上，而且在理论上，朱简也强调了书法的作用，如《印章要论》中，关于评印标准，首先谈到："刀笔浑融、无迹可寻，神品也；有笔无刀，妙品也；有刀无笔，能品也……"此外，在谈到篆刻"五病"时指出："学无渊源，偏旁凑合，篆病也；不知执笔，字画描写，笔病也"有关书法的"二病"，列于"五病"之首，也决不是偶然的。

朱简在篆刻艺术上的丰功伟绩，竟使印学家周亮工也惊叹不已："继主臣起者不乏其人，予独醉于朱修能。"何止于此，朱简烜赫于明末，也对清代产生巨大的影响，他的短刀碎切，不正开了浙派的先河吗？

二、昌硕石鼓成巨擘

西泠印社中人

吴昌硕是清末篆刻艺坛的巨擘，名誉中外。他的篆刻，在处理章法、刀法、书法等方面，都有卓越的成就，形成鲜明的艺术特色，而在篆刻中体现的书法美尤为突出。

篆刻"西泠印社中人"，正是一方以书法美令人醉心的杰作。豪放洒脱，殊今异古的冲切刀法，使朱迹完美地再现了起笔藏锋，行笔中锋，收笔沉着等书法美的典型特征，更重要的还表现了篆书线条的遒劲凝炼，不涩不疾，亦涩亦疾，八面周到，势疾而意徐，精铁蟠曲的美感。显而易见，吴昌硕治印是以强调表现书法作为主要宗旨的。他曾一再强调："写字顶要紧。写字主要是学篆，篆不好，印怎么能刻得好呢？"

吴昌硕书法

如果我们将此作品与他六十六岁时创作的书法题额"西泠印社"作一对比，便可一目了然，他的书法与篆刻在表现书法美方面是何等相似。寓媚于奇倔之中，藏刚劲于平实之内，圆熟精悍，刚柔并济，生熟自然，情趣古朴，是共同的艺术特色。

"西泠印社中人"一印，显示出吴昌硕非凡的书法功底。吴昌硕早年楷学颜真卿，后学锺繇，再学《三公山碑》、《嵩山碑》，最后长期浸淫于《石鼓文》，得益也最多。《石鼓文》亦称《猎碣》、《雍邑刻石》，是我国最早的刻石，为战国时期秦国的遗物，书体系大篆。书法古茂遒朴而有逸气。清康有为评谓："如金钿委地，芝草团云，不烦整裁，自有奇采。"吴昌硕一生反复临摹石鼓，直至八十三岁高龄，还不辞辛劳地临写。

"西泠印社中人"之书法美，系取石鼓而有创造。吴昌硕有言："一日有一日之境界。"并主张"临气不临形"。故而他浸淫《石鼓》，不是照搬，而是扬长避短，赋以新意。清代评论家刘熙载在《艺概》中论及《石鼓》之不足在于："或但取整齐而无变化。"翟耆年在《籀史》一文中也指出《石鼓》之短："令位置窘涩，促长引短，务欲取称。"批评《石鼓》端严整齐有余，而活泼变化不足，稍显呆板拘谨。吴昌硕取《石鼓》严谨典丽，又创造性地赋以新的艺术感染力。从这方印章中可以看出：一是强调左右体势的变化。印中"泠"、"印"、"社"等左右结构的字体都取左低右高之势，"得势，则以操胜算"（康有为语）。二是印文六字均取窄长，以增加横笔与竖笔之间的对比，求得了"当行于所当行，止于所当止"的长短变化。三是印中"西"、"泠"、"社"、"中"等字，在表现对称的韵律美的同时，又增加了细节变化，或粗或细，或长或短，或高或低的变化。形成了束张欹正，节奏铿锵的艺术感染力，比原被颂为"鸾翔凤翥众仙下，珊瑚碧树交枝柯"（韩愈）的《石鼓文》说，则更高一等。

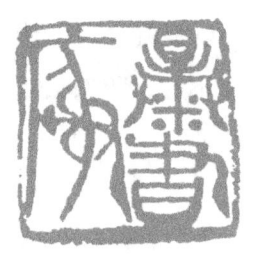

暴书廯　　　　高聋公

由于吴昌硕善于从古代金石砖瓦文字中，广涉博取；并能融合于心，聚力腕指，故在他大量的篆刻创作中，可以饱览到具有意趣各异、气象万千特点的书法美。

"暴书廯"，是一方典型的参以钟鼎文代表作。垂笔厚重宽实，取刀斧形，具有西周金文的特征。

"高聋公"印，体势方挺开张，高屋建瓴。长直的垂线与偏拂的斜线互映，参差交接，富有汉篆《三公山碑》的遗韵。

"心陶书屋"印，笔势圆润，转婉通畅，顿折起伏亦俱可推寻，富有《嵩山开母庙石阙铭》等艺术特色。

"乌程蒋氏樱宁室藏"印，线条匀静劲挺，组合严谨，方圆交递自如，笔势明朗爽达，体格方正宽博，笔法近隶，得汉篆之精髓。

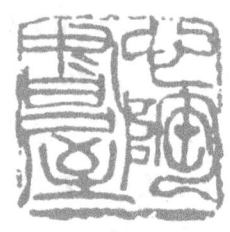

心陶书屋　　　乌程蒋氏樱宁室藏

三、石如何处让冰斯

在一个深秋时节，邓石如客居京口，偶将一方印石置于火上烘烤，石色局部赤化。

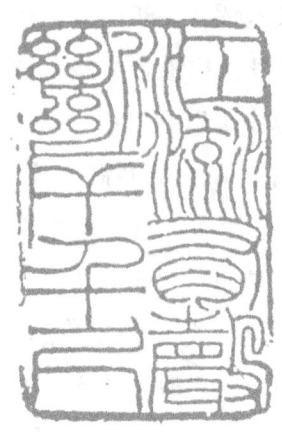

江流有声，断岸千尺

邓石如由此产生翩翩联想，产生"赤壁之图"，进而"恍若见苏髯先生泛于苍茫烟水间"，触发创作灵感，即治成"江流有声，断岸千尺"这一千古不朽之作。

"江流有声，断岸千尺"印，疏密有致，历来被誉为"分朱布白"成功的典范。邓石如在篆刻艺术方面的重大贡献，也体现在疏密之道的完美处理。"疏处可以走马，密处不使通风"的经典理论，就是由他提出的。然而，篆刻艺术的欣赏仅局限于此是不够的，不要被这一艺术特色而掩盖了其他方面的成就。书法美就是不可忽视的，从中可以得到更多的美的享受。

邓石如书法当时已被赞许为"国朝第一"，吴昌硕一向对邓石如钦佩不已，赞其笔意"凌驾于《琅琊石刻》《泰山二十九字》之间"。康有为见到他的篆书，惊叹称曰："为近世所无。"邓石如生活在乾、嘉时代，正是篆刻艺术开流创派、风起云涌的时期。当时，杭州以丁敬为首，歙州以程邃为首，分别创立了浙派和皖派。邓石如也以表现茂密浑劲，苍古奇伟，刚健婀娜的汉篆书法美的艺术特色，创立邓派，与浙、皖两派形成印坛鼎立之势。"江流有声，断岸千尺"一印，正全面地展现了邓石如开宗立派的雄伟风貌。

邓石如在酒酣落墨之时，自睨其字，赞曰："何处让冰斯！"此语衡量邓石如这一印章书法美，并不过分。那个时候，书家都学李阳冰的《谦卦碑》，为了追求形式上的瘦劲，甚至不惜烧毫，以求形似，导致篆书形态枯槁，骨瘦如柴，缺乏生气。邓石如则认为："商周用刀简，故籀诸多尖。后用漆书，头尾皆圆。汉后用毫，便成方笔。"邓石如取法广博、宗二李（李阳冰、李斯），更多地取法秦汉当额，并熔《少宝神道阙》《开母石阙》《三公山碑》《是吾碑》《褒斜道碑》《郙阁颂》等碑于一炉。

邓石如书法

选用长锋笔毫，不经剪裁，落笔从容，自然劲挺，并以隶作篆，杀锋又取劲折，字形微方，纵横捭阖，冲破了当时流行的"乌、方、光"的"馆阁体"的重围，摆脱了柔弱甜美的格调，形成了自己独特的体裁和韵味。邓石如的篆刻得力于书法上的精湛造诣，善取浙派的"阳刚"之美与歙派的"阴柔"之美，创造性地运用游刃倘徉，行刀如笔，使书法美得到尽善尽美的表现。

此印的书法美，细细品味它点画上的用笔美，结构上的装饰美，以及具体书法美升华形成的意境美，无一不使我们称绝。

用笔美：肥瘦得体，骨肉相称，富有韧性与力感，具有游丝般的浑圆流畅，枯藤般的凝重坚实；又给人以如"悬针"、如"玉箸"、如"铁柱"的联想。直线砥平绳直，如玉尺之量齐；曲线不求轻快柔之态，多呈雄强有力之状，如百钧之弩发，壮士之屈臂，无不显示出惊人的气势。

装饰美：（一）线条布陈，间距匀落，每一个结体单元，组成一种富有个性的排列。同时，合理安排结构与结构之间的虚实，纵横、曲直长短，有机地构成整体的"效应"，加强了艺术的感染力。（二）对称结构的完美表现。对称，是人类最早发现的形式美的原理，是产生于人类和生物的客观对称样式的美学观念。印章具有各种不同的对称结构的系列表现，使装饰美增添了更强烈的色彩。

意境美：作品的创作强调情意的熔铸。这一创作原则早为世人所重视。《镜翁杂志》的作者便谈到：邓石如"每坐松树下，闻松涛之声，摹其风神；观松树之形，摹其挺拔。故其取法不同乎人，其书法能超乎人！"此印章"超乎人"的不也正是摹拟了一个宏博的意境：密处犹闻"江流有声"，江水滔滔，奔流不息；疏处似见"断岸千尺"，一望无际。这不禁使人随即默诵起苏东坡的雄篇，进而有身临"泛于苍茫烟水间"之感，与作者情投意合，陶醉于艺术共鸣之中！正因为如此，故作品具有"上掩千古，下开百禩"之伟力。

第四章 百般红紫斗芳菲——篆刻艺术的字法美

篆刻艺术的字法，就是处理篆书结体的间架、笔法以及结构的变化规律，并包括篆书的借代的运用方法。古今篆刻家都十分重视篆刻基本素材——字的变化艺术，因为篆刻的字法处理得好，便可以增加篆刻的表现力，使用一个篆字，产生千姿百态、气象万千的变化。于是篆刻艺术的字法美就由此产生了，并显示出无穷的魅力。

篆刻艺术的字法美，是基于字体的发展变化而不断丰富起来的。中间最古老的甲骨文就包含着丰富的字法变化。甲骨文文字的结体不太规则，这为字法的变化提供了广阔的天地，主要表现在：结构单元不固定，有些结构可以安置在文字的任何一个部位。同时笔画的增减具有随意性。这样就使一个字具有好几种不同的写法，形成了甲骨文独特的字法风貌。小篆的字法虽然与甲骨文有本质的联系，但小篆已摆脱了甲骨文"图成其物"的象形性，而体现出极大的装饰性，如小篆注重对称结构、字形趋长，上紧下松，纵向取势，笔画间距的均停等，形成了小篆字法的特色。小篆基础上产生的印章适应文字缪篆，以线条的曲直变化不拘一格而取胜，给人以各种不同的美的艺术享受，产生"微风绿波"、"惊涛怒息"、"春潭发蜇"、"大江悠悠"等不同的情趣意态。古代文字主要表现在器物上，器物的形状不同，便由此产生了大量的适应文字，即文字根据特定的范围来安排，如钱币、兵械等文字，形成了字法变化的丰富宝库。

明清以来的篆刻家，在继承千百年的字法变化的基础上，加以融会贯通，发扬光大，创造了更为瑰丽多彩的字法美。其中佼佼者不乏其人，赵之谦、邓散木等，都精于此道，为我们欣赏字法美，提供了大量的优秀作品。

篆刻艺术字法美的成功表现，取决于一是字法的变化：既要出其不意，巧设机杼，但又必须做到"不以规矩，不能成方圆"，即要符合文字的结构规律。否则就会失掉文字的本质面目，使人无法辨认。以部分结构的移位而论，有的结构只能放在右面，如"欠"部。不注意结体的原则，那就会导致狂怪杜撰的不良习气的产生。同时，篆刻艺术的字法美，还表现在与整体关系的一致性，善于取得与周围文字的协调、统一。通过篆刻艺术的欣赏，我们便能领会篆刻家的巧妙构思与严谨的治学态度。

一、同体的变化

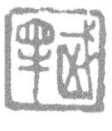 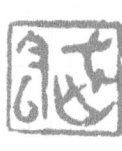 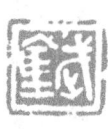 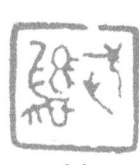

　　武罕　　　　　武口　　　　　武仓　　　　　武夒

小小印章不足方寸之间，凝聚着篆刻家的无穷智慧，成为字法美表现的广阔天地。这一组古玺，都是"武"姓，但每一个"武"字的表现形式均不相同，显得丰富多彩。"武罕"之武，笔画方直劲挺，"戈"部与"止"部，组合成紧密严谨的一个整体，其下部的线条丰实，与"罕"字上密下疏的配合，正恰到好处。"武"字的长短斜直线，与"罕"字顶端的斜线呼应；横直为主的线条，与斜线构成的对比，又增添了统一中的变化。"武口"之武，笔势圆转浑厚，下部的"止"承上，将"戈"部托起，上偏右，下偏左，底线的流转，都起到了增加动势而不失稳重的作用。"武仓"之武，线条方中寓圆，上大下小，"止"部为"戈"部所裹，俯仰顾盼，相映生辉。"武夒"之武，"戈"、"止"之间相距甚大，各具姿态，然而貌离实联，意气贯融，尤显得空灵博达，气度非凡。

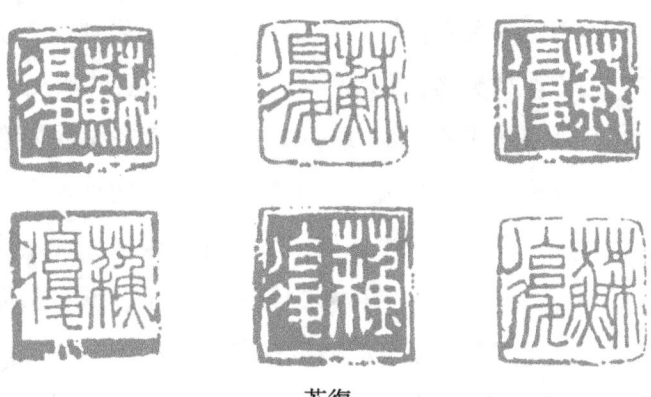

苏復

现代篆刻家邓散木，也是表现字法美的一位高手。邓散木为赵古泥学生，赵古泥篆刻自成面目，风行大江南北，被称为"虞山派"。邓散木篆刻更为浑穆沉雄，尤精于字法。时人赞曰："邓散木的印章气魄宏大，极尽朱白穿插之能事，为险中取胜的第一人。"他所著的《篆刻学》，关于字法美的论述，精辟周详。"苏復"，为该书中阐述的印例，六方印章虽然都体现了邓散木篆刻的基本风貌，但却能在保持篆书基本结体不变的情况下，处理成多种的变化。"苏"字的各个单元变化微妙，特别是"鱼"部，更具风采，"🐟"、"🐟"、"🐟"、"🐟"、"🐟"等五种不同的变化，加上左右移位，及"艸"、"禾"的变化，字法美就充分地显示了出来。"復"字也然，右侧部分，也尽变幻之妙，"🐟"、"🐟"、"🐟"、"🐟"、"🐟"，正如美女簪花，步步生姿。

二、异体的巧用

"铁面铁头铁如意"一方印中有三个"铁"字，却无一相同，使人不禁拍案叫绝。此印出自赵之谦之手。

赵之谦是晚清杰出的篆刻大家，早年宗"浙派"，30岁以后，弃浙取道"邓派"。赵之谦身兼书、画、印三绝，然而在治印方面他下的功夫最深，他曾说："生平艺事皆天分高于人力，惟治印则天五人五，天闲然矣。"所以他在刻印方面的成就也最突出。

赵之谦书法，篆、隶、正、草无所不精，他也是最善

铁面铁头铁如意

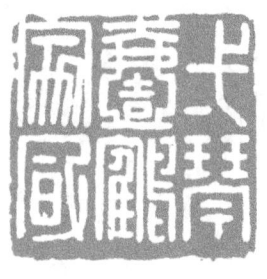

一琴一鹤家风

于将各种书体通过篆刻，全面加以表现的一代大师。他在"松江沈树镛考藏印记"的边款中说道："取法秦诏、汉镫之间为六百年来摹印家立一门户。""铁面铁头铁如意"，将三个"铁"字成功地处理成不同的结体，正表明他对字法变化的处理得心应手。其中三个铁的"金"部，也取三种结体方式，细节的处理，差异也非常微妙，第一个"金"部字头取倒三角，第三个为正三角，故可谓笔笔有别，耐人寻味。

"一琴一鹤家风"为清末篆刻家胡钁所作。胡钁篆刻得力于汉玉印、凿印、诏版。所作白文匠心独运，自辟蹊径。从此印中，便可略窥一斑。印文中有两个"一"字，作者没有选用通常的小篆"一"，而取古篆之"弌"与小篆之"壹"，是非常有道理的。假如都取小篆之"一"，那么印章法的疏密就难以协调，必然导致左上失守。如今印面中宫紧凑、四角空灵；搭配得当，充满生机。

一衣带水

一苇可航

叶潞渊为当代沪上著名的篆刻家，为浙东赵时相入室弟子，数十年矻矻案头。早年取法浙宗诸家，法陈鸿寿尤笃。后宗秦汉，旁取皖派，博采众长。其印文字法美，熔先秦金石、两汉碑额、瓦当、封泥于一炉，时出新意而不失法度。1979年，叶潞渊随上海书法代表团访问日本，为日本篆刻家所赞赏和推崇。在这一时期他精心创作了"一衣带水""一苇可航"组印，印文契合中日友好之意，字法美得天成之妙，在中日篆刻艺术的交流中起到了积极的作用。

这组印章，在同一位置上都有一个"一"字，给组印的创作带来不少困难，然而叶潞渊却能移想妙得，"一衣带水"的一字，取现今所谓的大写"壹"字，这样就避免了字的雷同以及可能随之出现的章法上疏密的雷同，从而增添了奇特的光彩。一是丰富了原有的疏密变化，"一衣带水"的"一"字由原来的一横画，变成现在的九横画，同时增强了各种长短曲直的线条的变化；二是这样也反衬了"一苇可航"的"一"字，使之显得更清丽秀挺；三是字法的变化，也带来了整体章法的疏密的调整，使四字的布势增加了变化。"一衣带水"，法秦印"田"字格经营，"壹"字结体复杂，取扩张之势，末笔借栏格，巧妙地浑然一体，密而不塞，取势上密下疏。"一苇可航"的"苇"字笔画多，"艹"部直笔纵畅，乘势向上升展；"航"字左侧散点搭边，取势下密上疏。两方印章朱白相异，疏密相对，相辅相成，相得益彰。唐代书法评论家孙过庭论及："至于初学分布但求平正，既知平正，务追险绝，既能险绝，复归平正。"务追险绝，复归平正，也正是叶潞渊之组印书法美的升华所在。

第五章 战国秦汉各代异——篆刻艺术的时代美

"秦碑力劲，汉碑气厚，一代之书，无有不肖乎一代之人与文者。"此言见刘熙载的《艺概》。篆刻艺术与书法也是相同的，不同的时代，具有不同的艺术风貌，不同的美的特征。

时代美的产生，与一定的社会政治经济有着密切的联系。战国时期的印章，文字古丽难认，是与当时长期诸侯割据、各国战争频繁有关，于是形成了区域性的文字结体构成与款式的大小显著的差异，产生了战国时期玺印艺术争妍斗奇、多姿多态的局面。汉代"五字印"的出现，也是与汉武帝时，政治上兴"以土德旺"的观念分不开的。

篆刻艺术的时代美，也与文字的发展密切相关。秦汉印玺为我国古代篆刻艺术发展的高峰，秦朝虽然只有15年的历史，但秦始皇统一文字，使中国的汉字演变出现了巨大的飞跃，也是形成秦印独特面目的直接原因。秦印取小篆入印，从根本上与六国异文的古玺相区别，方中寓圆的印，与秦诏版、权量文字，则神貌均相似。汉印虽承秦制，也是小篆入印，但由于受到隶书的影响，逐步形成了适应篆刻的文字——缪篆。邓散木论及："篆圆而印方，以圆字入方印，加以诸字团聚，疏密互异，故稍变小篆之形体，使之平直方正，变篆之形式，而不变小篆之形体，近隶之结体，而不用隶之挑磔，缪篆之义，尽如此矣。"文字形式的变化，就使秦印与汉印产生了根本的区别。

考察印章的应用，可以发现，它对篆刻艺术时代美的形成，也起了决定性的作用。汉代的印章基本是白文，这是与当时的印章使用的方式有关。汉代货物往来之外，文书往来也频繁，当时文书都取竹木简，转运时绳结上以泥封固。印盖在封泥上，当然是白文印留下的线条特别的清晰。而到了六朝，由于纸张的广泛使用，印章盖在纸帛上，朱文就显得明爽清朗，这样在六朝时期的白文就少了。

此外，篆刻的表现技法，以及一定时代的审美观念，对篆刻艺术的时代美也有重大直接的影响。其中汉代凿印的崛起，更鲜明地反映了这一时代独具的艺术样式。

一、战国古玺

初创时期的篆刻艺术，洋溢着拙朴、瑰奇、古奥的艺术特色，它的产生反映了战国时期经济的空前繁荣。

战国时期新兴的地主阶级势力不断壮大，束缚在宗族里的农奴变成了农民，生产力获得了空前的解放。篆刻艺术就在这样的形势下产生和发展起来。首先篆刻作品象征着权力。《左传》中记载：襄公二十九年，"季武子取卞，使公冶问玺书，追而与之。"在《国语》中也有类似的记述。同时为了适应经济上的需要，《周礼》中便曾三次提及古代印章用于经商的：（1）"货贿用玺节"；（2）"凡通货以玺节出入"；（3）"辨其物之美恶与其数量，揭而玺之"。还有用于烙马的，如"日庚都萃车马"巨玺等；用于钱币的，如楚国金币，印有"郢爰"，称"印子金"；用于量器的，如齐国的"陈华右莫廪□毫釜"。玺印的广泛应用必然地带来了篆刻艺术的繁荣景象。

战国时期的篆刻艺术，富有强烈的时代特色：

（一）古玺文字古秀瑰丽，恣肆奇逸。战国时期国家长期不统一。各个诸侯国各有自己的政治经济体制，也就不可避免地导致文字的差异，当时除了秦国保持周朝篆文的结体外，其他齐、楚、燕、赵、魏、韩等国文字，相异甚大，故有六国异文之称。据《古玺文编》所录，仅举"共"、"信"两字，虽然结体简单，且为常用，但辨认已困难：

共—— [篆字例]

信—— [篆字例]

（二）战国时期的古玺文字，线条收展不拘格式，结构更见移位并离，随机应变，产生无穷的生动组合，创造了大量的新的结构形式。

"阳州左右口司马"印，此系官玺中的小玺，仅1.3厘米见方，却精妙地经营了七个字，布局空灵宏畅，错落纵横。其中"司马"两字，承接镶嵌，浑为一体，"马"字直插"司"字的腹地，"司"字的"口"部，则与"马"字为伍，新颖别致。这种将两个字紧密地组合成一体，在古玺中是常见的表现手法。"××私玺"一类中，"私玺"，采取合字法便多见，如：

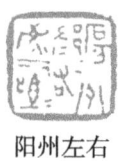
阳州左右
口司马

私玺——[篆字例]

还有官玺中的"相如"印，"相如"的合字法，尤为别致，如：

相如——[篆字例]

（三）古玺文字的排列顺序，灵活多变，不拘一格，除了最通常的 |2|1| 格式外，还有许多特殊的排列方式：

"左楮司马"印，为单字的平列与两字上下纵列的组合，构成 |3|2|1|/|4| | | 式，参差避让，生动活泼。

左楮司马

"客戒之玺"，为由左到右，自上而下的排列组合，构成 | 1 | 3 |
| 2 | 4 | 式，将常见的"之玺"两字，从左移到右侧，就给人产生一种面目一新的感觉。

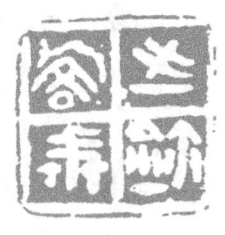
客戒之玺

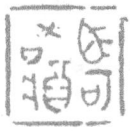
右将司马

"右将司马"印，为从左到右，按逆时针方向的排列，构成 | 1 | 4 |
| 2 | 3 | 式，这将一般顺势排列的"司马"两倒置，也容易使人产生奇特感。

（四）古玺印章大小悬殊。古玺印章品类繁多，应用的范围广泛，可分成"官玺"、"私玺"、"吉语玺"、"单字印"等类，此外还有各种类别的应用印，就自然地产生大小的差别，形成"巨玺"、"小玺"的分类。

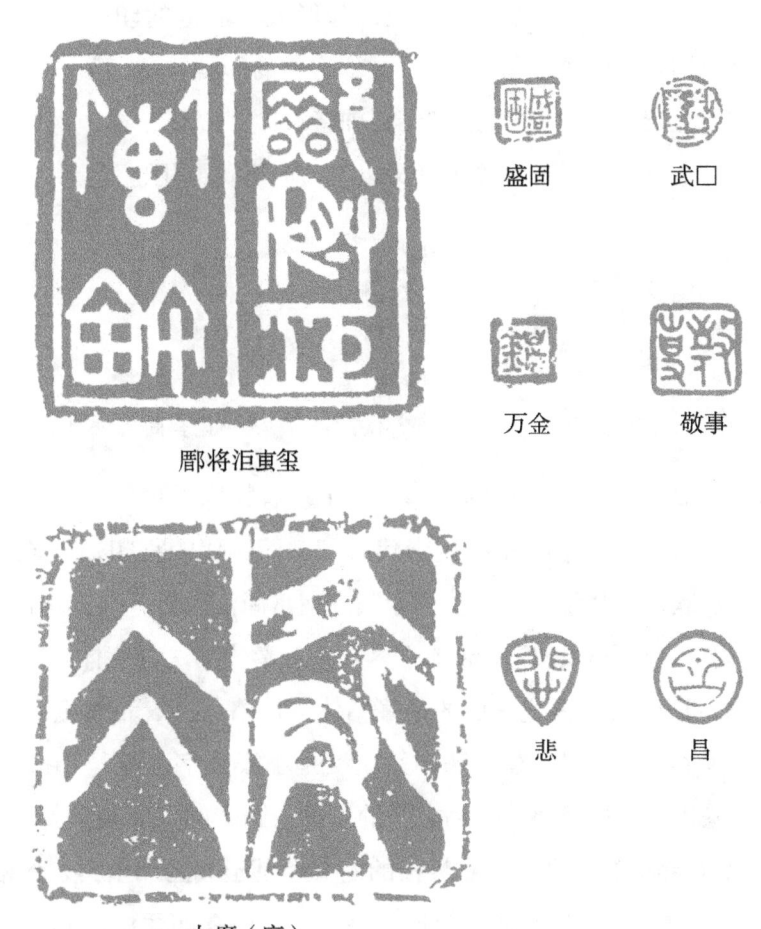

鄌将洰䖝玺　　盛固　武□　万金　敬事　悲　昌

大赓（府）

213

巨玺中最著名的有"日庚都萃车马"（6.9厘米见方）、"鄱将沮重玺"（5.5厘米见方）、"大赍（府）"（6厘米×5.3厘米），而小的被喻为"如累黍"。如私玺"盛固"、"武□"；吉语印"万金"、"敬事"；单字印"悲"、"昌"。

河南信阳战国古墓出土的黄杨木上，有火烙印，表明古代印章还有烙印的使用方法。"日庚都萃马"等印，印钮上有方孔，表明此为装纳木柄之用。故有人认为此印为烙马之用。此外用于封存库房门户的，那当然不会是小玺。而随身携带的"私玺"、"吉语印"等，则非小玺莫属。

二、秦代玺印

秦代虽然历史不长，仅有15年的历史，却形成了规范的印制。为了加强中央集权，规定只有皇帝用的印能称"玺"，而百姓、官吏的印则称"印"。"玺"与"印"反映了等级的差别。卫宏《汉旧仪》载："秦以前皆佩绶，以金、银、铜、犀、象为方寸玺，各服所好。自秦以来，天子独称玺，又以玉。群臣莫敢用也。"

 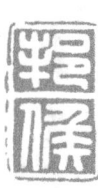 

  南池里印　　　　邦侯　　　　南宫尚浴

秦印有官印和私印之分。秦代的私印，由于没有特殊的规定，当时极大多数的人跨越战国、秦、西汉三代，故很难确定秦代私印。而秦代的官印，有统一的制度，故便于明确的区分。欣赏"邦侯"、"南池里印"、"南宫尚浴"等，我们可以感受到：

（一）秦印文字笔画方折，而字形却不尽方直。秦代书法分八体，"五曰摹印"，印章文字就属此体。摹印篆为秦统一后的小篆结体，风格与度、量、衡上所刻的诏书极其相似，因都为"徒隶之书"。秦之摹印篆，虽是小篆文字，但与小篆的匀圆畅达不同，而是一种从篆入隶的过渡字体，为方折的隶书与圆转的篆书相杂其中。

（二）秦印都有界格的白文印。有界格的白文印见于战国，至秦，界格与文字更显得浑然一体。常见的是"田"字格和"日"字格。界格在印面中起到了变化中求统一的作用。

（三）排列奇特。"南宫尚浴"铜印的四字排列，实属罕见，此印见《十钟山房印举》，原印现藏故宫博物院。印文作对角排列式 $\begin{array}{|c|c|}\hline 1 & 3 \\ \hline 4 & 2 \\ \hline\end{array}$。据《通志略》所载："秦置六尚，谓尚冠、尚衣、尚席、尚沐、尚书，若分殿中之住也。"尚浴为秦时官名。如果不知当时的体制，那就难以读顺了。

三、汉代印章

汉代是我国古代篆刻艺术发展的顶峰时期，历来被认为是学习篆刻的楷模。吴先声在《敦好画论印》中谈及："印之宗汉也，如诗之宗唐，字之宗晋。"

汉代自西汉至东汉，前后共经历了四百二十余年。汉承秦制，西汉初期的印章，带有不少秦印的风格，如"田"字格式的框栏等。但之后的印章中就很快消失，而形成了汉印的独特风貌。汉印的艺术特色主要表现在以下的几个方面：

（一）缪篆文字结体优美

缪篆在汉代初期已逐步形成，班固在《汉书·艺文志序》中提到："六体者，古文、奇字、篆书、隶书、缪篆、虫书"，并用作太史的教学。关于缪篆，颜师古注释《汉书·艺文志》时指出："缪篆谓其文屈曲缠绕，所以摹印也。"清代段玉裁也曾谈到："规度印之大小，字之多少而刻之。缪读如绸缪之缪。"缪篆的艺术性，可从欣赏汉印中体会到：

1. 笔势方正

清末袁杜在《缪书分韵序》中提及缪篆的艺术特色："以篆刻印，宜循印体，文变圆为方。"

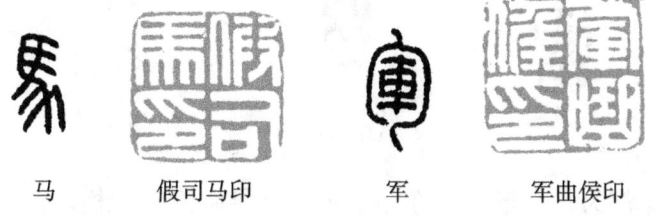

马　　假司马印　　军　　军曲侯印

小篆中的"马"字、"军"字，结体趋长，线条圆转流畅。汉"假司马印"之

"马"字，"军曲侯印"之"军"字，为了适应印章方直的印体，而演变为线条方整平直，结体也趋平头方足。

2. 增简笔画

清代谢景卿作《汉印文韵序》时，指出："缪篆因别为一体，屈曲填密，取纠缪之义，与隶相通，不尽与《说文》合，复其损益变化，具有精意，不可磨灭章法配合。"

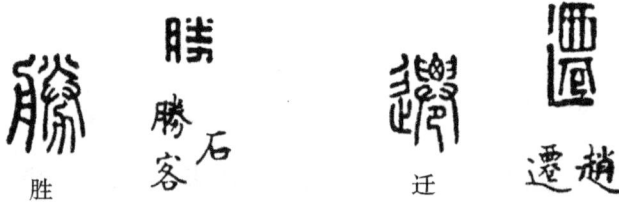

小篆中的"胜"字和"迁"字，结构复杂，笔画繁多。如果在有限的印面范围里，按照小篆的结体、笔画依样移入的话，那么很难取得理想的效果。将繁多的笔画简损，就能取得简洁明快的美感。

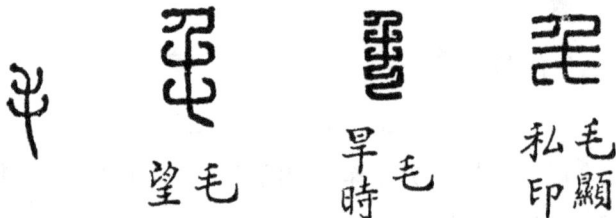

小篆中有些字的笔画简少，如"毛"字，但为了印章章法的需要，巧妙地增加曲折重叠，这样不仅可以使印面充实，而且增加了线条的装饰美。

3. 长短随意

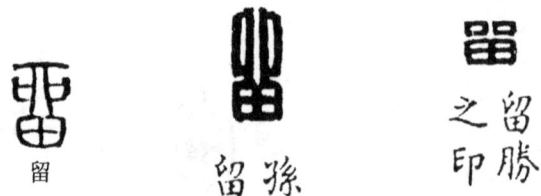

小篆的结体，都为长方形，而在印章中的文字则不拘一格。由于字数的不同或排列的因素，对字形就产生长、方、扁的不同要求。"留"字，就在这样的情况下出现了图例中的形态变化。

4. 多种结体

虽然秦始皇统一了中国的文字，但自印章文字缪篆产生之后，在长期的应用中，字画几经伸缩、增简，逐步形成结体的多种变化，产生一字多体的景象。如小篆中的"愿"字，在汉印中就有好几种表现形式：

其左面的变化更为显著。缪篆变幻"原"的结构方式，就大大地丰富了汉印文字的表现形式，也反映了古代艺术家博大的创造意识。也许正因为如此，所以也有人把缪篆，解释为是对小篆的谬误而形成的一种不规范的篆体。

（二）印章风格丰富多样

汉印篆刻艺术风格多样，也正因此而为历代仿法的楷模、各种不同的艺术形式，不断地唤起人们各种审美影象。或瑞丽，或奔放，或飘逸，或精致。当代有位篆刻大家曾不胜感叹地说，每方汉印可以发展出一路风格。

1. 雍容端庄

汉官印"武陵尉印"，字形端庄中正、线条匀齐静和，然而平整又不显得呆板，关键在于平直的线条中间，有着几根左顾右盼的弧线，它不仅看到了调整红白之间的疏密关系，而且使印面效果变得生动。加上横直的线条也都略带弯势，所以更显得刚劲挺拔、含蓄深沉。这一路风格的印章，代表了汉官印的基本面貌。这类官印，

武陵尉印

很容易使欣赏者从中感受到"崇高"、"刚正"、"威严"等美感。

张得

2. 布势机巧

汉印文字的线条，实际上是简约的直线与缠绕的曲线两者的辩证统一。"张得"私印，耐人玩味之处，正妙在巧施线条的曲与直。"张"字

作方直处理，无多变化；"得"字的左部及上部，也以直线排列。妙就妙在：在三面直线的中间，几笔上下左右飞动的线条，顿使印面光彩夺目，取得了静中寓动、逸趣横生的艺术效果。犹如丛山密林之间，一泓清泉潺潺流出，在石涧间又迂回曲折地流荡。

3. 霸悍雄强

尉中都尉

汉印以方直的线条，也同样可以产生强烈的节奏跳跃。"殿中都尉"官印，便给人留下豪放奇恣、无拘无束的感受。欣赏此印，可使人联想起北魏龙门造像文字，线条以奇取胜，泼辣无羁，从中可以获得一种不可抑制的活力。

（三）粗细白文各具姿态

汉印不论是细白文，还是满白文，都各具风姿。

1. 细白文"都乡侯印"，笔画间隙宽松舒敞、字形清朗爽达、线条方圆映照，更现秀逸风姿。"侯"字，横平竖直，方折刚劲；而"印"字，在四横画的强劲直线之间，流转的弧线波势荡漾，绵中藏针，轻盈活跃。

都乡侯印

2. 满白文"九原丞印"，雄强宽博，别具体态。线条宽厚粗实，较上述的细朱文，有数倍之差。"九"字笔简，体势雄厚，尤为突出。满白文印以白为主，红为辅，分散在满白之中的点点妍红，如雪中红梅，鲜艳夺目，倍觉可爱。也有的满白文印，四周具有宽阔完整的框栏，以红衬白，犹如彩虹缠绕，形成另外一番风情。

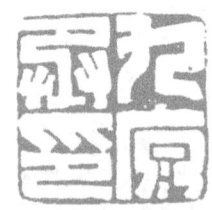
九原丞印

3. 粗细相间"都乡侯印"白文汉官印，古朴苍劲，在凝炼而富有变化的线条间，洋溢着浓厚的金石气。"侯"字的末两笔，左笔细劲俏拔，轻健灵逸，而右笔浑朴醇厚，圆润宏博，在展现对称的结构美的基础上，又具有丰富多变的异彩。"印"字起笔的横画，似泼墨纸上，凝重雄厚，而圆转的三笔则灵

都乡侯印

动舒畅，静与动，轻与重，显示了音乐般的节奏感。"都"、"乡"两字的粗细处理更妙，险中寓稳，危机四伏而主体泰然自若，细细品味粗细之道，令人百读不厌。

（四）五字印式别具一格

  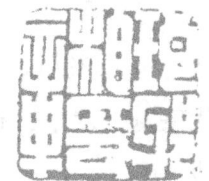

陈留太守章　　　　军司马之印　　　　琅玡相印章

　　先秦古代印玺，字数从没有固定的，到了汉代出现了字数规范的五字式。五字印的产生，对篆刻艺术的发展起到了积极的推动作用。

　　五字印式产生于汉武帝时期，它的产生与汉朝推崇五行学说有关。按五行阴阳学说，每个朝代都与金、木、水、火、土五行有关。据当时的说法，秦朝为"水德之时"。汉取代秦，便产生了"水生土"，汉代"以土德旺"的说法。于是汉武帝太初元年（公元前104年），正式按土德进行体制改革，官印便因此规定"数用五"，即"官名更印章以五字"。《史记·封禅书》和《汉书·郊祀志》中均有记载。凡不满五字的官印，便添字以凑足五字，如"陈留太守"四字，即加"章"字凑足；如"丞相"两字，即加"之印章"三字凑足。汉代五字印制，对后世的影响很大，王莽新朝、东汉及三国都有大量的五字印，私印中也有五字的。

　　五字印对篆刻艺术的发展作用很大。以前的官印，一般常见的是四字式，秦时并有"田"字格的分割。五字印打破了印章布局的原有平衡格局，在章法上产生重大的突破。所以能在汉魏时广泛流行，正说明它有强大的艺术感染力。而且它为明清时期的"五言"、"七言"等诗词句印章，也提供了丰富的实践经验。

　　"五字印"式在章法上最大的特点是，都分别将"章"与"印"字的上半部分拉长，使之与右侧的印文具相同的长度，这样就给人以一种错觉，即五字印，粗看起来似乎是六字印。这一特点，在"军司马之印"、"琅玡相印章"等印中体现得是很充分的。

（五）将军印别具风采

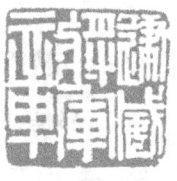  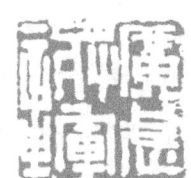

建威将军章　　　　折冲将军章　　　　广武将军章

元代吾丘衍在《学古编》中，首先对将军印的产生作了科学的分析："军中印文多凿，盖急于行令，不可缓者也。"这说明了将军印是凿制而成的。这种"不可缓者"而凿成的印章，也称之为"急就章"。凿印也就成为将军印的基本艺术特征。

将军印在古代篆刻艺术中，有着极其重要的地位，它的盛行，对篆刻艺术的发展起到了积极的推动作用。

一是将军印的出现，使古代篆刻艺术的风貌发生了重大的变化，西汉以前的印章基本都是铸印，无论在印文结构，还是在格局风貌方面，都有一个相对的稳定模式。将军印，是在已制成的印材上镌刻成字，且是急就，所以表现出来的线条自然率真，与雍容端庄的铸印形成了鲜明强烈的对比，并以它强盛的生命力，与铸印分庭抗礼。

二是将军印发展了篆刻的表现技法，由铸印进入到凿印，这是篆刻艺术成熟的标记，实际上它为后世的刻印，开创了先河。凿与铸在技法上有本质的区别，与刻印比较起来，凿与刻应该是属于同一范畴。

三是将军印的产生，标志着篆刻创作效率的提高，是表现技法由繁到简的一个飞跃。正如草书的出现，不仅丰富了书法的表现技法，而且也提高了书法的书写速度。将军印简化了篆刻创作的过程，对后来篆刻艺术的普及，意义难以估量。

将军印能被当时和后世公认，反映了将军印有着非凡的艺术感染力。

1. 将军印笔势鲜明。"建威将军印"，线条稠密，取势体现着强烈的同向性。竖画均向左倾，横画均为左低右高。表明制印时，不是以笔画顺序和文字排列的顺序依次凿出，而是平行地凿出横画（或竖画），然后再平行地凿出竖画（或横画）。第一根线条凿出之后，再依次类推。欣赏将军印，当年急就之景象跃于眼前。

2. 将军印结构参差多变。由于制作时急就仓促，不及顾全，故常随机应变，巧思时现。"折冲将军印"、"广武将军印"，都显得波澜起伏，前一方印的布局右紧左松；后一方印是右松左紧，特别"章"字窄小紧缩，虽然是不得已而为之，但却没有窘迫的感觉，原因在于，"章"字的"田"部的中间两笔并而为一，悄悄地简省了笔画，不难看出其用心之巧。

3. 将军印刀味强烈。凿制时线条随凿子冲出，犀利坚挺，转折处常留下"凿"、锋过头的痕迹。如"将"字的"肖"部、"章"字的"甲"部，都是在这种情况下产生的。正显示了"势来不可止，势去不可遏"的气势，金戈铁马、纵横疆场的将军形象，似乎正隐现在印文之中。

（六）鸟虫书印婀娜多姿

婕伃妾娟

武意

  鸟虫书印是汉代篆刻艺术中又一朵艳丽的鲜花。因其文字的线条摹拟鸟虫、鱼雁、矛角、戈头，故得其名，鸟虫书的文字变化较缪篆，更富于随意性，更能充分发挥作者的灵巧的构思和丰富的想象力。

  汉代的鸟虫书印，也是白文，并以玉印为主。鸟虫书是战国时期兵器文字在另一种场合中的延续。春秋战国时期的剑、戟、矛、戈等兵器上，习惯用大篆文字作纹饰，并采取错金、错银的工艺加工，使之成为装饰的文字图案。古代的兵器称"殳"，故称兵器上的这种文字为"殳篆"。

  如今见到的"婕伃妾娟"、"武意"等印，是汉代遗留下来的宝贵财富，以"婕伃妾娟"而论，便是一方价值连城的珍宝。

  "婕伃"为汉代的女官名，以鸟虫书制成的玉章，也达到内容与形式的高度统一。明代李日华得到此印，曾谓："若愿以十五城岂能易也。"后此印归龚定庵所有，其"欲得地十笏于玉山之侧构'宝燕阁'居之。"此后又为潘德畬所得，便秘不示人。当时何昆玉曾观遍了潘氏的全部珍藏，唯独没有能见到此印。何昆玉在跋《簠斋所藏玉印》时谈道："遂以白纹四两宛转求得一印花，朝夕赏玩，爱其刀法、书法，精美绝伦，令人不可捉摸也。"自明代以来，一直被视为稀世珍宝。

  鸟虫书印，集中体现了古代艺术家们的高度才智。鱼雁、鸟虫的布设极为巧妙，贵在量字而施，不失法度，形骸之余，神韵相辉。"武意"印集中反映了这一艺术特色。"武"字上下部分间，分别有同一方向的鸿雁，意在展翅昂视，戛然长鸣之态。"意"字的首笔，作一尾游鱼，悠然自乐，技法细腻，鱼的目、鳃、鳞、鳍，均显而可观，栩栩如生，生气盎然。

　　鸟虫书印的线条也特别耐人寻味。"缂仔妾婋"，线条巧丽旋转，气息醇畅，"仔"字之"人"部，作"㲃"，不仅原有的两笔增了盘曲，而且还增加了不少辅助曲线，更显得婀娜多姿。鸟虫书又俗称"云篆"，就因其线条萦绕如舒卷的流云。

　　鸟虫书线条流畅险绝，然而又不失稳重，动中寓静，处处见高明处，关键在于有直线相辅助，以固其间架，如"武意"印"意"字的中部，在飞舞的线条中间，安置一个中正的"中"形结构；"缂仔妾婋"印，同样在每一个字的中间有直线，作中流砥柱。这样不仅起到了映衬曲线的作用，而且也使中宫坚实，全印稳重。

第六章 一家横割一江山
——篆刻艺术的流派美

篆刻艺术发展的历史，存在着两个高峰时期，前一个高峰是在秦汉时期，后一个高峰是在明清时期。这两个高峰时期具有不同的特点，第一个高峰时期的篆刻面目显示特别强的时代差别，第二个高峰时期则集中地体现流派的不同。

自明代以来的四个多世纪中，篆刻艺术得到蓬勃的发展，出现了一个流派纷涌、百花呈艳的繁荣局面。这一景象的产生，首先是与石质材料的广泛应用分不开的。元末明初时期的画家王冕，是一个有奇才的艺术家，不仅在绘画艺术上作出了巨大的贡献，而且还是一位成绩卓著的篆刻家。他创造性地开发了花乳石，以此作为篆刻的基本材料。花乳石为叶蜡之一种质地松脆、易于奏刀、而且资源丰富，青田、寿山、昌化等都系叶蜡石一类。花乳石的应用，为流派篆刻艺术的发展提供了雄厚的物质基础。同时，石料印材的普及，为文人治印创造了条件。此前，宋代的米芾，虽然也作过自篆自刻的努力，但收效甚微，其主要原因是因为：以前的印章材料主要是铜玉犀牙，质地坚实，非专匠则难以镌成。故一般是文人篆印后匠人成之。这样创作出来的印章，难以体现文人的意图，更难以随心所欲地发挥自己的艺术才华。

自王冕之后，明代正德、嘉靖年间，文彭进一步采取用"灯光冻"石治印，并在何震等师友之间推广。于是文人用石治印便形成风气，文人的创造性得到了充分的发挥，文彭治印以挺秀娟雅见长，何震以气魄宏大著称，这样就拉开了明清流派篆刻艺术发展新时期的帷幕。

争奇斗巧、标新立异，四百年来印坛各种流派此起彼伏，日益绚丽多姿。程邃为首的"徽派"，参合古文，离奇错落；汪关为首的"娄东派"，工整流丽，清秀隽永；丁敬为首的"浙派"，古拙峭折，朴厚清刚；邓石如为首的"邓派"，刚健婀娜……犹如雨后春花、万紫千红。

流派篆刻艺术，对篆刻艺术的发展起到了巨大的推动作用，极大地丰富了篆刻刀法的表现技巧，用刀的利钝厚薄，执刀的竖横正倾，奏刀的冲切缓疾的区别，便产生流派的不同。如吴昌硕喜用钝刀硬入，冲切结合；黄牧甫喜用薄刀锐刃，犀利冲刻。以刀为笔，各显其能。流派篆刻艺术也开拓了书法的表现能力。秦汉时期的篆刻艺术在表现书法方面，存在单一的历史局限性，对于明清流派篆刻艺术说来，书体的选用就不存什么限制，大篆、小篆、缪篆，以及秦汉碑额、瓦当、砖款乃至行书、隶书、草书等各种书体的书法表现形式，都被用到了篆刻艺术之中。书体风格的繁多，成为明清流派篆刻艺术的又一基本特征。

流派，是在一定的历史条件下，由代表性的篆刻家，以他博大精深的艺术修养与鲜明强烈的创造个性，在长期艰苦的艺术创作实践中逐步形成的。日益增多的艺术流派，以及流派中间的个人风格的差异，便交织成五光十色的篆刻天地，为欣赏者提供了丰富多彩的艺术形象，或豪放跌宕，或秀丽流转，或典雅隽永，或霸悍雄强，醉人心肺，人们从陶醉中心灵得到升华。

一、斑驳强挺之最——浙派

浙派篆刻艺术，是明清时期印坛的重要流派之一，崛起于清代乾隆、嘉庆年间，为浙江杭州丁敬所创。它的出现，对篆刻艺术的繁荣起了极其重大的推动作用。

浙派篆刻艺术有一支庞大、强实的力量，除了浙派开山鼻祖丁敬之外，后继者还有蒋仁、黄易、奚冈、陈豫钟、陈鸿寿、赵之琛、钱松等，合称"西泠八家"。由于年岁与辈分的差异，丁、蒋、黄、奚被称为前四家；两陈、赵、钱被称为后四家。

浙派最基本的艺术特色，是以切刀法治印，刀奏石上以刻切成点，连切成线。风格迥异的切刀技法，形成了浙派独特的表现形式。用切刀表现出的线条，斑驳苍劲，拙朴强挺，既具有秦汉印章特有的金石气息；同时又具有凝炼厚重、水墨淋漓的笔墨效果。浙派高古雄健的艺术风格，荡涤了时习所追求的妩媚风尚。

切刀所表现的线条以方直见长，这也促成浙派在篆书结构的经营上形成特有的处理方式。取字往往结体简约，并大胆地使用俗体字。这一艺术处理特色，丁敬在诗文中曾经加以总结。他有诗云："说文篆刻自分驰。"篆刻文字，一般都以《说文解字》为准绳。这样做无疑是必要的，但在具体的情况下，需要加以活用，这又是艺术创作所必须，而一般人又不敢为的。浙派则敢于将《说文》与篆刻艺术有所区别对待，亮出"自分驰"的艺术观并加以实践，特别在当时更是难能可贵的。

丁敬所作的"两湖三竺万壑千岩"一印，颇为典型地反映了浙派的艺术特色。

两湖三竺万壑千岩

"两湖三竺万壑千岩"，在2厘米见方的印面中，共有八个字，其中"湖"、"万"、"壑"、"岩"等字笔画都比较繁复。如果按常规的处理方法，那么此印的最后效果，可能会显得有失空灵。他分别将"两"篆作"四"，"万"篆作"卍"、"壑"篆作"㕣"，又把"湖"之"氵"简作三点。这样就省略了许多笔画，印面因此有了虚实的变化和回旋的余地。

作为一种流派，其中的人员都有基本一致的艺术风貌，但在这同一前提下还得各人有各人的风格，否则，毫无变化的代代相继，墨守陈习，那么艺术就会失去感人的魅力。浙派所以能在印坛风靡那么长的时间，这与浙派的主要人物，各自具有十分鲜明的个人风格是分不开的。叶潞渊先生在《略论浙派的篆刻艺术》中论及："丁敬之后，蒋仁以古秀胜，黄易以遒劲胜，奚冈以淡雅胜，陈豫钟以工致为宗，陈鸿寿以雄健自喜，赵之琛以秀丽为能，唯钱松虽取法丁敬而自有建树。"现试举两例，便可知其一斑了。

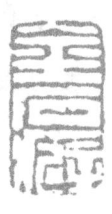 

金石癖　　　　　读书观大意

"金石癖"为黄易所刻,"读书观大意"为赵之琛所刻。两印比较,便可看出强烈的个人风格。"金石癖",切刀苍劲古朴,粗细起伏如云腾波涌,大有虎踞龙盘之势。而"读书观大意"印,则稳健清丽,字形的体态秀逸明朗,特别是切刀起伏的间距比较宽绰,使平直的线条,充分显示出流荡的波势。其中"大"字右侧第一竖笔,以两切刀刻成,波势顺畅流动,有别于一般切刀疾速提按的表现方法,于是产生出婀娜多姿的艺术效果。从这两方印中,可以体会到黄易的"遒劲"与赵之琛的"秀丽"两种不同的艺术情趣。

由此可见,浙派所以能取得如此辉煌的成就,自成一派,并有几百年不衰的业绩,正在于丁敬等西泠诸家,善于在继承中创新。丁敬的成功,一方面积极地继承了秦汉篆刻艺术的精神,正如世人所赞"力追秦汉"、"一以秦汉为归"、"直诣汉人",以及"超秦汉而上"等,表明了丁敬开创的浙派,自有其源头,秦汉印章的金石气息,无不溢荡在印面的字里行间。另一方面浙派的产生、发展,还在于在继承秦汉篆刻艺术的基础上,不甘于固守陈习,而求其"变"。这种勇于革新的精神,在丁敬的诗文中时有流露,"看到六朝唐宋妙,何曾墨守汉家文。"这就是丁敬的成功之道。罗矩在《西泠八家印选·序》中也谈到了要处:"丁龙泓集秦汉之精华,变文何之蹊径,雄健高古,上掩古人。"浙派的成功就在西泠诸家都注重于"变"字,否则西泠八家各人所体现的古秀、遒劲、淡雅等不同风格就不能产生,出现在人们面前的只会是一个面目,使人生厌乏味。

然而自西泠八家之后,浙派并没有多大的发展,其艺弊就在于少了一个"变"字。其中后人僵化的模袭便是浙派失去艺术魅力的根本原因。如赵之琛之秀丽印风,为时人所好,于是钟越生、叶舟等人都相逐模袭。正如金石鉴赏家江辛眉《题补萝丁集印》一文中论及的那样:"于是次闲之学,一流于熟,再流于俗,如钟越生、叶舟之流,遗神取貌,再次而流于滥矣","浙派至次闲而能事毕矣"。浙江的雄风,就因之而日衰。

二、刚健婀娜之最——邓派

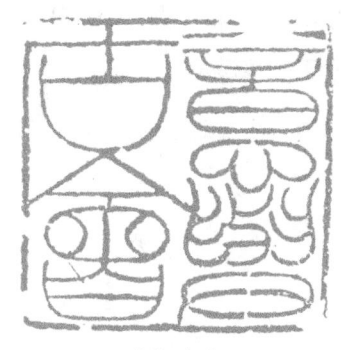

笔歌墨舞　　　　意与古会

邓派篆刻艺术，为清代邓石如所创，后继成果卓绝者有吴让之、赵之谦等。邓派以锋劲刚健、姿态婀娜而称著，邓派各家共同体现着"隐练自然，不着力气，神游太虚，若无所事"的特点。

邓石如，本名琰，字顽伯，号完白山人，别署完白、古浣子、游笈道人、凤水渔长、龙山樵长。安徽怀宁人，生于1743年，卒于1805年。

邓石如法乳秦汉金石碑刻，篆、隶、真、草，无一不精，被誉为国朝第一，书法成就为他形成个人篆刻风格，遂成印坛巨擘，起了决定性的作用。早年重于继承，四十岁后樊篱突破。曾熙在《吴让之印存跋》中对他的艺术道路曾有如此总结："完白山人取法汉人碑额生动之笔，以变汉人用隶法之成列，盖善用其巧也。"于是开创了他自己的独特风貌，既具有刚健之美，又具有婀娜之美，兼"刚"、"柔"之所以此别于徽派的"阴柔"和浙派的"阳刚"。传世名作主要有："笔歌墨舞"、"意与古会"、"江流有声，断岸千尺"、"古欢"、"燕翼堂"等。

"笔歌墨舞"、"意与古会"为两方巨玺，是精心刻赠当时江南画竹高手毕兰泉的。作品显示了游刃徜徉，使刀如使毫，爽爽如有神力的非凡技巧。

"意与古会"，体现了邓石如朱文印的基本特色。印章文字线条与印边粗细大略一致。刀痕流畅，又不露锋芒，微微的粗细变化中，任其自然，不加搜剔，平易中显奇峭，铁画银钩，呈现刚健苍厚的意趣。线条注重造型，多见通边和上下左右的联结，气贯全局。曲直线的递转，不同弧线的巧妙组合，构成婀娜的风姿。结合"燕翼堂"、

"守素轩"等印，便能察其特色。

白文印"笔歌墨舞"，洋溢着汉印的韵味，又见个人的匠心独运。方中寓圆，静中寓动，刚健与婀娜互济。此印最佳之处在于一个"歌"字，"哥"部上下结构分明，刀势可寻，末笔的转折收尾，浑厚又具灵动。"欠"部，欹斜为伍，取险绝之势，奇趣乃出。

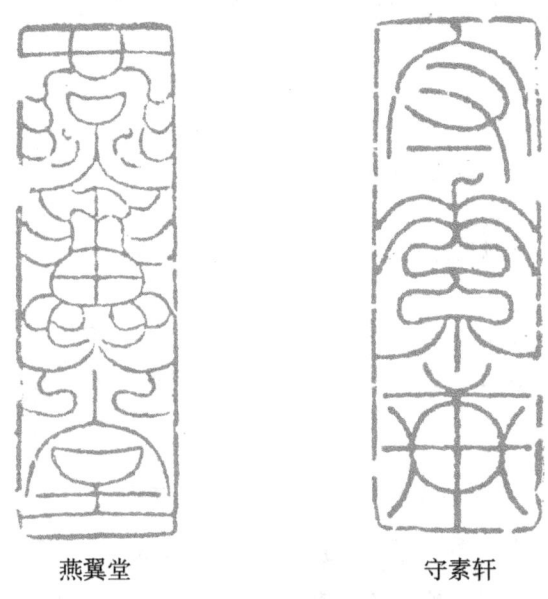

燕翼堂　　　　　守素轩

比较邓石如的朱文、白文，就可以发现，风格虽同，而形式各异，朱文偏多圆转，白文则注重方折。这些处理上的不同，体现着他的艺术主张，他曾言："刻印白文用汉，朱文必用宋。"后世最得邓派神髓的是赵之谦和吴让之，在婀娜多姿方面并有所发展。

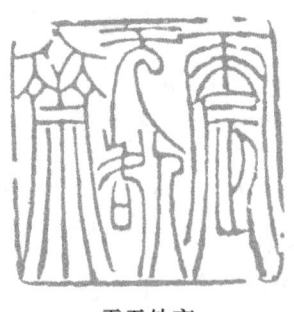

震无咎斋

吴让之，名熙载，原名廷飏，字攘之，别署让翁、攘翁、晚学居士、方竹丈人、言庵、言甫，江苏仪征人。包世臣弟子、邓石如再传弟子。生于1799年，卒于1870

年。吴让之幼年好学，十余岁的时候，就悉心临摹汉印。三十岁时，倾服邓石如的篆刻艺术，从而"尽弃其学而学之"。继承邓石如艺术，他是最尽全力的。由于有早年摹习秦汉印的基础，故在继承邓派篆刻艺术的过程中，始终体现了他鲜明的个性，在刚健婀娜的基础上，又有严谨工稳、自然洒脱的情趣。

"震无咎斋"朱文印，结体舒展，质而不滞。吴让之奏刀娴熟自然，浅刻轻按，八面灵活，将线条的转折顿挫，提按粗细，都得到细腻生动的完美表现。识者赞曰："吴带当风"、"飞天竞舞"。吴昌硕对吴让之更有周详而高度的评价："让翁平生固服膺完白，而于秦汉印玺探讨极深，故刀法圆转，无纤曼之习，气象骏迈，质而不滞。"此印使我们感到让之治印，使刀如笔，游刃有余，美不胜收。

许镛印信

吴廷飏诗词书画印

吴让之的白文印也流走生动，"许镛印信"、"吴廷飏诗词书画印"等，充分体现了他特有的艺术风姿。

"许镛印信"，印文笔画虽然较多，但却巧妙地表现了线条的生动变化。一是吴让之创造性将横竖线产生粗细变化，基本规律是横线宽，竖线窄。这样处理可以增加线条的长度感，又可以增加一种特殊的体态美，犹如人体的适度腰身，产生优美的节奏感；二是细节处理非常精到而别致，如"印"字的"爪"部，右起笔处精微的小转折清晰可察，在与"卩"的承接处，"卩"部采取避让法，这种秀姿艳色在篆刻艺术中是并不多见的。

由于吴让之传世的作品多而精，又能充分地展现邓派篆刻艺术的特色，故吴昌硕曾慇言："学完白不若取径于让翁。"

赵之谦，也是一位邓派篆刻艺术的大家，并更多地具有其自己的艺术特色。

赵之谦，字益甫，号冷君，后改字㧑叔，号悲盦、无闷、子欠、憨寮、坎寮、梅庵、笑道人、婆婆世界凡夫等。浙江绍兴人。生于1829年，卒于1884年，享年五十五岁。

赵之谦是个艺术全才，诗书画印无所不能，尤其在篆刻艺术方面，所下的工夫最大，取得的成就也最显著。赵之谦并不高寿，晚岁并封刀十年，然而在从事创作的二十余年中，则孜孜不倦，不遗余力。赵之谦三十岁前先宗浙派，后法邓派，对邓石如的再传弟子吴让之也十分倾服。后又广取秦权诏版、汉碑额、钱币、镜铭，熔于一炉。然而就其艺术基本风格，依然循迹于"邓派"，并从他的边款中可以进一步了解他的创作思想。"季欢"印边款跋有："邓完白法，为季欢摹印。六朝朱文只如此，近世类汉印者多，遂成绝响耳。""陶山避客"跋有："学完白山人作，此种在近日已如绝响，俗习既评为文、何派，刻印家又泥于时习，不知其难，可慨也！"

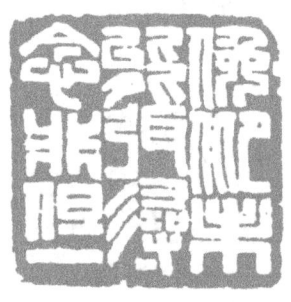
俯仰未能弭寻念非但一

赵之谦印

欣赏赵之谦的作品，给人留下最强烈的印象是白文浑厚静穆、朱文妍丽逸秀。

白文"俯仰未能弭寻念非但一"、"赵之谦印"，体现了赵之谦白文印的艺术特色。取满白文法，如线条粗重、排列紧密，有的笔画已为一体，特别是"能"字。然而却又不尽是满白文法，因为一般的满白文笔画的排列比较均匀，如今是平匀中起风波、跌宕峥嵘。故意地将部分线条挤紧，而把最后一笔拉松，这样就产生聚白与留红的强烈对比，形成赵之谦白文印的特殊风貌。印中的"仰"字，"卩"部不作"己"的平均处理，而是把上部紧缩，这样挪让，就打破了笔画重叠排列将会产生的呆板感，而产生巧拙相生的艺术效果。"赵之谦印"除了体现上述的艺术特色之外，尤其体现了刚劲老辣的艺术效果。线条的转折处，采用分笔的表现手法，使之泾渭分明，其中"印"字格外突出，"爪"部不仅表现为方折，而且横画与三斜笔之间的间隙分明，线条挺拔刚健，充分显示了赵之谦治印宽博的气质。

"赐兰堂"朱文印，为赵之谦传世的生前最后一件作品，创作于晚年封刀十年之后，此印最得妍丽秀逸之姿态。赵之谦四十四岁后就发誓不再刻印，当时居住江西，同僚张鸣珂谈到赵之谦"至江西后，誓不刻印"。他刻"赐兰堂"的边跋中也这样刊记："不刻印已十年。"印文线条直中略带弧形，更具刚利之势，两侧以龙纹为饰，再以直线边栏框之，组成丰富多姿的线条构成，"堂"字的四根线条分别与龙纹及边框连接，三字间又互相穿插，这样就把印之各部紧密地统一起来。此印强调对称美，无疑也使印面更具姿色，邓派刚健婀娜的艺术特色得到了淋漓尽致的表现。

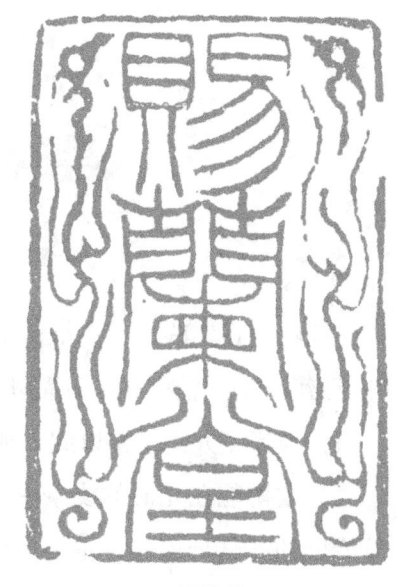

赐兰堂

三、挺劲光洁之最——黟山派

黟山派，为清末篆刻家黄牧甫所创。黄牧甫生于1849年，卒于1908年，享年59岁，名士陵，字穆甫、穆父，号黟山人、倦叟、倦游窠主。安徽黟山人。

黄牧甫幼年七八岁时便开始操刀习印，近三十岁时，在南昌已出版了《经心印谱》。他早年篆刻法宗邓石如、陈曼生、吴让之，徘徊于邓派、浙派之间。此后转益多师，求索于周金汉石之间。"印外求印"，使他视野大为开阔，遂成大业。他的学生李茗柯在论印时，曾有砭切的估价："悲庵之学在贞石，黟山之学在吉金，悲庵之功在秦汉以下，黟山之功在三代以上。"

不同的艺术追求，自然会产生不同的收获，并逐步形成他自己与众不同的见解。他刻"季度长年"的印跋中论到："汉印剥蚀，年深使然。西子之颦，即其病也，奈何捧心而效之。"把金石的"剥蚀"，视作弊病，力图恢复金石本来的面目，便成了他艺术创作的主张。他同时论及："赵益甫仿汉，无一印不完整，无一画不光洁，如玉人治玉，绝无断续处，而古气穆然，何其神也。"以"完整"、"光洁"，以求穆然古气，便是他艺术追求的宗旨。

他所临摹的汉官印"骑督之印"、将军印"振威将军之章"，认真地实践着他自己的艺术主张。这两方印充分地反映出他那顽强的个性、执著的追求。

骑督之印

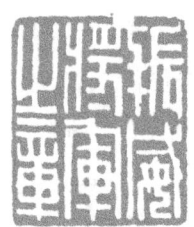
振威将军之章

黄牧甫在实践中，广征博引，努力寻找艺术伙伴。他刻"忐铭"印在边款中论及："伊汀州隶书光洁无伦，而能不失古趣，所以独高，牧甫师其意。"把伊秉绶的光洁的隶书，与篆刻并论，并以此"独高"。"光洁"两字在他心目中的地位便不言而喻了。

黄牧甫能在光洁的线条中，表现出迷人的感染力，体现了他的真工夫。总观黄牧甫传世的大部分创作，基本可以划分为三类，一类是线条平直，此为大多数，一类是圆转遒劲，此外还有一部分是方中寓圆的，占少数。

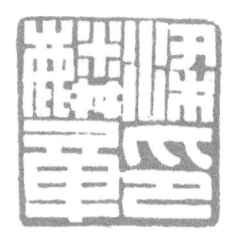
梁麟章印

平正方直的成功所在，贵在细节的处理，惟妙惟肖。如"梁麟章印"，貌似呆板，细细玩味，四字皆有妍丽处。"梁"字之"水"部，五根直线平列，左起的第一笔，却向左略撇出，略带弧势；其"木"部的中竖，微向左撑出；"麟"字的"粦"部，上右下左的移位，上清下浊的笔画分并；"章"字的起笔两横，不作平行延伸，右侧合并，构成" "形的回线，中部又省略了一横画；"印"字的"⿱"部多圆转的取势等等处理，顿使印面活跃了起来。

黄牧甫在表现遒劲与圆转的一路时，光洁的线条间，更体现着丰富的书法形象的变化。

"婺源俞旦收集金石书画"印，取法钟鼎文字，熔鲁伯俞簠、颂敦、吴尊等铭文于一炉，尽穿插参差之能事，"婺"字上右下左，承应挪让，"俞"字直线与弧线映衬，左上与右下对角的"旦"、"石"，虚实、方圆，各具鲜明的艺术姿态，"书"的下部与"画"字的上部组合紧凑，承上启下，构成几番曲折的体势。

婺源俞旦收集
金石书画

此外，方直间以弧曲线条的那部分印章，也别具一格，尽得风流。"忐铭"、"温其如玉"等，皆妙在曲直相映之中。"忐铭"印，四面直线林立，而圆曲线条的"⿵"部独

market铭　　　　　　温其如玉

居中央，并与相邻的"A"、"H"构成丰富的形式对比，不仅突出了弧线的妩媚，也显示了直线的刚挺。"温其如玉"印意在镜铭、汉砖之间，"温"、"其"、"玉"都处理成直线，唯独"如"字的"女"部，为两笔对称的圆弧线构成，顿使印面活跃起来。"温"与"其"两字的左右斜线，在直线与圆弧的线条之间起到了"缓冲"的作用，从而构成了刚中寓柔的和谐统一的局面。"季荃"、"吉羊竟室"等，也体现了类似的风格和处理手法。

四、高浑苍劲之最——吴昌硕

吴昌硕，名俊卿，字昌硕、仓石，号缶庐、苦铁，浙江安吉人，生于1844年，卒于1927年。

吴昌硕是近代艺林成就最为显赫的一位大师。诗、书、画、印，卓然崛起，别开町畦，兼四绝于一身，熔于一炉。时人评其绘画特色，谓之"重"、"拙"、"大"。就篆刻而言，还当增加一个"古"字。古朴、拙野、宽博、厚重，正是构成高浑苍劲的要素，也是区别浙派的根本所在。

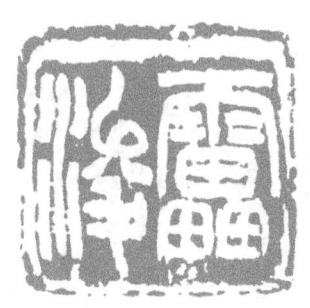　

雷浚　　　　　　　　黟南老人

"焦山汉鼎孤山梅，斑斓古玉生玫瑰"。吴昌硕好古，他曾题"与古为徒"，将友人所赠的古缶颜其居，并自号"缶庐"。朴陋古拙的金石味是他艺魂所在。吴昌硕宗"封泥"、"石鼓"、"砖瓦"，把封泥尊为"鼻祖"，追求的意趣在"古秘"、"古趣"、"古气"、"古拙"之间。"雷浚"、"豁南老人"等印，古气盎然，犹如古梅着花，古拙中充满腴润艳色，正如他诗中所云："欹整笔势天切磋，古气盎然手可掬。"

吴昌硕好古，却又能做到不拘泥于古，而是建立在"古人为宾我为主"的基础之上，反对食古而不化。"豁南老人"的"人"字之左撇，如晴空霹雳，足使"神鬼惊"、"龙蛇走"。若无惊人魄力，是决不能作出如此壮举的。这一奇肆的线条，正是妙笔传神之处。杨岘《题"削觚庐印存"》中，评吴昌硕的艺术特色时有精辟之论："亦古拙，亦奇肆，其奇肆正其古拙之至也。"

拙中求趣，容貌若愚，是吴昌硕篆刻艺术基本特点的又一侧面。昌硕治印，不求媚美，制成的印喜碎刀敲凿，或在砖石上打磨一番，以求拙朴的野趣。"陶心云"、"心陶书屋"等印，线条不求匀整，如"粗衣乱头"，漫不经心，任其丑朴。吴昌硕之拙正用心于"丑"字上，"以丑为美"，乃得天然之妙趣。他画荷花，爱画"破荷"，并有"破荷亭长"之称；画石爱画怪石，自号"苍石"，并云"石不在玲珑"。故有人称他是"众人大丑君大好"，他的篆刻艺术充分体现了"丑"与"美"的辩证法："丑到了极处，便是美到了极处"、"一丑字中丘壑未易尽言"（刘熙载语）。"闵园丁"印，便是"丑"与"美"的搏击中得美的升华。"闵园"两字平整方直，结构严谨。然而"丁"字作象形法，为一大圆点。大点不求姿态，一团淋漓醉墨，遂成佳作。

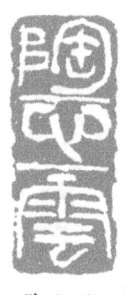  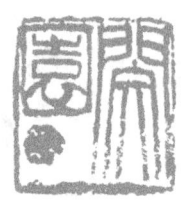

陶心云　　　　　　心陶书屋　　　　　　闵园丁

气势博大、凝重，以小见大、求之象外，每一方小小的印章，如同一块块硕大的丰碑，乃是吴昌硕篆刻艺术更重要的艺术特征。

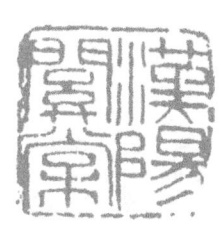
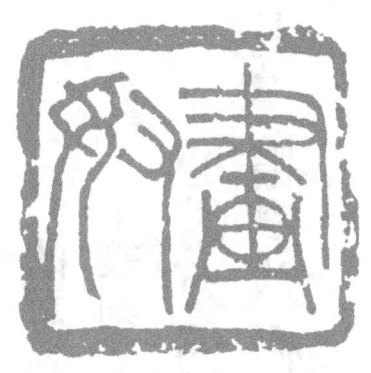

且饮墨瀋一升　　　　　　汉阳关棠　　　　　　画奴

"且饮墨瀋一升"、"汉阳关棠"、"画奴"印等，洋溢着浓厚的金石气味，"梦痕诗人养浩气，道我笔气齐幽燕"，宏伟的气度，使印章超出了原来所具有的空间。成功在于：（1）印面跌宕多姿，疏处更疏之，实处更实之，以虚衬实见凝重；以实映虚见空灵，组合而成气势流走、突兀峥嵘的壮观场面。（2）线条奇崛，曲直相间，体象卓然，或惊龙走蛇奔放；或鸾翔凤翥秀润；或龙腾虎踞之苍劲，尽得舒展。且看"且饮墨瀋一升"，"墨瀋"两字中流砥柱，两侧灵动大有墨池飞霹雳，黑龙挂天外之势；"画奴"印动处似疏枝横斜、静处似奇石镇局，动静相映，超妙绝人；"汉阳关棠"，左右张扬平直间，"阳"字三斜笔横空出世，醒目突出，平直间产生活眼，活跃印面。虚实对比的结果，又形成了力与势的表现，产生有泰山压顶之感。

第七章 心游万仞 精骛八极——篆刻艺术的意境美

"艺术就是感情",这是罗丹的一句名言。颜真卿书写《祭侄稿》,欣赏这一传世名作,我们从作品的点画和线条、字里行间,不仅可以感受到强烈的力度和美感,而且还可以感受到作品当时郁勃不平的悲愤情感,作品充分地显示了他的爱国热忱和对为国捐躯的侄子季明的悼念之情。所以中国历来的评论都是强调作品的感情和意境的重要性,即所谓:"书之道,神采为上,形质次之。"(南朝王僧虔《笔意赞》)篆刻艺术的创作,也是如此,贵在能寄托作者的感情和塑造特定的意境,心即贮之,随意落笔走刀,皆得自然,备具古雅。

篆刻艺术与书法,都是以抽象的线条作为表现手法,以此表现作者复杂的内心世界,再现客观世界的意境,这种表现的对象,被称为"象外之象"。它是依靠线条组合形式的不同,以及粗细曲直的变化,反映作者的喜、怒、哀、乐和间接地再现自然界的云雾闪电、瀑布飞泉、日月星辰、晴虹飞烟等物象的特征,作者之情与自然界之景,交融升华,便形成作品的特殊意境。其中作者的情绪,起着决定性的作用。王国维论道:"喜、怒、哀、乐,亦人心中之一境界。"(《人间词话》)

由于客观事物的多样性、作者思想感情的复杂性,也就决定了篆刻的创作能具有气象万千的可能性。仅就艺术风格而论，也可以给人丰富的联想。典雅雄伟的作品，以其浑厚刚劲、端庄平整的线条，可以给以壮观的联想，纵横奇崛的作品，以其犷悍泼辣的线条，可以给以豪放奇恣、不可压抑的力的感受。篆刻艺术意境的深邃和丰富，便是篆刻艺术的生命力。丰子恺赞不绝口地评价篆刻艺术："在不满方寸的小空间，布置，经营，用自己的匠心造成一个最理想的，完美无缺的具足的小世界，这是西洋人梦想不到的幽境！"

篆刻作品的意境，是通过篆刻的章法、刀法、书法等多种技巧综合运用的结果。光有良好的创作激情，而缺乏精湛的表现技巧，是无法产生美好的意境的。一些线条纤弱、杂乱无章的作品，只能引起人们厌恶和产生恶劣的联想。正如唐太宗批评的一些书法劣作那样，是"行行若萦春蚓，字字如绾秋蛇"！

欣赏篆刻艺术的意境美，要善于将抽象思维和形象思维结合起来，善于从抽象的线条中去领略作者所表现的情趣，以及自然界万物的气质。

吴昌硕治印，气势磅礴、宏博精深。所以能给人留下如此深刻的印象，正由于他善于在篆刻作品中塑造动人的艺术意境。

"泰山残石楼"，是一方享有盛名的代表作。此印的创作原由，作者在边款中曾有表述："邕之得明拓泰山廿九字，因即以名其楼，属安吉吴俊卿刻之。"邕之好古，得泰山刻石文字而颜其楼，如果吴昌硕采用工丽典雅一路治刻此印的话，那么就与邕之的爱好，以及泰山刻石文字的古残，难以取得情投意合的艺术效果了。

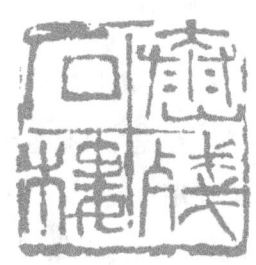

泰山残石楼

吴昌硕篆刻此印，在意境处理上着力追求古、残两字。首先在文字的排列上，作者的处理富有创造性，巧妙地将五字印作四字印的排列方式，成功地把"泰山"两字合而为一。"泰山"合字也多机巧，取势左右避让，使两个对称结构产生丰富的变化，也起到"泰山"两字合而有分，便于辨认。吴昌硕不愧为印坛巨擘，对古代优秀的传统文化如数家珍，此印的合字法也体现了继承中的创造。吴昌硕印款中记有："汉王广山印，山字夌接广字收笔，取势甚古，兹拟之以博邕老一笑。"

吴昌硕取四字法治印，其意也正在于谋求一个"古"字。这样中间就可以作"田"字格的框栏，这是秦与先秦的古式，不仅可以增加古意，而且还能与秦物泰山刻石统一起来，试想如果采取汉印的格局又将怎么样呢？

　　作者在"残"字上也是颇下工夫。"泰山"两字的上下框栏，都作了大胆的破残，其目的不仅是为了避免这一格内笔画多而使之"松动"，更重要的意义在于：为了突出一个"残"字。意与古会，这样就与泰山残石之间，取得了意境上的统一。

　　"泰山残石楼"，苍茫朴厚，古残之气洋溢，反复观摩，便使人进入到怀古的幽境之中。

　　王个簃是当代著名的书画篆刻家，为吴昌硕嫡系传人，治印豪迈奔放，自言"粗衣乱发"。"鹰击长空"，是他1978年创作的一方巨玺。

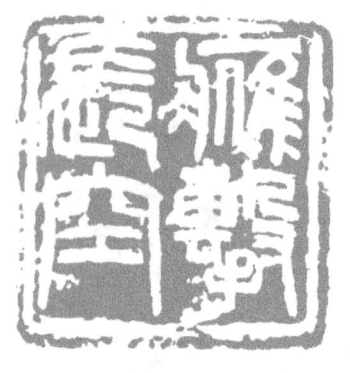

鹰击长空

　　"鹰击长空"，是激励人们不断奋进的成语。此印成功地塑造了拼搏向上的艺术意境，可使欣赏者不仅获得美的享受，同时从中又能获得力量，作品以它独特的艺术形式，起到激发人们与恶势力、与自然界、与一切艰难困苦去搏斗的作用。

　　如何塑造一个"鹰击长空"的特定意境，对于运用抽象的线条来说，确实是非常困难的事。作者创作这一方印章，是深思熟虑、颇费苦心的。

　　首先，作者在章法处理上加强红与白的对比，因为强烈的红白对比可以起到醒目的作用，使人的精神得以振奋。为此，作者运用的是并笔与避让的方法，使红白相对地集中，并能做到聚白留红参差有致，或上或下，或左或右，使白聚而不平，留有活眼。又使红留而不散，以红托白，使印文产生上轻下重的上提冲势，增加了向上升腾的动感。同时，作者在"鹰击"与"长空"之间，安排出明显的空间，强调纵向的行间取势，这就使冲势得到了加强。

　　此外，又成功地解决了"长空"两字较"鹰击"疏简轻弱之弊。因为两行的笔画多寡悬殊，如果任其自然，就会导致右重左松，使印面失去稳重感而削弱上冲升腾之势。为了增加印面左侧的分量，一方面将"长空"两字紧逼边栏，若即若离，"长空"两字得白栏之助，使之增加了重量，并借势扶摇直上。另一方面将"鹰击"两字，适当地向中间偏移，使之与右边的

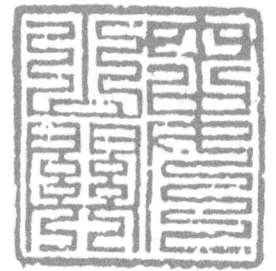

娄山关

框栏产生一道间距，这既可以减轻右边文字的分量，又能借助这道留红而增强冲势。于是强烈向上的冲击力，就在印面的分朱布白中间产生了，使人联想到鹰鹏在万里长空搏击奋进的景象。

"娄山关"，见《长征印谱》。此印为当代篆刻艺术家钱君匋所作。《长征印谱》，是以红军在长征途中经过的地名为内容，镌刻而成一部印集。以篆刻艺术来表现红军长征的重大题材并取得成功，显示了作者非凡的创作能力。

娄山关，处在险绝的崇山峻岭之间，为黔北之险地，红军长征途中，曾攻克此地。为此毛泽东曾写下《忆秦娥·娄山关》词，在这篇光辉的词篇中有句云："雄关漫道真如铁，而今迈步从头越。"篆刻艺术与绘画艺术不同，无法形象地直接表现娄山关的山势险峻、群峰盘绕的景象。

作者为了使"娄山关"这件篆刻作品，产生具有雄伟气势的深邃意境，曾设计了好几个方案，最后采取了"九叠文"的表现手法。以此法创作的"娄山关"印，充分地体现了红军所向无敌、坚不可摧的神威，在没有具体形象的情况下，成功地表现了山势之高险，而且反映了娄山关盘曲萦绕的特点。

九叠文是盛行于隋唐时期，为官印通用的一种印章文字。九叠文由于故意地将笔画加以反复的折叠，所以给人留下繁琐的感觉。为此，后世人一般对九叠文采取贬多褒少的态度。

钱君匋创作"娄山关"印，却妙手回春，化腐朽为神奇，巧用九叠文取得了理想的艺术效果。篆刻中的缪篆，山字通常写作"山"，笔画多的变体写作"㠭"，也仅能意象山的稳重，而难以表达山势的险恶与盘曲。如果此印取汉印文字的话，虽可誉为"正宗"，但却失去了艺术创作的根本目的。如今取九叠文入印，"山"字左右萦回升腾，伸延扩张；"娄"字的末笔，绕折成九根横线；"关"字的末两笔，也取曲折关锁门挺。吟词读印，联想油然而生，"雄关漫道真如铁"，正是这方印章的深邃意境。

第八章 浓妆淡抹总相宜——篆刻艺术的款式美

篆刻艺术的款式美，指的是篆刻作品整体形式方面的艺术变化，包括印面的外形、类别以及基本格局等方面的不同样式。

篆刻艺术的款式富有多样性，也是篆刻艺术性的重要表现方面，从艺术角度而论，两方以上的印章组合，款式的变化就起重要的作用，书画作品上用印，特别是篆刻作品组合——立轴或印谱等，更能显示款式变化的"效应"作用。如果篆刻作品的款式千篇一律，只有一种形式的话，那么篆刻作品就失去艺术感染力，也就无艺术可言了。

篆刻艺术的款式变化，是随着篆刻艺术的发展而不断发展的，有着一个相当长的发展演变过程。其中，基本形式的综合组合，是款式变化的前提和最本质的因素，有了方形的印章，就可能产生圆形的，方与圆的组合，就可以构成方中寓圆或圆中寓方的形式。这样交叉组合，款式可以不断地得到丰富和发展。篆刻款式的发展过程中并受到多方面的影响。其中有时代的因素，如元代的"花押印"，上面是楷书，下面是画押符号，因元代产生和流行，故称之为"元押"。印章的特殊应用也是起决定性的作用，如书画作品中的"引首章"，实践证明长形的基本形式好，于是就形成引首章的款式。视觉空间的不同变化，也会对篆刻款式产生惊人的影响。当代篆刻展览的实践，人们普遍感受到，在宽广的展览大厅里，欣赏者与作品往往相距甚远，一些细小的作品，难以引人注目，见了也看不清楚，于是也就产生了"展览巨玺"，可达40公分见方。印材的不同，对款式的形成也起一定的作用。如带钩印，随身携带，本作钩带之用，在带钩上作印这就决定了带钩印的款式小而圆。

关于印章的款式，历来为人们所重视。古时候，不同的款式反映了人们的社会等级地位。秦汉时期对此有严格的体制，以不失规矩。如当时的官印基本都是方形，但仓敖下吏卑职，所用的只能是长方形，为方印的一半，故称为"半通印"。明清以来篆刻家重视款式，则是为了加强篆刻艺术的表现形式，特别是当代，篆刻作品展览的普及以及印谱的大量发行，款式的变化更引起人们的关注，并作为专题的研究，当代国画大师潘天寿在这方面也作出了积极的贡献，他所著的《治印说丛》中，就对印章的分类与体制作了详尽的论述，并归纳了不同类别的印章有三十七种。

一、先秦小玺形态万千

古玺无定制。先秦时期处在战国的特定历史条件之下，印章没有一个统一的规范要求，各自为政，便给篆刻艺术的发展提供了有利的客观环境。特别是小玺中的吉语印等，款式的变化就更多了。就其方圆变化的基本规律，不妨可以分成四大类进行欣赏。

（一）方式及其变形

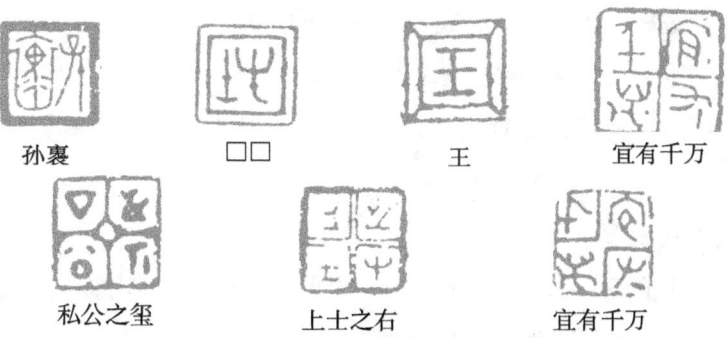

孙裹　　　□□　　　王　　　宜有千万

私公之玺　　上士之右　　宜有千万

印章基本的款式是方的。"孙裹"印是典型的私印小玺。然而智慧的古代印工，在方直的基础上，借助辅助线条的作用，创造了面目完全不同的款式。如"□□"印，以两个重复的边框，起到了充实印面的作用。"王"独字印，为避免线条过于单调的弊病，除了饰以双框之外，还在两框之间增加对角的斜线。这种款式不仅增加了线条的变化，而且还有效地起到了突出"王"字的作用。

　　印面作"十"字形的分割，在古玺中也是常见的一种款式。如"宜有千万"等印。采取这种处理手法，使欣赏者能充分地回味四个字的不同姿态。在这种"田"字形的分割基础上，又产生了多种变化形式，"私公之玺"印，在中心部分增加了一个小框眼，使四个方格产生了生动的变化，更耐人寻味。"上土之右"印是将中间的"十"线处理成空心线，也可以理解为一方印分成四个小方印，然后统一在一个较宽的框栏之中。"宜有千万"，则是把"田"字格中心分离，形成右下左上两个对角方框，而使右上左下连通。这样贯通与隔离的对比，也增添了许多情趣。

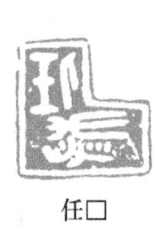

任口

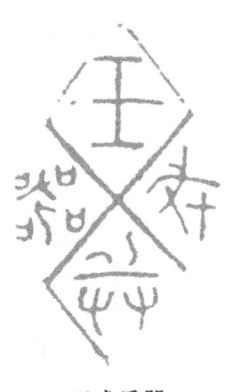

王戎兵器

　　除了上述保持方形基础上的变化方式之外，还有改变外轮廓的，"任口"印便是，将正方的外形，裁去四分之一，形成一个方折的外形，印面的文字排列也特别，一横一正，"任"字随势横倒，胆略之大，难以言传。另一种是将"田"字变形、成菱形格，如"王戎兵器"，此印的处理也非常有魄力，使方直的线条产生动感。

（二）圆式及其变形

　　圆形古玺是常见的又一种基本款式。它与方形印章相对，富有强烈的流动感。"昌"字圆印，文字的线条布局与圆形取得了高度的统一。上下两笔，取势与外框一致，和谐优美，中间的点与直线、曲线巧妙组合，构成简练而又生动的变化。"口"独字印，由于笔画简少，辅以双圆框栏，就使印面增加了艺术语言，形成只有一根直线的佳作。"昌"多环独字印，大圆套中圆，旁边又套五个带圆点的小圆，"美就是和谐"，就是这款式的成功之处。

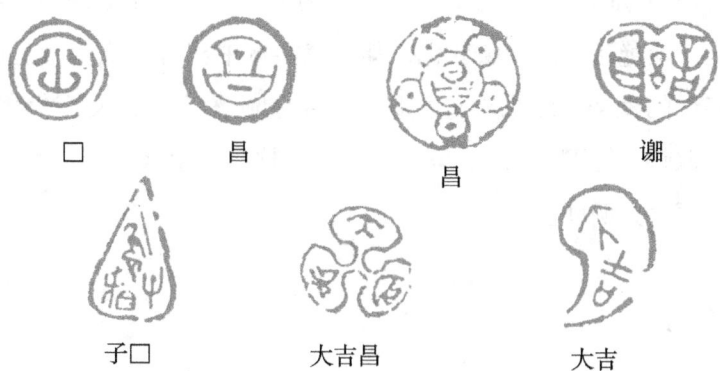

圆形的变形款式，也是古代小玺的一大艺术特色。鸡心形的"谢"印，倒置鸡心形的"子□"印，弯转鸡心形的"大吉"，以及草头形的"大吉昌"印等，充分展现以圆弧的线条构成的优美款式，或灵动，或流转，或稳中寓动，或动中寓稳，表明古代印工早已懂得"流线型"线条的艺术价值。

（三）方圆结合

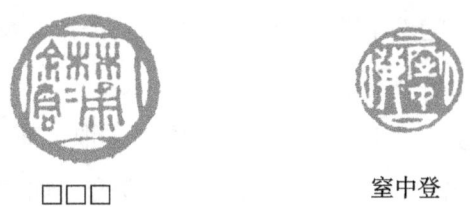

这类小玺的款式变化，善于将方圆糅合生意，融为一体。其中一部分古玺方圆的结合，经纬分明，如"□□□"、"窒中登"等印，都是外圆内方，前者印面为朱文，方框的对角线小于圆的内直径，便打破了正方形的原有的格式；后者感觉上方与圆都完整，在方圆的间隙中，分别增加一根线条，充实了表现形式，起到了锦上添花的作用。

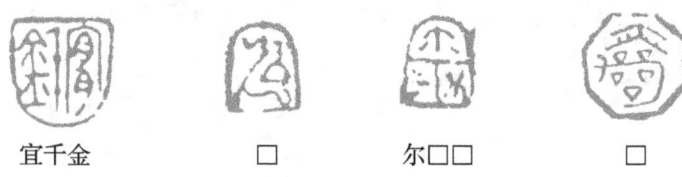

另一部分是非方非圆的一类款式。"宜千金"印，呈盾形上方下圆，骨架明爽，印文直线畅达，简劲稳重而又丰神流动。"□"印为下方上圆，中间曲线飞舞，非文非图，虽难辨认，但是，险绝错综的线条变化，却依然能从中获得美感。"尔□□"为三字印，中间有"丁"字形的框架，结构十分凝重，文字的疏落多变，又产生隽逸之美，可谓平正守法，险绝取势。"□"印，这是一方罕见的款式，粗看似圆，细看则是由短线组成的八角形，内框最为明朗。

（四）多印组合

出内吉　　　　　　百千万

这类款式的基本特征是，一方印展现几方印章组合的形式，有的组合得比较紧凑，如"出内吉"，每一个字安置在一圆形的框中，仿佛是一字一印。三印如珠串联成一体，中间的一个最大，控制了全局。三印文字都取倾斜的险势，故更使人觉得生动可爱。"百千万"为三个"△"形的独字印构成，三个角尖聚集一点，印也没有正倒之分。

"大吉昌内"、"上平玺"、"千秋万世昌"等等，采取分离式的组合印，其特点一是外形生动，特别是"上平玺"印，二是文字意势的联合，如"千秋万世昌"，前四字环绕"昌"字转。

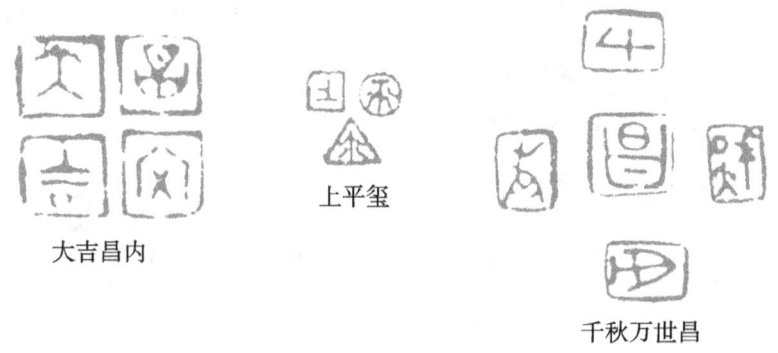

大吉昌内　　　　上平玺　　　　千秋万世昌

二、一印多面别出心裁

通常印章是一印一面，即一方印章镌刻一面印文。但为了充分利用材料，一方印章进行多面治印，表现两种或两种以上的款式变化。

两面印，这是古代常见的一种款式，一方铜印，上下两面镌刻。其中有官印，如《十钟山房印举》收入的"骑部曲督"、"军曲侯印"和"高陵丞印"、"阳陵丞印"等。有的两面官印系两处并非同一地名，故人们认为这类官印作殉葬之用，是以此表明死者生前曾任官职；也有两面私印，如"杜忠私印"、"杜君都"等。此外艺术趣味更为丰富的要数图文并茂的一类的两面印了。这一方为一面是名章"□贾"，一面为"朱鹭"肖形印。汉代时常以鹭作为纹饰，取"鹭"的假音为"多"之意。另一方为一面吉语印"常年"，一面为"蹴鞠"肖形印。蹴鞠就是后来的踢球。此种体育活动兴起于战国，流行于汉朝，晋葛洪《西京杂记》中载有："成帝好蹴鞠，群臣以蹴鞠为劳体。"欣赏这类两面印并可帮助我们了解古时候人们的风俗。

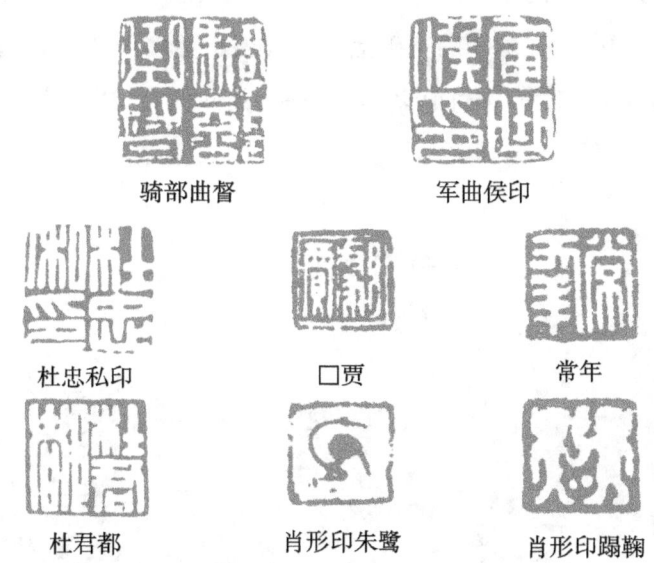

骑部曲督　　　　军曲侯印

杜忠私印　　□贾　　常年

杜君都　　肖形印朱鹭　　肖形印蹴鞠

子母套印，古代有钮兽的印章，为了增加印面，就采用大印套小印的方法，此类印章称套印，以两套子母印为多，也有三至四套的。子母套印的钮兽大多是龟形，大印作龟壳，小印为龟体与头，套入后形象生动，横侧有孔将绳穿入就不会散失。《十钟山房印举》中收入了不少两至三套的子母印，如两套印"夏旻私印"、"夏旻"；三套印"程丰之印"、"程丰"、"仲春"等。

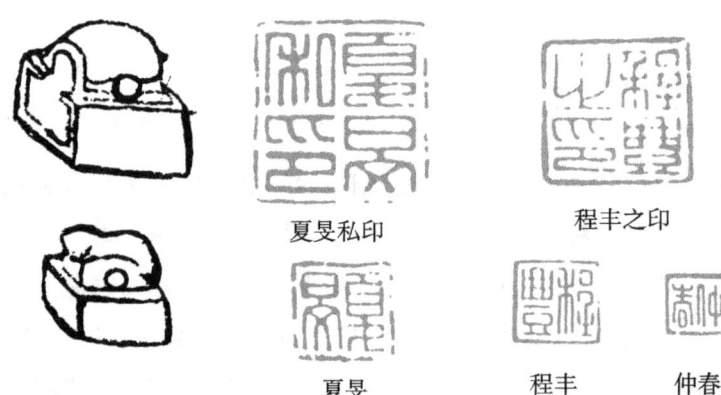

夏旻私印　　程丰之印

夏旻　　程丰　　仲春

赵瑞

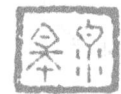

泉皋

连珠印，是在一印面上刻两方印。常见连珠印是姓名的组合，上为姓，下为名，也可以是姓名与字的组合。也有的是上下两印各刻一字，两字组合成一词，此种印常见于年号，如"贞观"、"绍兴"等。"赵瑞"、"泉皋"连珠印为浙派创始人丁敬所刻，一为白文，一为朱文，字法也有变化，白文印取汉之缪篆，朱文印取法金文，变化就丰富多了。连珠印书画家用的较多，两印并作一印钤打，使用方便。

六面印，在两印的基础上，又发展出更多面的、五面乃至六面的。汉魏时期此种印章多见。"刘昌"六面印便颇有特色，分别为"白记"、"臣昌"、"刘昌"、"刘昌白事"、"刘昌印信"、"刘昌言事"。

白记

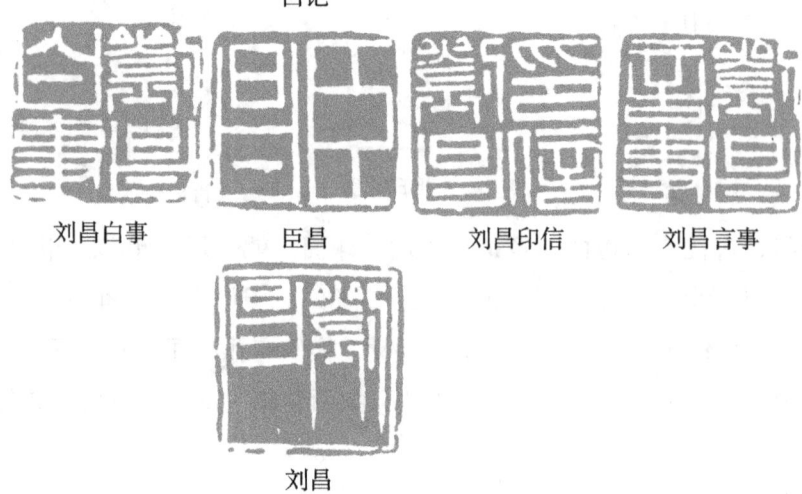

刘昌白事　　臣昌　　刘昌印信　　刘昌言事

刘昌

明清时期不少篆刻家效仿六面印创作,其中最为别致的亦数戴本孝为冒襄刻的六面八印的石章了。

戴本孝,明末清初的画家,号鹰阿山樵,安徽休宁人。善诗书画印,传世的作品极少,故鲜为人知。冒襄是明末清初的文学家,字辟疆,号巢民,江苏如皋人,十岁时即能赋诗,为明季四公子之一。明朝灭亡后便隐居不仕。

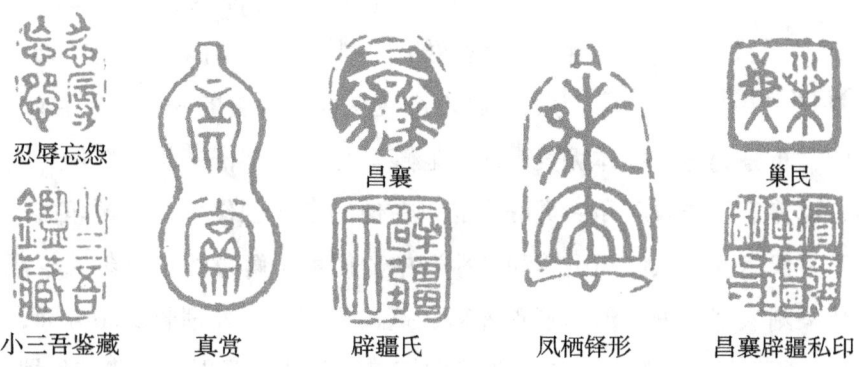

此方六面印章,系为寿山石,高仅四点六厘米,是戴本孝在清康熙二年,为冒襄所刻,他时年四十三岁。这方六面印共刻了八个印,分别是:"小三吾鉴藏"、"忍辱忘怨"、"真赏"、"冒襄"、"辟疆氏"、"巢民"、"冒襄辟疆私印"、"凤栖铎形"。这里刊出的其中六印,各具特色,无一雷同。

三、适用款式随需而治

根据印章的不同用途,逐步形成了许多款式。这些款式都是从适用出发。欣赏这部分印章,可以体会到篆刻家们在发挥自己个性特点的同时,也十分强调尊重客观的需要,并善于采取灵活多变的手法。

收藏印,用于书画、书籍等方面。收藏印最早见于唐代,唐太宗、唐玄宗曾分别把"贞观"、"开元"年号刻成连珠印,盖在御藏的书画上。此后,南唐的李后主备有"建业文房"、宋太祖备有"秘阁图书"印。

由于收藏印主要用于有价值的书籍和书画作品,

吴县潘伯寅平生真赏

既要留下标记，又不能损坏作品的面貌，所以收藏印一般都刻得比较严谨。即使以浑厚古朴著称的吴昌硕，在刻此类印章时也小心谨慎，他创作的"怡怡室珍藏"、"适园藏本"等，都强调平整中求变。以强悍奔放一路表现收藏印，常难以取得理想的效果，故而齐白石在这一方面没有特别好的作品闻世。相反，体现工丽细腻、刚健婀娜艺术特色的篆刻家们在这方面，是最有作为的。赵之谦便是成果显著的一位。"吴县潘伯寅平生真赏"一印，布势宽达，结体优美，线条老辣，是一方雅俗共赏的佳作。黄牧甫治印平整光洁，也善于创作收藏印一类的作品。在他的全部创作中，收藏印占了相当大的数量，决不是偶然的。从"邓氏养和斋藏"中，便可了解黄牧甫所刻的收藏印之一般风貌。现代篆刻家赵时枫，治印平正浑穆、挺拔隽丽，在处理收藏印方面，也是卓有成就者。从他所刻的"古鄞周氏雪盦收藏旧拓善本"、"四明周氏宝藏三代器"，可见他巧妙地运用不同的书体、不同的章法、不同的刀法，取得耐人寻味的艺术效果。综合欣赏前人创作的收藏印，尽管风格各异、处理有别，但都遵循一个共同的特点：谨严为上。关于这一点，宋代的大书法家米芾早已作过科学的评论："印文须细，圈细与文等。我太祖秘阁图书之印不满二寸，圈文皆细。上阁图书字印亦然。……近三馆秘阁之印，文虽细，圈乃粗如半指，亦印损书画也。"

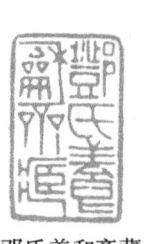
邓氏养和斋藏

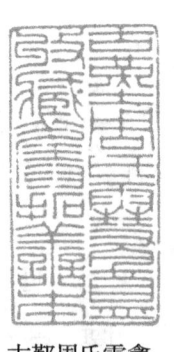
古鄞周氏雪盦
收藏旧拓善本

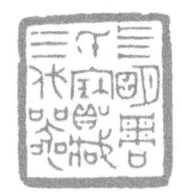
四明周氏宝藏三代器

起首章，为用于书法作品起首处盖的印章，其作用是使作品醒目，又能与末尾的姓名印对照，取得色彩上的平衡，使作品更为整体。由于它在特定的环境中应用，所以也就逐步形成它的基本样式是长方形的，以及它的变形——椭圆形、双环形、葫芦形……起首章的内容可取年份，如"丙辰"；祖籍地名，如"吴兴"；嗜好，如"石疾"；吉语，如"长乐"……如果起首章取方而大的话，那么就会喧宾夺主，破坏总体的艺术效果。

现代篆刻家赵石的"怡轩"、"尚渔"，马公愚的"端居"、"源邨"等，作为书画的起首章是最理想的。有的外形上具有灵动感，如椭圆形；有的纹饰上具有生动的形象，如"源邨"；"尚渔"一印即在红白的映照上有独到之处。

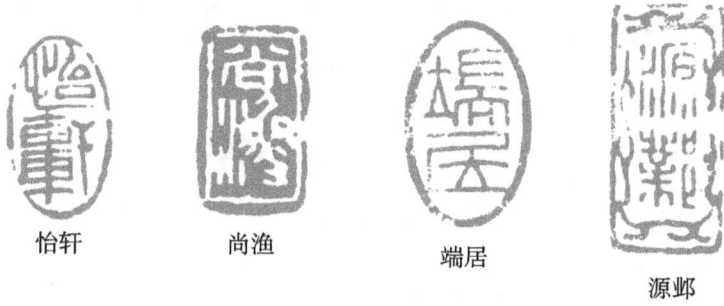

怡轩　　尚渔　　端居　　源邨

押角章，常用于绘画作品的左右下角的空白处，以此增加作品的稳重感，并使之与落款处的名章相呼应，又称押脚章。常见用语是楼阁名、诗句以及词句等。如"翊翊斋"、"爱晚楼"、"蒲芦草舍"，书画家常有许多的斋楼堂室名，实际"多于纸上起造"，仅是反映自己的志趣和作品的需要。以诗词与词句为内容的印章，发挥的余地就更广泛了，也是最能施展作者才华的。"夫斯、邈之书，可以峙山岳者，难充几案之娱，李、杜之篇，可以挥烟云者，难舒指掌之细。而约千言于数字，缩寻丈于半圭，不越径寸之中，而尽乎碑版铭勋赋诗乐志之胜，则惟图章为然。"（《飞鸿堂印谱》）所以这类印章也就最为人们所重视。

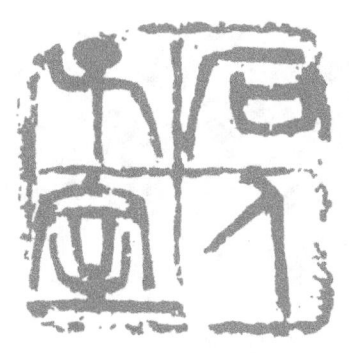

石人子室

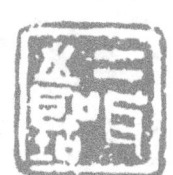

二耳之听

吴昌硕诗、书、画、印融为一体，使用的印章都是自己亲手刻成。绘画作品的押角章，也均有严格的选择。常用的有"石人子室"、"一月安东令"、"二耳之听"、"归仁里民"、"明月前身"、"鹤寿"等。"石人子室"稳重健美，气势磅礴。"二耳之听"凝重浑厚，古趣盎然，以此作画之押角，不仅与他的绘画风格相一致，而且色彩的调节变化，使画面更添光彩。他的画也只有他自己刻的印章才能相配，其他的作品是难以胜任的。

第九章 神州万象虎龙姿——篆刻艺术的形象美

篆刻艺术除了主要表现汉字之外，还有相当一部分作品是表现事物形象的。这部分印章称肖形印。肖形印又称形肖印、生肖印，并有人称其为蜡封或封蜡印的。

肖形印起源于春秋战国时期，盛行于两汉，到六朝衰落，殆成绝响。至明清以来，肖形印又被人高度重视，特别是近代，肖形印出现了新的发展。

南齐谢赫曾言："图绘者，莫不明劝戒，著升沉，千载寂寥，披图可鉴。"（《古画品录》）肖形印，体现了我国现实主义的艺术传统。古代肖形印的形象都源于生活，大量的作品都直接地反映了生活中的见闻，而且注重表达人们的愿望和理想，客观地反映了一定时期的社会生活状况。从古代肖形印中，可以看到古代勤劳的人民狩猎、饲畜、搏兽、力田的生动场景，也可以看到各种动物千姿百态的形象，那奔驰的骏马，雄威的猛虎，健壮的熊罴，高洁的仙鹤。即使蛙、龟、鱼、蝎等小动物，也都得到极其精微的刻画。除了直接源于生活的作品之外，还有许多的作品不为生活所束缚，富有神话的传奇色彩。特别是"龙"等形象，是综合了多种动物造型基础上的大胆创造。

肖形印的产生与盛行，不是偶然的产物，有着广泛与深刻的社会原因，除了秦汉时期篆刻艺术空前发展之外，还与汉代画像石刻艺术的大为流行有着本质的联系。如果我们结合汉代画像石刻欣赏古代的肖形印，那么就不难发现，无论在题材内容还是在造型技法的处理上，都有许多相似的地方。作为具象的艺术造型而言，古代肖形印与汉代画像石刻更为接近。从这一意义上说，肖形印实质上是一种微型的绘画艺术表现形式。

肖形印有极高的艺术价值。鲁迅先生在评论汉代画像石刻时曾说："唯汉人石刻，气魄深沉雄大。"肖形印小中见大，作者善于抓住事物的性质、特征、习性和内在的联系，并施展高度的概括能力和表现能力，使简洁的形象表现出丰富的神情。肖形印中的马的神态，变化多样，有的缓步舒闲，有的引首嘶叫，有的低首徘徊，无不神采奕奕。肖形印以它有限的天地，表现出宏博的大千世界，正体现了"气魄深沉雄大"的特色，这正是肖形印具有艺术生命力的根本原因，也是欣赏肖形印的基本着眼点。

一、装饰造型，稳中寓变

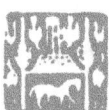
肖形印单马门阙（原大）

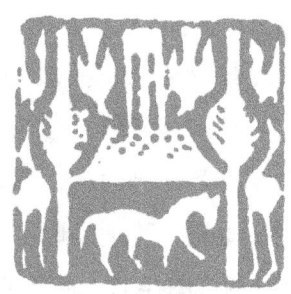
肖形印单马门阙（放大）

古代肖形印中，有一类专以表现门楼屋庐的印章，世称屋庐印、门楼印、楼阁印、宫阙印。有门阙，也有高楼，反映的建筑结构与形态，与出土的秦汉时代的明器陶楼相一致，从这类印章艺术中，我们可以了解到古代建筑的基本样式。

这类印章表现宏伟的建筑场景，采取了严谨的装饰手法，此方单马门阙印，体现了这类门楼肖形印的基本格局。屋楼均居正中，两边饰以树木、禽鸟，其间巧妙地安排了六只飞禽，左右对称布局。并根据所留的空间，设计禽鸟的造型，或俯、或仰，或信步庭园、或翱翔天际，姿态各异。特别是昂首遥望的仙鹤，对应两侧，形态更为逼真。我们也可以从中了解到，古人对这对瑞禽的精心刻画，是具有"以鹤取寿"的意识。

楼屋印，又善于在对称中求变化。这一艺术特色，表现在门阙的中间，能随机应变，按需而定。这方肖形印在屋宇内安排的是一匹马，作驯顺的漫步之势，虽具有倾向性的举动，但由于左右空间的匀称处理，故并没有破坏对称结构。

门阙间的灵活多样的变化，充分地展示了古代艺术家的才华。"室中歌舞"等就是例证。

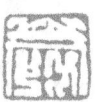  

肖形印室中歌舞　　肖形印王系　　肖形印日利

"室中歌舞"，在门室的中间生动地刻画了歌舞者的艺术形象。两个歌舞者，动静结合，顾盼呼应。跪者，全神贯注，作吹笙、竽之态；蹈者，长袖善舞，满座生风。这一歌舞场面，反映了"恒舞于宫，酣歌于室"的时尚。此外，在门室中还有作文字的，有作姓名印，如"王系"，也有吉语印的，如"日利"。

装饰性特别强的，还可见"双鹭争鱼印"等。

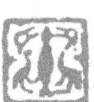 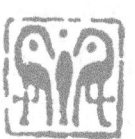 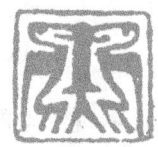

肖形印双鹭争鱼　　肖形印双鹭争鱼　　肖形印双鹭争鱼

这三方"双鹭争鱼"印，题材相同，艺术处理又富有变化，反映了当时这一题材是相当盛行的。鹭为瑞禽，"汉初有朱鹭之瑞，故以鹭形饰鼓。又以朱鹭名鼓吹曲也。"（《潭苑醒湖》）朱鹭又名䴉、红鹤。鹭，取其假借音"多"，鱼，取假借音为"余"，食，取假借音为"十"。以鹭鱼画的图样，体现了"一多十余"，以及"有多有余"、"大吉大利"的吉祥意思。

"双鹭争鱼"印，古代遗物甚夥，有的取夸张之意，强调双鹭的眼睛，以求传神于"阿堵"之中；有的突出其形态变化，双鹭回首，体态婀娜，脚并有直曲的变化，外加三个小点，使对称中又增加了跌宕之美；还有的把双鹭与鱼形体简括为线，演变成抽象的线条。

二、造型简练，妙于传神

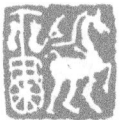
肖形印车马出行（原大）

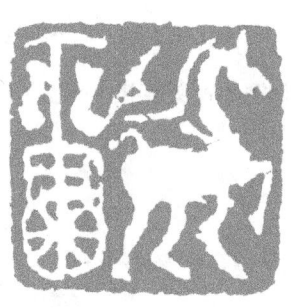
肖形印车马出行（放大）

抓大体、以简括的处理手法，强调神态的刻画，是肖形印的又一显著艺术特色。正因如此，故而能使它在有限的空间里，成功地再现复杂宏大的场面。

"车马出行"印，在不足两公分的印面中，生动地刻画了马匹、车辆，坐车者及驾车者的形象。车马出行，也是汉代流行的创作题材。此印中表现的有盖的轺车，可与山东嘉祥武梁祠石刻等画像相媲美。其中马的形象，倍感生动可爱，马首高昂张口，犹闻马嘶声。在洗练的处理基础上，又强调关键部位的表现，如马尾竖起，给人以一种神采奕奕之感，马的雄健神态，表现得淋漓尽致。

肖形印表现人与兽搏击的惊心动魄的局面，也有独到之处。其艺术特色，是善于抓住人与兽的生动外形，展现惊险的场面。人与兽的格斗，是古代最具刺激的一种竞技活动，据《两汉博闻》可了解到，当时权贵是以此娱宾的，并有"相斗于笼中，竟有为虎所噬者"。印面表现的就是这决一生死的场面。有的表现了勇士伏虎的景象，斗士轻捷勇猛地挥拳激进，以锐不可当之势，揪住虎颈，突出了斗士的英姿与气概。有的表现了人与虎迎面攻击相持不下的景象，猛虎张牙舞爪的神态跃于印上，突出了斗士顽强拼搏的俊态。

肖形印人兽搏击（原大）

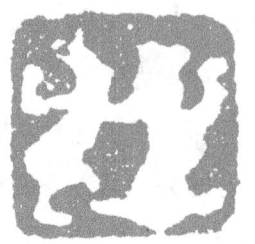
肖形印人兽搏击（放大）

作者对特征的有效把握，是肖形印表现形象的基础，也是传神的前提，即使已经历了两千年的沧桑，古代肖形印留下的数十种动物，依然清晰可辨。

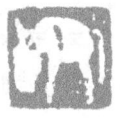 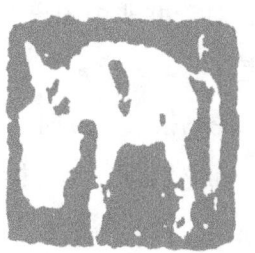

肖形印驴（原大）　　　　　　　　肖形印驴（放大）

"驴"印，便是一方充分显示古代艺术家把握动物形态特征的卓绝才能的肖形印。作者以娴熟的技法，成功地刻画了驴似马而头大、耳长的形态，游刃有余，不仅使人见之一目了然，识别无误，而且耐人寻味，令人爱不释手。欣赏这一方印章，就好像欣赏黄胄的水墨画毛驴图，一样富有韵味情趣。

 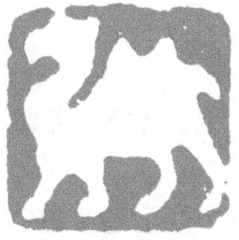

肖形印骆驼（原大）　　　　　　　　肖形印骆驼（放大）

"骆驼"印，在刻画形态特征方面，也取得同样的艺术效果。它不仅表现了骆驼的基本特征：双峰，而且还将沙漠之舟特有的宽厚脚蹄，以及下踢丰腴的嘴唇，都作了精细的描写。骆驼忠厚驯服的神态，正从简练而又逼真的形态特征中显示了出来。

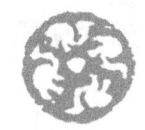 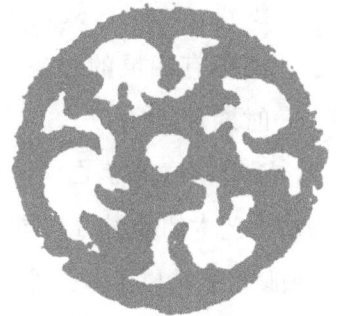

肖形印鸵鸟（原大）　　　　　　　　肖形印鸵鸟（放大）

此外，在欣赏古代肖形印时，还可以发现这一奇特的情况，就是除了对蛙、龟、蛇、兔这类常见的动物，以及经过长期创造的具有神灵色彩的凤、龙等塑造了优美的艺术形象之外，对于并非中国出产的鸵鸟，也作出了惟妙惟肖的描写。"四鸵鸟印"，无疑是一方瑰宝。

此印的四只鸵鸟按同一方向，作顺时针的环形布局，呈现一种稳匀节奏的运动感。鸵鸟的造型逼真而又简括，具有极强的形式美组合色彩，身子与头的大点和小点；脚与颈的直线与曲线；嘴与尾的小三角和大三角，按照四方连续的规律排列，组成优美的平面结构。

这种四方连续的图案结构，可能会隐现一种更深刻的含意。《老子》一书中有"四大"之说，言道："道大、天大、地大、王亦大，域中有四大，而王居其一焉。"这种四方连续最早见于彩陶，到秦汉更为盛行起来，如铜镜背面最多见的有"四乳"。这种图案样式的广泛的流行，与"四大之象"的理论，不能不无一定的联系与影响吧！

三、图文并茂，相得益彰

古代还有相当一部分肖形印与文字有机组合的，文以图饰、图以文映，取得了图文并茂、相得益彰的艺术效果。

1. 四灵印

肖形印赵多

以四灵为饰的私印，最著名的有"赵多"印等。所谓"四灵"，就是"苍龙"、"白虎"、"朱雀"、"玄武"这四只古代的祥瑞。在汉代，不仅在篆刻中，而且在石刻、砖刻、铜刻、瓦当等艺术中，也都有四灵的形象。四灵的起源，可以上溯到六千年以前的史前时期。

"赵多"四灵印，印文取满白文，平整安详。四灵取势动畅，与文字形成动与静的映衬对比，增加了艺术的吸引力，同时，四灵的造型，注重细节的刻画，各灵的首部表现得特别的细腻，眼睛以至舌头等，都作了精到的刻画。

此外，还有相当一部分肖形文字印，是取一灵为饰的，如"王赏朱雀"印、"倪鸣成白虎"印等。

2. 成语印

古代图文并茂的肖形印，多少也有局限性，一方面是与文字结合的肖形，除四灵之外，仅有鱼、鹭、凤等；另一方面是印面文字也局限于姓名私印和吉语印。现代篆刻艺术在肖形印与文字的结合方面，则有突破，表现在肖形与文字均不拘一格。当代著名篆刻家方去疾不仅在开拓印学方面作出了积极的贡献，而且在肖形印的创作中，也有不少佳作，起到了继往开来的作用。"艰苦奋斗"、"踏踏实实"、"发奋图强"等便是优秀的代表作。

"艰苦奋斗"，作品显现强烈的力感。首先文字排列具有动势、无刻板的流弊。"艰苦"两字作两字排列，"奋斗"分别作一字布势，"奋"字篆书横画多，一字居两字的位置，变化中求得了统一，突出了文字的主体地位，"斗"字，构思巧妙无穷，圆转的两笔，既与"艰"字右笔相呼应，又与夔龙融为一体，起到文字与图像的过渡作用，达到了有机的统一。夔龙强劲颈尾，如弓弩满张即发，前后足的伸张更体现了势不可当的猛进冲势。不仅图像与"艰苦奋斗"的文义达到一致，而且在形式美的处理上也取得了完美的艺术效果。

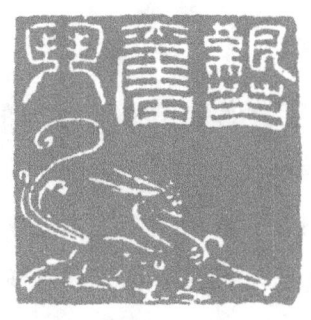
肖形印艰苦奋斗

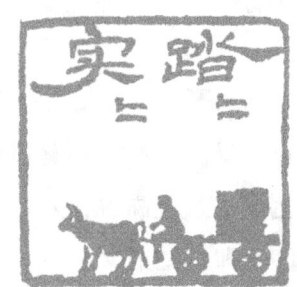
肖形印踏踏实实

"踏踏实实"，也是一方在文字与肖形相得益彰的名作。文字取隶书，笔画凝重厚朴。"实"字作简体处理，左撇宽绰宏畅，与"踏"字的捺笔雁飞遥相呼应，左右博达，有大路行车之势。字的重复处理成两个"="，增强了装饰的趣味，同样的节奏，也有利于文义的体现。此印的肖形也别具一格，作"牛车图"，牛，为吃苦耐劳的象征，造型略参汉铜牛的造型，朴实强健，静中取动，与"艰苦奋斗"印的夔首形成鲜明的对比，其意正是为了突出步履踏实、不惧艰险的主题。

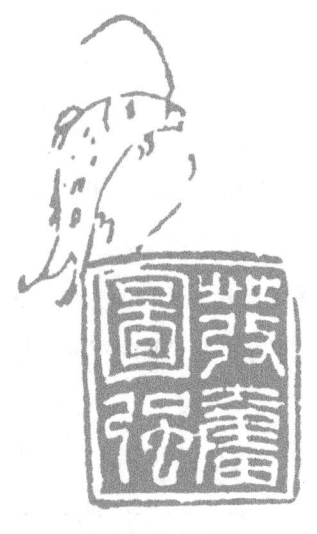

肖形印发奋图强

"发奋图强"一印，印文与肖形的结合，新颖别致，尤为奇俏。其印文取静势，线条不多变化，强调统一，平直的笔画，略带弧意，稍呈向上崛起之势。其肖形取动势，一条鲤鱼自印的左上角飞腾跃起。鲤鱼为祥瑞之物，善于跳跃。自古有鲤鱼跳龙门之说，歌颂人们为了一个理想的目标，而不畏艰险，勇于攀登的精神。作者以此作为印文涵义的形象，寄托着作者强烈的抒情意识。鲤鱼的形态富有神奇色彩，利于开拓联想，自由驰骋。简洁的线条，具有草书的书写美。被夸张的长须，扩大了动势的强度，丰富了形象的变化，并密切了肖形与印文之间的联系。从生动的鲤鱼形象中，我们多少也能感受到作者寄情于作品的乐观主义精神。如果前两方印的图文，都是采取朱文或白文统一的表现形式的话，那么此印则是以白文的印文与朱文的肖形构成有机的艺术形式，肖形超越常规的印式之外，不能不说是此方肖形印的独到之处。

四、以图射文，巧设隐谜

现代篆刻大家中，来楚生不愧是肖形印创作的高手，他一生创作了大量的肖形印，他的创作自秦汉出，而又不落俗套，大胆革新，另辟蹊径。他刻了大量的佛像，取法北魏石刻艺术，意趣高古，开拓了肖形印的表现题材。同时还创作了相当数量含意深邃的肖形印，即以图射文，每一方肖形印隐含着一个特定的含义。故有人称他这部分创作为"印谜"。

"弓马"印，款式取古玺的外形，使印面的肖形集中突出。马与弓形成强烈的矛盾冲突。此印所射的是杜甫的名诗。杜甫有诗云："挽弓当挽强，用箭当用长。射人先射马，擒贼先擒王。杀人亦有限，列国自有疆。苟能制侵凌，岂在多杀伤。"形简意赅，令人琢磨回味。若无一定的文学修养，则是很难把握的，好在来楚生在边款中有提示："负翁（楚生）拟杜子美诗意。"

"提鱼沽酒"印，射的是宋人的一首诗。此印为一位孤独渔翁，手提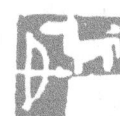

肖形印弓马

鱼与酒壶，双手一垂一张，举鱼自赏，作无可奈何状，根据印面肖形的分析，我们会联想起宋代郭祥正的《西村》诗。此诗云："远近皆僧刹，西村八九家。得鱼无卖处，沽酒入黄花。"印面虽然只字全无，当你猜出他所刻画的是郭祥正的诗时，默诵《西村》，也就更感到诗意的形象之深刻。

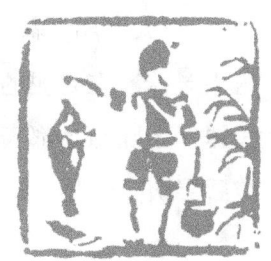
肖形印提鱼沽酒

五、肖形封泥，奇丽多趣

古代印章并不是盖在纸上的，而是多用于封泥。作为肖形，虽然没有像文字那样的信凭作用，但肖形印则能取得奇特的妙趣。

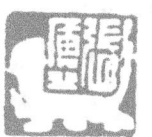
肖形印张卢

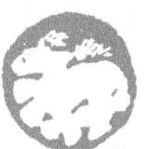
肖形印鹿

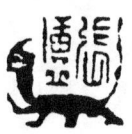
封泥拓片

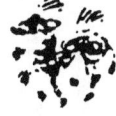
封泥拓片

肖形印"鹿"与肖形私印"张卢"，都是兽之肖形，从盖在纸上的效果来看，兽形都成满白，而且形态已显得臃肿。如果把这两方印盖在"泥堉"上，然后再加以精心地拓下来，那么就使人刮目相看了。"张卢"印的异兽，就产生出生动的形象，丰富的节奏变化，跌宕起伏，其"目"、"角"的处理清晰明朗，目中点睛，神态毕现。"鹿"的肖形印拓片，细节的刻画也精致入微，身上点点梅花斑纹，以及脚的关节与足蹄，这在白文的印蜕中是无法见到的。

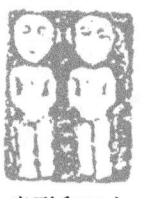
肖形印双人

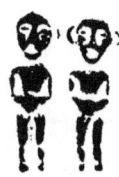
封泥拓片

"双人"印，盖在纸上的白文形象与封泥拓片的效果，也大相径庭，无疑，拓片更耐人寻味。在封泥的拓片中，人物的眼、鼻、嘴、耳，都惟妙惟肖，最有趣的是脚的大腿、小腿与足都表现得细腻而生动。尤为奇妙的是，我们还可以感受到人体各部的前后层次变化呢。

　　由此可见，欣赏古代的肖形印，还存在一个方法问题。仅用印泥盖出的效果，还未能充分体现肖形印的艺术性。取封泥与其拓片，是欣赏肖形印最佳方法。古代肖形印大多是铸造而成的，肖形印的图案，并不是一个简单的平面外轮廓，而是先塑制成半立体的袖珍浮雕形象，然后加以浇铸。成印后的肖形印，实际上是一个凹模，当它盖在"泥埴"上，就留下了一个精致的浮雕形象，各部的细节都以半立体的形象显现出来。从而我们就可以得知，古代肖形印的应用和欣赏的方法。还可以发现古代肖形印，与明清以来的肖形印，无论在制作，还是在欣赏等方面，都存在根本的差别。

第十章 篆刻边款天地宽——篆刻艺术的边款美

　　边款是明清流派篆刻艺术的重要组成部分，它的产生，是秦汉古代篆刻艺术的一个重大发展。明清以前，边款在篆刻中还没有它的艺术地位，特别是在秦汉时期，印章的边款根本还没有出现。篆刻的边款，极大地丰富了篆刻艺术美的内涵，在现代篆刻艺术的发展中，更显示出它无穷的艺术魅力。

　　篆刻边款的形成和发展，有多方面的因素。从古代器皿的角度来分析，特别是就古代青铜器习惯作铭文而言，篆刻艺术的边款，可视为我国古代器皿款识铭文形式，在新的历史条件下广泛应用的一种表现。

　　款识，是古代器皿铭文的统称。（《汉书·郊祀志》中记载："鼎细小又有款识。"）如果加以具体的区分，那么"款"与"识"是两种不相同的文字表现形式。其区别，关键在于阴阳的表现方式不相同，阴文的称"款"，阳文的称"识"。方以智在《通雅》中谈到："款是阴字凹入者，识是阳文挺出者。"此外，还可以根据文字器皿上的不同位置，区别款与识。《博古录》中载有："款在外，识在内。"器皿款识的基本内容，主要是记载作品制作的年代，制作者的姓名，制作的意图，以及其他有关的情况。印章的边款，从一定的涵义说来，就是款识铭文形式在印章上的应用，所以边款称"款"

而不称"识",这是与边款基本上都以阴刻文字为主有一定的关系。

篆刻艺术的边款,之所以在明清时期风行发展起来,这是与当时文人画的发展,强调书画、篆刻的结合,有着密切的联系。据唐代张彦远《历代名画记》记载:"桓温尝请(王羲之)画扇,误落笔,因就成乌犍牛,极妙绝。又书《犍牛赋》于扇。"绘画作品上热衷于题记,书画结合的表现形式,到了宋元时期就更加盛行了,至明清便蔚然成风。因此,明代文人治印,也不例外地好在作品上作题记,将印面未尽表达的感情,在边款中加以倾吐。文人治印,对于边款的形成起了决定的作用,并赋以边款极高的艺术价值。

篆刻艺术的产生和发展,有一个相当长的历史过程,并非为一人所创。远的不说,就以隋唐时期而言,当时官印的背部,就凿有印文的释文,刻有制作和颁发的年代、编号及有关的文字。如隋代官印"广纳府印",此印的背面就镌有"开皇十六年七月一日造。"明清以前的私印,凿刻边款也已相当成熟。如1971年南京江浦县悦岭宋墓中出土的"张同之印"、"野夫"两面印,它的四侧,都有排列整齐、字数相等的篆文边款:"十有二月、十有四日、命之曰同,与予同生"十六字。隋唐宋元时期的官私印边款,虽然在书法及文学等方面均无艺术性可言,但毕竟为明清篆刻艺术的边款美开了先河。

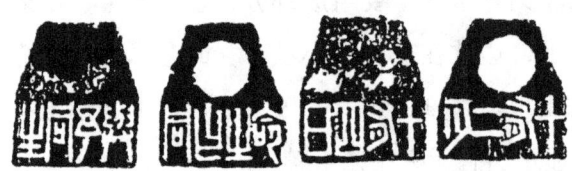

张同之印·野夫边款

欣赏边款的方法,与欣赏印面略有不同,边款是采用拓片的方法,将边款拓取下来;印面则是蘸印泥后盖在纸上,取得印蜕。前者的色彩为墨色,后者的色彩为朱红色。边款的拓片以墨色取悦人的耳目,边款拓墨有两种,浓墨的边款,墨色浓而光亮,故称"乌金拓",淡墨的边款,略带有浓淡的变化,颇多韵味。边款无论是浓是淡,与朱红的印蜕相映,便能取得色彩对比的艺术效果。

一、单刀双刀各具其美

篆刻边款奏刀,虽然与治印面有相似的一面,都是以刀法来表现文字的艺术美,但在具体的技法方面，各自都有独立的表现形式。边款的表现技法，也得从明代的文彭、何震说起。文彭和何震，不仅开创了篆刻艺术的流派，同时也开创了篆刻边款的表现技法。清代"西泠八家"之一的陈豫钟在"希濂之印"的边款中曾论及边款产生的情况："制印署款，昉自文何。"在"澄碧珍赏"印的边款中也谈到："刻章署款，始于石印之后，文何两家，署款之最著者。"但文何两人边款表现的方法，则是完全不同的。

A. 文彭双刀雍容华贵

文彭刻边款取双刀法。他先将所要刻的文字书写在印章上，然后根据书法笔意，用刀勒出字形。因为这种方法，一笔线条要往复在两边着刀，故称双刀法。文彭刻的边款，强调的是书法笔法的意趣，线条的提按顿挫，表现得淋漓尽致，所以其艺术效果，就更接近书写的实际效果。欣赏文彭所刻的"嘉靖丙辰立夏前一日，文彭篆"边款，可以领略到文彭边款的基本风格：字里行间，笔势连绵，气贯首尾，显得十分雍容华贵。

但文彭的双刀边款，毕竟是碑帖刻制方法在篆刻中的应用，故缺少创新的意识，对后世的影响并不大。

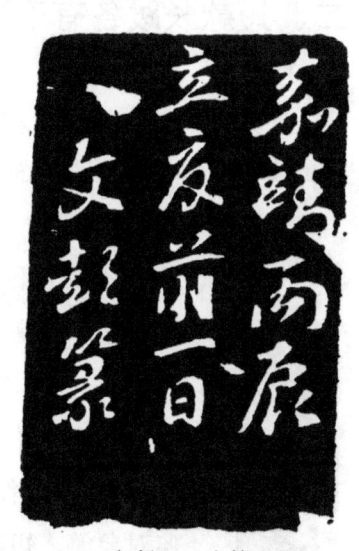

文彭双刀边款

B. 何震单刀雄悍激越

何震所作的边款与文彭相异甚大。他善于一刀入石留出一道笔画，故称单刀法。何震的单刀边款，较文彭的双刀法说来，具有许多方面的优势。首先是刻制的过程简捷得多了。何震刻边款，不用毛笔先作书写，而是提刀直接在印石上切刻。何况何震是一刀一笔，用不着双刀勾勒，故较之文彭的方法说来，何震真是事半功倍了。同时，更重要的是何震的方法富有强烈的创造意识。他不满足已有的碑帖勒刻的技巧，局限于毛笔书写的墨痕轨迹，仅仅去表现毛笔书法的原有效果，而是强调了以刀代笔，单刀镌刻的独特表现形式。何震所作的边款，粗看起来，毫不经意，但却回味无穷。这里刊出的边款："甲辰二月作于松风堂中。何震。"单刀落石，笔势清晰，铿锵有力。字形错落有致，毫无造作之意。欣赏何震的单刀边款，能使

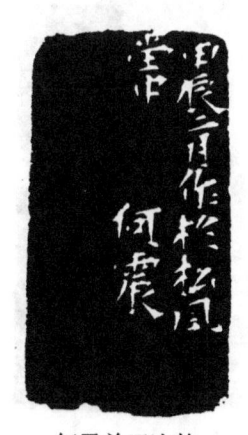

何震单刀边款

人感到强烈的北魏石刻的艺术气质,天趣自然,放肆无羁。所以他的边款表现技法,在篆刻艺术发展史上,具有更强大的生命力。他那雄恣激越、高古拙朴的边款美,对后世的边款技巧的发展,产生了巨大的影响。直至今天,举目印坛,边款的处理技法,其主流依然是承袭何震的单刀一路,足见他的贡献。

二、短款长跋各有千秋

印章的边款,文字长短是不统一的,因而没有一个固定的模式。一方面是由于所记的事有繁有简,另一方面是印石有大有小,所以边款的长与短就很自然地产生了。

A. 短跋边款四方取势

短款,又称短跋,也称冷款。款文一般两字至十余字。边款上仅仅刻上作者的名字,这可算是最短的一种边款了,也叫"穷款"。如西泠后四家之一陈豫钟治印,边款常刻"秋堂"两字,秋堂为陈豫钟的号。

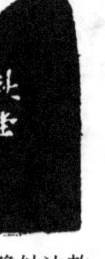
陈豫钟边款

一般边款所刻的内容,基本上有个规律,主要交待的通常是这样几个内容:作者、治印的时间、地点、为谁而作、为何而作,以及技法借鉴对象等。短款对上述的内容也未必作全部的说明。短跋边款虽然刻字不多,但由于作者的精心经营,往往能取得五彩缤纷的艺术效果。其中最能悦人眼目的,无过于排列的巧妙了。

有的边款以匀静典雅见长。陈鸿寿、陈豫钟的两方边款,都具有这一艺术特色。

陈鸿寿所刻的"曼生作于蘷凤堂并记"。九字的排列作匀等的布势,隶书镌刻,又增加了停匀感。横平竖直之中,波磔生姿,自然生动,取得了平整中又有起伏变化,故此印的边款,具有气势典雅宽博的艺术效果。

陈豫钟所刻的"癸亥十月八日灯下,作于倪氏之经鉏堂。秋堂。"款文单刀笔势清朗,亦取居中排列之势。字间疏密相距均匀,而字的大小变化则非常显明,无疑在整齐之中增加了抑扬顿挫的节奏感。

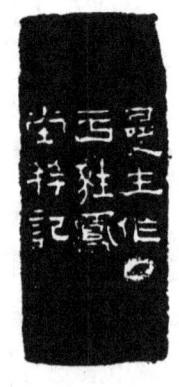
陈鸿寿边款

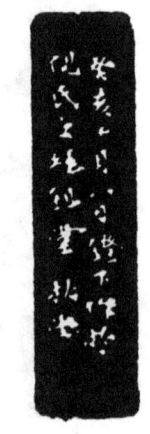
陈豫钟边款

赵之谦边款

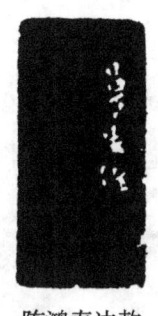
陈鸿寿边款

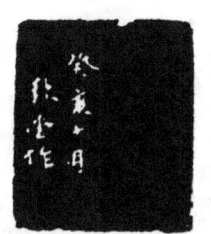
陈豫钟边款

有的边款则以取偏势而增加生动活泼的艺术感染力。作者刻边款,取位随意,或左或右,或上或下,这样就可以避免呆板的格局,使作品充满活力,这里展示的一组边款,都体现了这一艺术特色。赵之谦刻的边款,款沉印侧之底。文曰:"悲盦假汉凿印成此,壬戌。"虽然款文仅十个字,但细细观察就能发现,作四行排列的布局,奇妙之处,在于末行"壬戌"两字,一反直向的排列,易为横排,显然是急中生智之为,由于成功地把握了字形的大小与形态,故这一别出心裁的安排,取得了遒丽天成的艺术效果。

一般说来,取偏势的款文都比较短,如陈鸿寿所作的短款"曼生作",陈豫钟所作的"癸亥十月,秋堂作",分别居印侧之两边,都显得十分得体。反之,如果将此两则短款,亦移至中部,那么就会产生孤独之感,出现左右无可依傍的弊病。

此外,短款中还有一类以文字布局强调跌宕起伏而称著的。

赵之谦所作的边款:"少原仁兄属,悲盦。"款文随笔画的多寡而大小不等。同时,在基本以两个文字为一行的布局中,又能掺入一字排列,即"属"字独占一行,以求得变化。对此,如一味偏求统一,"属"字则可以扩组成"属正"、"雅属"等,然而赵之谦没有这样做。

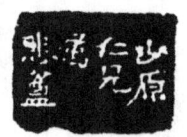
赵之谦边款

这是因为印石的整体为横宽的长方形,如果款文全部按其形势以两字一行经营,那么整个边款与其外形就出现单一形式的重复,势必导致平淡。故"属"字作一字占行,跌宕之势便强烈地激发人们的欣赏热情,成为扣人心弦的成功之举。

B. 长跋边款势如巨碑

边款中,有一部分作品字数长至数十字乃至数百字的,此类边款称长跋。长跋边款犹如一块袖珍碑石，有不少篆刻艺术家并以擅长刻制长跋边款而称著。清代中期的篆刻家杨澥且是刻竹高手，就曾成功地将数百字的王羲之《兰亭序》临刻印章之侧，并达到神完意足的艺术境地。值得称颂的是，不少大家以自己的艺术才智，通过铁笔奏刀，为印坛留下了无数光彩照人的佳品。其中邓石如是杰出的一位。

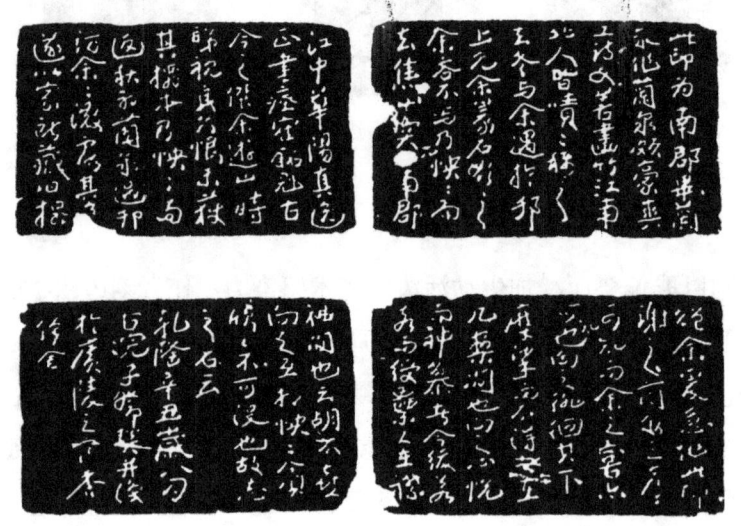

赵之谦边款

邓石如于1781年，曾为江南以画竹见长的毕兰泉作"意与古会"及"笔歌墨舞"巨玺两方。"意与古会"一印款文共五面，四侧记述了此印创作的经过。从款文中可以得知"意与古会"印是酬答之作。一年前，两人在邗上相遇，兰泉酷爱邓石如的篆刻艺术，一心希望能得他的作品，然而没有如愿。第二年再次相遇时，特地以《瘗鹤铭》拓本相赠。邓石如"急作此印谢之"。款文二百余字，记事抒情，洋洋洒洒；行、草相间，缓速交映，笔势贯连，一气呵成。邓石如书法凿成碑刻的甚夥，与此印边款相比较，各有千秋，而意趣盎然者，尤以印款为上。"意与古会"一印有此边款的点缀，则又平添了不少艺术韵味。

三、四体书法尽得风流

由于篆刻艺术家娴熟地掌握了铁笔，又能自由地驾驭各种书体的表现技巧，于是以刀代笔，使正、草、篆、隶等各种书体，在边款中都能得到尽善尽美的表现。特别是自赵之谦以来，印跋表现四体书法更是成绩卓著，体现出篆刻艺术的发展进入了新的历史时期。

这里刊出的赵之谦魏碑长跋边款，就是广为人们称道的传世珍品。款文为："余与荄甫以癸亥入都，沈均初先一年至，其年八月稼孙复自闽来，四人者皆癖嗜金石，奇赏疑析，晨夕无间，刻此以志一时之乐。"全文凑足五十字的整数，以每行作五字的等分排列，正好构成两个正方形的布局。由此可见，这也是作者深思熟虑、精心设计的结果。尤为难得的是，从其笔势体态的经营，到直线分割的排列方式，都活用了魏碑的格局。刀法的表现也具耀古开今的独创性。单刀切入，以刀锋的倾直，着力的轻重的不同，生动表现魏碑的笔势变化。取偏侧之势，自然地留下了清晰而凝重的三角形方整的笔痕；竖锋的钩刻，巧妙地表现了圆顺的长撇，于是字迹间方圆相间成趣，意在《龙门二十品》、《始平公》等碑之间，使单刀

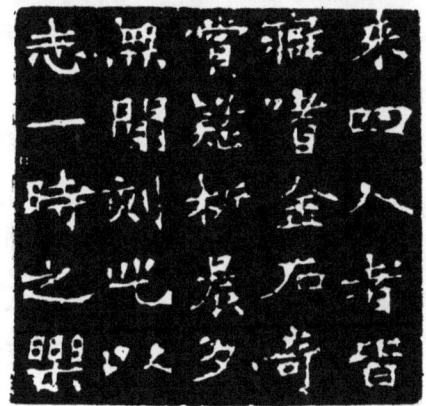

赵之谦边款

的切刻，体现了书法的运笔之美，达到了刀法与书法的完美统一。如果说，元代的赵孟頫用简易的笔法表现了楷书的意韵，那么赵之谦则用简易的刀法表现了魏碑的风采。

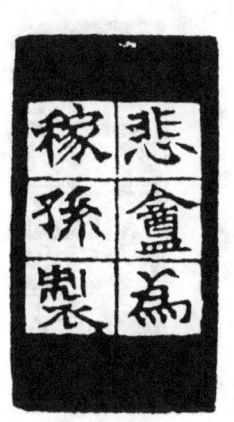

赵之谦边款

赵之谦还成功地开创了阳文边款的表现形式。他所作的"仁和魏锡曾稼孙之印"的边款，正是他阳文边款的力作。其款文："悲盦为稼孙制"，六字也取魏碑书体，布局险绝，纵横跌宕，瞬息万变，大有醉翁之态。作者的高妙处理，是善于取险绝变化为平夷。其方法主要有二：一是"接界"法，六字中须有"盦"、"稼"、"制"三字，以不同的位置，或左、或右、或下，分别与框界相接，求得依攀扶持。即使没有直接与框界接触的字，也以虚接而"有恃无恐"。如"悲"字，向左倾斜虽然十分强烈，然而正得到左界的格档而化险为夷。二是文字结体，倾斜与平正相互依

存。如"製"字，整体看来向左倾，特别是上半部右侧更为明显，但细细分析，就发现此字上半部的左侧则显得特别的方直，其下半部的"衣"部，也是十分中正。这样的处理，都起到了"缓冲"的作用。由夷入险，复化险为夷，便形成了波澜壮阔、惊心动魄的生动局面，不仅取得了魏碑的形，而且展现了魏碑的神。妙哉！怎么不使人发出如此的感叹。

吴昌硕篆刻艺术以浑厚朴拙、雄强高古的艺术风格而闻名遐迩，这一艺术风采，也表现在他的印章边款方面。吴昌硕作边款，挥洒自如，关键在于他注重运腕的技巧，在左右双手密切配合的同时，加上腕部的运转，就使刀刃能四面出锋。在此以前，作边款通常仅是"以石就锋"。黄易在一印章的边款中曾论及："握刀不动，以石就锋，如成一字，石必转动数次。"吴昌硕则强调腕的作用，无疑使刀的运转变化更能灵活自如，随心所欲了。故而吴昌硕所作的边款，开搏强劲，更能显示出磅礴的气势。他作的隶书边款"其安易持，其未兆易谋"，充分体现了汉代隶书凝重苍劲、醇重强实的遗韵。这九个字，结体取势平易方整，略带波势，毫无哗众取宠之意；字形大小参差，并加以左右偏奇，增加了体态的生动变化；框栏线条，取浑厚丰醇的艺术处理，不仅与文字的笔法取得了统一，而且垂向的框线与文字线条的横向取势，起到了对比的作用。从这一边款中看到了吴昌硕的隶书功底，他兼取《衡方》、《华山》、《张衡》诸碑与汉铜灯等铭文之长，熔于一炉，取得了古意盎然的艺术效果。

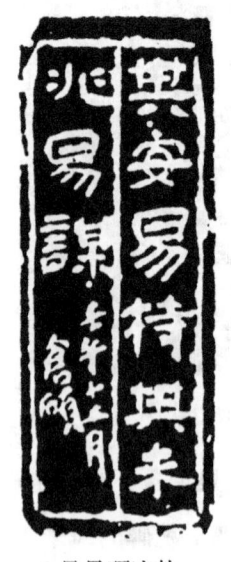

吴昌硕边款

吴昌硕的篆书边款，也体现了吴昌硕艺术上的创新精神。"归仁里民"印，所作的篆书边款，款文曰："归仁避鄗吴邻里名，亦里仁为美之意。壬午冬昌石记。"篆文二十又一，分作三行排列，富有装饰的意味。篆书取法《石鼓》，稍增长方取势，加上位置左右高低的变化，产生了众多的意趣。其运刀也圆融精到，笔画丰满，既具有石鼓文的典雅严谨，又不失《散氏盘》的恣肆生动。小小的一则边款，却成了吴昌硕篆书美的流觞。

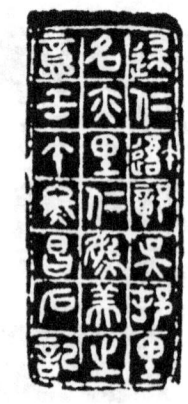

吴昌硕边款

四、图像边款形神兼备

明清以来的边款美,不仅体现了丰富多彩的书法美,而且由于篆刻家们卓有成效的创新,已开创出表现形象边款的新领域。在这方面,功绩最大的也要算赵之谦了,这尊佛像就是出于他的刀下。

"佛像"边款,是赵之谦寄托情思的精心之作。从这方印另三面的边款中可以得知,作品作于"同治三年上元甲子,正月十有六日",是为他的亡妻范敬玉及亡女蕙榛而作的造像。刻刀所至,无不是心血所聚。佛像造型简洁生动,静穆安详。粗略地看上去,是一幅对称的画面,但稍作仔细观察,就可以发现,佛像的形象没有一处是对称的。无论是头饰或面部,还是上身或盘膝,都作了精心的处理,使其充满了变化。其中头饰偏重于右侧,一笔随三角形帽巾斜出;盘膝则偏重于左侧,"S"形的曲线概括了盘膝的主体,这些在对称的基本形态中的具体而丰富的变化,蕴含了作者的刻意经营。这件边款的成功之处,还在于简静的形象与生动的线条形成强烈的对比,作者十分强调线条的粗细卷曲、流转离合的多种形式,这样处理不仅使形象变得饱满、耐看,而且刚韧的线条显示了弹性和力度,也增强了动感。

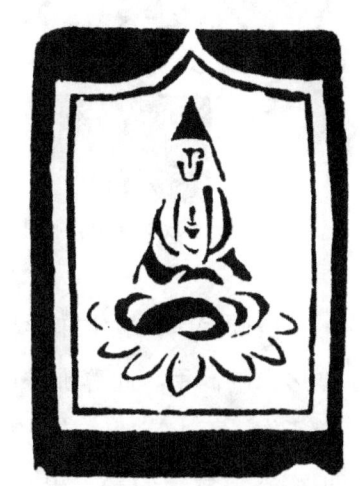

赵之谦边款

"杂技走马",也体现了赵之谦高超的造型能力。此边款即是"悲盦为稼孙制"一款的另侧。造型取法崇山少室石阙汉画像。对于古代画像,他既善于借鉴,又能食古化古,创出自己的新意。作品成功地塑造了一个杂技演员,倒立于奔驰的马背上。形象生动,简略处理中又有重点的刻画,马的装饰、人物的面目等一些重要部位,都表现得细致入微。前一款"佛像"以静为主,静中寓动。此一款以动为主、动中寓静,将画面简括成基本的线条,奔马的整个身躯,去繁存简便成平静的横线,倒立人物主体也是一根垂直的竖线,这样横平竖直的两根规则的主线,可谓"中流砥柱",无疑稳定了充满动势的画面。

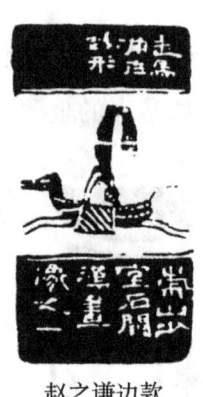
赵之谦边款

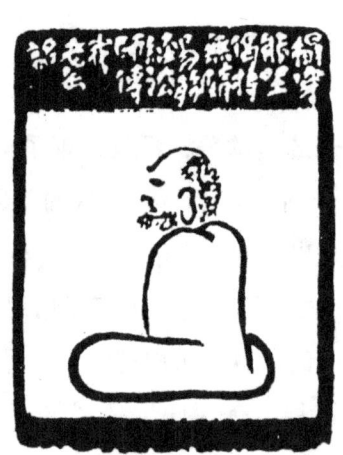
吴昌硕边款

吴昌硕治印，也常作形象边款，此佛像侧身造型，可察觉吴昌硕也不愧是一位作绘画边款的高手。此尊佛像风格与他的画风非常相似，粗枝大叶，豪迈奔放，较之赵之谦所作，更为简括，其疏密的对比，也更为强烈。整个盘坐的身躯，仅用三根线条，便把姿态完整地勾勒了出来。线条相互搭配，尤具匠心。两根垂下的线条，一宽一窄，一高一低；一根横卧的不封闭的圆线，右面截而使其促，左面纵而任其畅；垂线与底线交接的方式，左右横直也适得其反。正因如此，三根简单的线条，便形成内涵丰富的组合，体现了形式美的构成法则。此佛像成功之处的另一表现，在于身躯的简洁，与头部的繁稠形成强烈的疏密对比。以疏衬密，身躯的简括目的正是为突出头部的形象。佛像头部的处理，集中地反映了吴昌硕刀法的表现技巧。娴熟的刀法，强调了鼻的投影和嘴的起伏，这样成功地用虚的手法表现了鼻梁，用实的方法表现了下巴。同时，额部一笔，起笔圆重，接着简约捷速地取弧势勾出头部，就惟妙惟肖地把额部的突出与头颅光秃的形态都表现了出来。须发部分蓬松又带卷曲，更见吴昌硕散刀切琢的工夫。

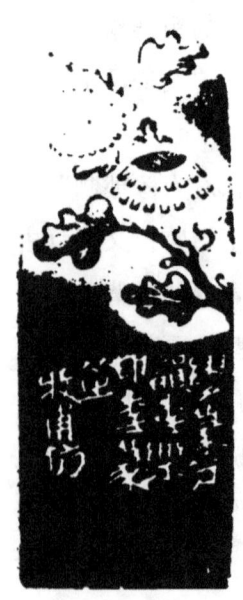
黄牧甫边款

聪明的篆刻家，除了自己刻琢形象画面边款之外，还有则借助原有印石的装饰雕刻，即所谓"借景"。这里刊出清末篆刻家黄牧甫作的边款，上面的一丛秋菊，经霜怒放，下面数行款文，参错成趣，图文浑成一体。"借景"的运用，大大丰富了边款的表现形式。

五、寄情抒情文采风流

欣赏边款，不仅在于文字刊刻的技巧，图像造型的艺术，还在于边款文字是否具有文采。没有文采的边款，很难吸引人去细读，回味就更谈不上了。欣赏篆刻家边款的成功之作，可以知道他们在文字上都作过一番推敲的。

邓石如的鼎力之作"江流有声，断岸千尺"一印，不仅印面使无数人倾倒，而且印章的边款，也一直为人称道。印面与边款一起欣赏，才能真正体会到邓石如篆刻艺术的真谛。此印的边款，写得情景交融："一顽石耳。癸卯菊日，客京口，寓楼无事，秋多淑怀，乃命童子置火具安斯石于烘炉。倾之，石出幻如赤壁图，恍若见苏髯先生泛于苍茫水间。噫！化工之巧如斯夫。兰泉居士吾友也，节《赤壁赋》八字篆于石，赠之。邓琰又记。图之石壁如此云。"

印文所谓："化工之巧"，实在是作者的才艺之巧。印石经烘烤而色泽变化，本是一种常见的化学现象，然而经作者丰富而奇特的艺术联想，却能构成一幅壮观的画面——"赤壁图"。进而又在苍茫烟水的江面上，见到了《赤壁赋》的作者"苏髯先生"。小小的印石间，构成作者驰骋万里的想象力。"噫！"作者的惊喜的兴叹，也使我们如见邓公其人，如闻邓公其声。欣赏如此充满情感、文采飞扬的款文，我们的心灵会产生艺术的共鸣。

联想起邓石如刻"新篁补旧林"，更能了解到款文中作者的纯真的感情。该印款曰："癸卯秋末，客京口，梅甫属作石印。如事时，风声、潮声、涛声、欸乃声与奏刀声，相奔逐于江。"寥寥数语，不仅交代了与制印有关的时间、地点、人物等事项，而且，使我们从中看到了邓石如创作时的激情。他的创作是情意熔铸的产物。富有文采的款跋，也帮我们在心目中塑造起一位可敬可亲的老人——邓石如。他，在数十年的漫长岁月里，以布衣、斗笠、草鞋、藤杖为伴侣，足迹遍及名山大川，对森林、河流、山岳、湖海有着真挚的爱恋之情。故而从这一意义上说，篆刻边款文字的内涵意境，较印面文字说来更为强烈、深刻和宽广。

蒋仁治"真水无香"一印，其边款也同样体现了文采美。其文曰："乾隆甲辰谷日，同三竹秋鹤，思兰雨集浸云之燕天堂，觥筹达曙，遂至洪醉。次晚归雪中，为翁柳湖书扇，十二日雪霁。老农云：'自辛巳二十余年来，无此快雪也。'十四日立春，玉龙夭矫，危楼傲兀，重酟一杯。为浸云篆'真水无香'印，迅疾而成……"从中可以得知，所谓"迅疾而成"，并不是突如其来的心血来潮，而是有着长时间的酝酿构思的过程。从燕天堂畅饮，到雪中晚归，从观玉龙夭矫，到重酟一杯，几天观览所得收获已经不少，画龙点睛三处，妙在老农的插话，点明如此景观见之不易。边款洋溢着作者丰富的情感，"真水无香"，更是情景交融所凝聚的结晶。

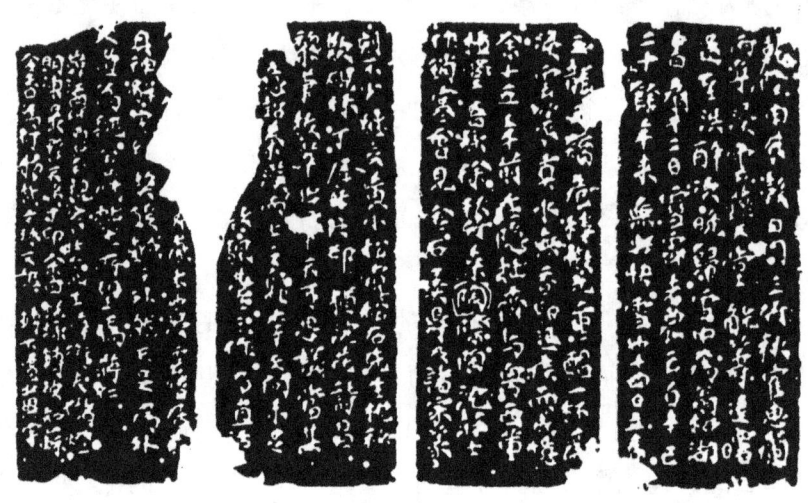

蒋仁边款

第十一章 龙腾虎跃 千姿百态——篆刻艺术的钮首美

篆刻的艺术还表现在印材的艺术加工方面。印材的艺术加工集中体现在钮首的雕饰上。印钮之称已沿袭了二千多年，《说文解字》中谈到："钮，印鼻也"，"钮，系也。"

钮首的产生最初是为了便于印章的使用，即用手抓取印章，然后将它印在泥上或纸帛上。如果没有合理的提取把柄，就很难取得理想的印面效果。印章有了印"鼻子"，不仅抓取方便，而且还可以系带佩挂。爱美之心，人皆有之，印章在实际的应用之中，人们对于仅便于提取，而不具观赏的印式是不满足的。于是很自然地将原有的印式不断加以美化，使之既实用，又美观，这样精美的钮首就产生了。

篆刻的钮首，随着篆刻艺术的发展而发展，至今也有二千多年的历史。钮首的雕饰也反映了不同历史时期的特定观念。战国时期由于诸侯割据，七国称雄，全国没有一个统一的制度，故而表现在篆刻的钮首方面，也丰富多彩，没有一个统一的使用规范要求。但是到了秦朝时期，不仅统一了中国的文字及度量衡，而且对篆刻的印式也有了统一的规矩。秦汉以来，历朝官印，可根据钮首的不同，来显示不同的爵秩。据《汉旧仪》所载："皇帝，玉玺虎钮，皇后，金玺虎钮，诸侯王，黄金玺橐驼钮，皇太子、列侯、丞相、太尉与三公、前后左右将军，黄金印龟钮……"

印钮雕饰，在美化印材的同时，也进一步使印式变得便于应用。因为有了动物形象的雕饰，就产生了印材的前后左右的方位区别，一般动物的头部居印章的正前方，以一目了然地辨认印面文字的位置。

明清时期石章的大规模的应用，也为印章钮首的雕饰提供了更为广阔的表现天地。由于石料较金、玉易于镌刻，所以钮首造型的题材就更广泛，雕刻技巧也更高超了。同时雕饰的表现形式也更加丰富。在立体圆雕的基础上，产生出了浮雕的表现技巧——薄意，即在印材的表面薄薄地刻上一层，把形象表现出来。这就不必把印材制成方正，而任其形状使一些珍贵的印材，如田黄等，制成精美的印材。

印章雕饰钮首，增加了篆刻艺术美的表现形式，但也不能因此而得出这样的结论，即一切印章都必须进行雕饰。因此雕饰过多，就有可能失去应用的作用。钮首美有其适度性，并不是雕刻得越复杂越好。有的印材，甚至也有不宜作任何雕饰的。如浙江昌化的鸡血石，不加雕琢反而能更充分地显示出它的斑斑鲜"血"。现代篆刻家邓散木曾专门论及："石之佳者，多不骈钮，恐伤其才也"、"今之庸工不解审择，信手而骈，无石不钮，石乃抱泣，欲求弃置湮埋于山下而不可得，真石裁也已！"这些论述不仅是对雕刻钮首的理论指导，同时也是欣赏篆刻艺术钮首美的重要原则。

一、简洁的线条造型

在秦以前的古代印章，造型简洁，有大量的线条构成的印式。其中最流行的直线构成印式，有台钮、覆斗钮；曲线构成的有环钮、瓦钮、鼻钮、桥钮；直曲两种线条组合构成的有亭钮、提梁钮、坛钮。

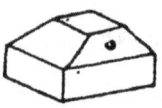 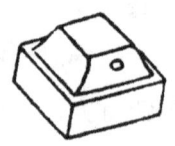 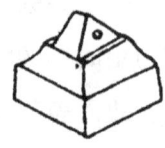

覆斗钮

线条构成的钮首富有节奏感，简洁的变化中寓有丰富的韵律美。

以上的覆斗钮，因其形如倒置量斗，故名，这是一种最简单的几何体造型。由于在向上收缩的过程中，采取顿折处理，于是就产生多种的节奏变化，使简单的造型具有丰富的几何艺术形象。覆斗钮的斜面，呈45度的坡面，也使简洁的造型具有稳定感和流动感。覆斗钮都有对穿的孔洞。此孔称"穿"，其作用是为了系结印绶。印章备有绶系，既便于随身携带，也便于盖印了。

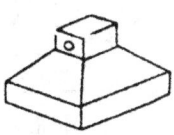 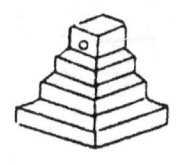 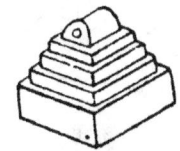

台钮坛钮

台钮、坛钮，是一种比较复杂的几何面造型，可视为覆斗钮的升华。台钮有一台、二台、三台的变化。坛钮的层次组合，尤为严密，最高一层为圆弧结构，方与圆的组合，使造型更具有韵味。

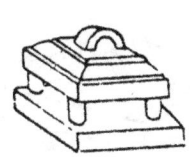 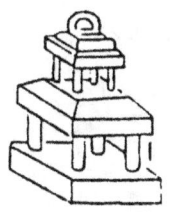

亭钮

亭钮，可理解为将多层的台钮、坛钮，通过四根圆柱将其分割组成。亭顶与四柱的圆转处理，上下层之间的四出相通，使稳重的基本结构，具有灵透舒达的艺术感受。

如果说前面提及的几组覆斗钮、台钮、亭钮等主要是以方直的几何线条构成方式出现的话，那么这里展示的是以圆弧的线条组合成的流动钮式。这三组钮式分别为桥钮、瓦钮、环钮。其中尤以瓦钮最具魅力。在方偏的印章顶上犹如一瓦置放，方与圆的相间映照，稳定中见流畅，使印身的静与钮首的动，配合得恰到好处；中间的透空，特别是瓦与印身的相接处，左右均向里内收，自然地形成了"蜂腰"状的构成，最得神韵妙趣。因而明清以来的篆刻家十分喜爱用石料模仿这种钮首，此种习好一直沿至今日。

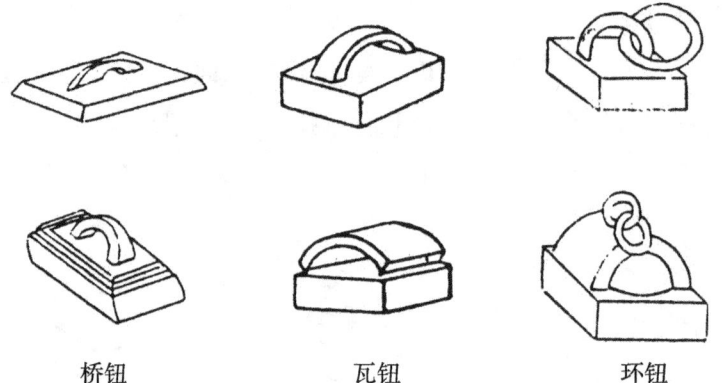

桥钮　　　　瓦钮　　　　环钮

二、生动的动物形象

印章钮首中最常见的是动物钮首。动物钮首在秦代就相当流行，并根据动物钮首的不同，以别其爵秩。

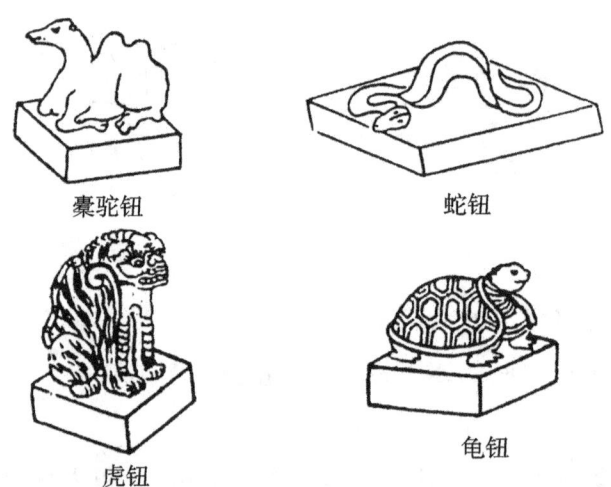

橐驼钮　　　　蛇钮

虎钮　　　　龟钮

古代动物钮首，质地取材基本都以青铜为主，造型丰富多样，形神并备，尤为难得。

橐驼钮，取形四足跪卧，头与峰的起伏，形成优美的曲线。这样的造型既充分表现了橐驼敦厚的秉性，又避免了笨拙的愚态。

蛇钮也是古代富有特色的钮首造型。蛇在现代人的心目中，它的形象很难引起人们的好感，然而欣赏古代铜印钮首，却是另外一种景象，无不为它生动巧妙的艺术造型而产生悦目的感受，蛇盘曲着身子，左右平势的弯曲和中间上下的起伏，不仅充分显示了蛇形的曲线美，而且也起到了便于提携的作用。

动物钮首的取形多少带有其象征意义，帝、后选虎作钮首，其意也在虎为"山兽之君"、"百兽之王"。虎钮的造型也都夸张其威武猛劲之态。

在古代应用最多的要数龟钮了。龟为"四灵"之一的吉祥物。在汉官印所授的龟钮最广，卫宏《汉旧仪》载："丞相、列侯、将军，金印，紫绶绶；中二千石、二千石，银印，青绶绶，皆龟钮。"动物套印也取龟钮的多。

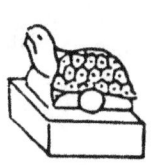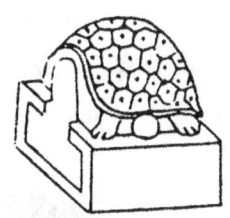

龟钮套印

明代石章的普遍使用，也推动了钮首的发展。古人有言："石则用力少而易就，则印已成而兴无穷。"在石上雕琢钮首，与铜、玉比较起来，当然没有如此坚韧。所以明清以来的钮首雕琢，无论在题材内容，还是表现技法方式都出现前所未有的发展。

三、别致的私印铜钮

秦汉时期，官印有统一的规定，而私印并无定制，根据各人的爱好可以自定造型，许多设计别致的钮首就在这种情况下产生了。

泉钮就是常见的一种造型。

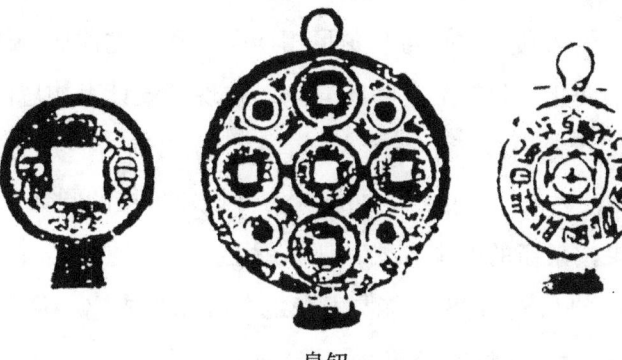

泉钮

泉钮，取泉币造型作钮，下面是印身。有以单个泉币的形式，也有以五个泉币组合的形式。泉币本身的造型十分优美，外圆内方的构成，具有非常强的形式美感，中间币值文字，如"五铢"等作点缀，使宽阔的边线与婀娜多姿的篆文，相互衬托，产生更丰富的线条变化。组合泉钮的顶并设有圆环，使整体造型更显完美。同时顶部饰以圆环，可以取得内外呼应，使大圆内的许多小圆产生"神游"四方的奇妙效果。否则，如果将此环取消的话，那势必产生拥塞冗繁的结局。另一种泉钮，是仅取其外形，中间经营吉语文字。虽然较前者说来，形式上难免有琐散之感，但它是印式上最早出现的一种款文，就这一点而言，确是具有非常大的意义。我们把它的出现，看作是篆刻边款之祖，想必也不会太过分吧。

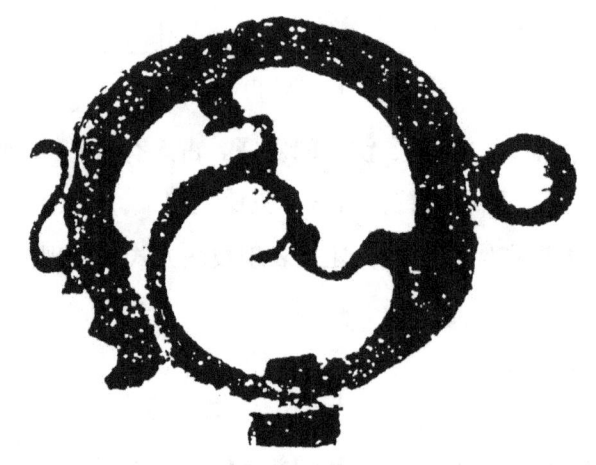

盘龙钮

盘龙钮，也是秦汉时期的私印钮式。这种钮式的造型也非常生动别致，钮首与印身的大小差异就更大了。钮首为一条盘龙，龙的首、尾、足的处理精妙绝伦。龙首与龙尾作正圆的交接，尾梢卷入中间与两龙足相连，使整条龙浑然一体，适合钮首造型的整体要求。其粗细变化，和内部空间的分割，体现了设计者构思的奇妙，由于尾梢与足的合理交接，使盘龙内部产生三个大小有别、组合有方、形态有趣的空间构成，仅这三个空间，就足使人们品味再三，回味无穷。此钮外接的圆环，没有饰制在顶部，也不是偶然的，如果按泉钮的处理方式，那么就会导致左重右轻，失去平衡。将它加饰在右面，就能与龙首呼应，特别是能与龙角的曲线相映成趣。龙头略低，右环稍高，在不失平衡之中，又产生逆时针的转动感，盘龙顿时活了起来。其制作的精美、构思的精妙，都能起到赏心悦目的作用。

四、灵活的巧色应用

印章的钮首的好坏，除了取决于设计的合理与制作的精到与否之外，还在于能否充分地利用印材的巧色。不同的印材都具有不同的质感、光泽、色彩和肌理等效果。如何充分地根据材料的特点，因材设计，便成为钮首制作能否成功的一个首要问题。特别使用石料作印材，这一点就显得更为重要了。

应用石料中，色彩变化最为丰富的是寿山石，一是品种，二是同一品种的石料，常常是红、白、黑、黄等诸色浑成一体，根据其色泽的不同，巧雕钮首，就能制作出品种繁多、千变万化的各种理想钮首了。常见巧色应用得好的钮首，不外有这样几种处理手法：

一种是区别层次。寿山等石料成的印章，由于色彩的变化，会产生或横或斜的层次区别。根据其色彩的不同和所占的比例的多少，就可决定以何色块作钮首雕头，以何部分作印身的安排。

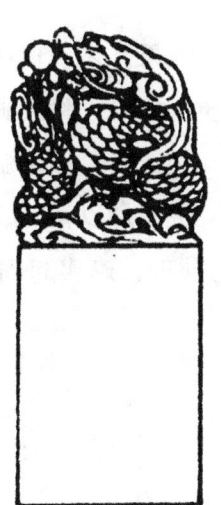 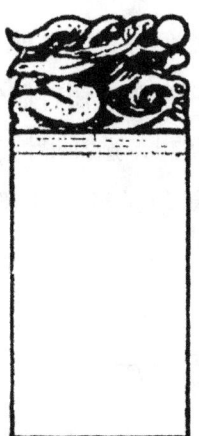

小色块处琢钮。这是最有效的定位方法。如红白双色相间的寿山石，其比例不等，总取比例大的色块作印身，比例小的作钮首，这样以多衬少的布局，无论是白的印身，红的钮首，还是红的印身，白的钮首，都能取得既突出钮首，又能增强印身稳定性的艺术效果。

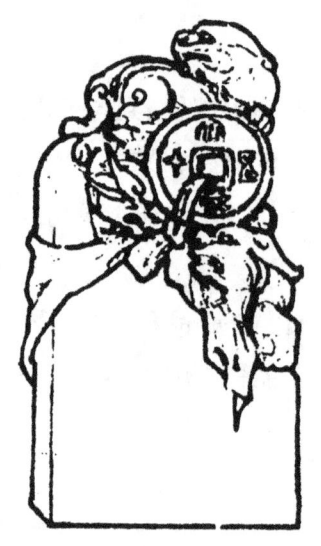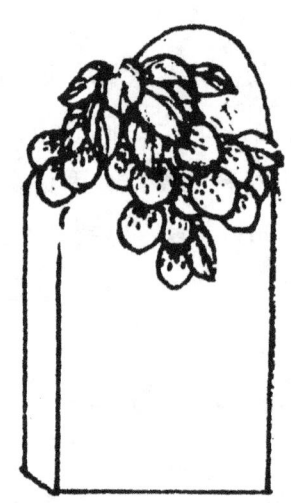

一种是随色琢物，就是根据石章所具的色彩，选择与其色彩相似的动物、人物、植物，加以巧妙经营。其中用寿山石刻琢瓜果，如荔枝、海棠等果子，简直能取得乱真的艺术魅力。

巧妙地利用石料的色彩，所取得的奇特的艺术效果，还表现在它能化疵为宝。不论哪一种石料，都难免有石疵，即石料中含有杂质。如果去除斑疵，那么就同时要打磨去大量优质材料。高明的钮首制作家，并不这样做，而是按斑疵的色彩、形态，广开思路，进行多种联想，选择最恰当的表现对象，进而加以精心雕制。利用疵斑精雕蟾蜍、蜘蛛、甲虫等便是经常见到的高明的巧色处理，确实起到了化弊疵为瑰宝的效果。

五、周密的薄意布局

薄意是明清时期出现的一种钮首雕刻技法，它的艺术形式与实际作用，已超出原有的钮首概念，即"钮，印鼻也"的提法。薄意已没有印鼻与印身的区别，而且使两者融为一体，在印材的四周全面进行浅薄的浮雕。

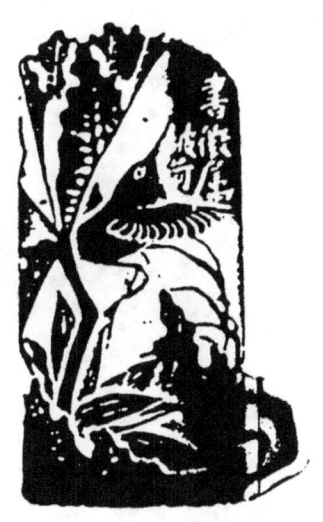
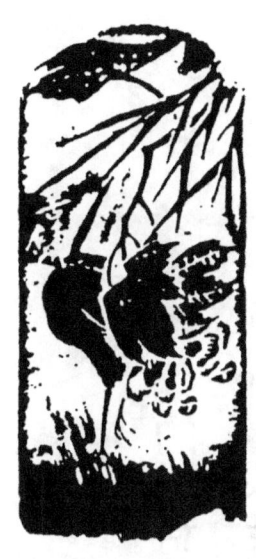

薄意是中国绘画与浮雕技艺的有机结合。以上两方为吴昌硕所刻的"葛昌楹印"与"书徵氏"两章的印材，便是"薄意"表现方式。表现的题材内容及构图形式，都体现了国画的格调，一幅"芙蓉白鹭"，一幅"荷塘白鹭"，虽然并非优秀的薄意之作，但拓出的效果较为清晰，取其为例，是为了便于了解。

薄意，多见于寿山石章。它的产生除了具有周密的画面效果之外，还在于石章作薄意处理，体现了节约材料的原则，使印材得到充分的应用。寿山石中优质的材料，价值昂贵，特别是寿山石中的田石一类价值更高，无论田石中的黄、红、白、黑哪一种，都高于黄金价格好多倍。如果将其加工成一定的形状的话，势必把大量的石料删除，酿成巨大的损失。如果仅将原石抛光，则又难以成器。所以人们就创造了薄意的工艺技巧，按照石料的实际情况，绘画山水、花鸟、飞禽、人物种种，经过薄意的雕饰，便能取得锦上添花的效果。

印章钮首的雕琢，也是一门艺术。明清以来钮首的雕饰空前发展，出现了不少杰出的专家，其中最著名的有清康熙年间的杨玉璇、周尚均等高手，他们雕制的钮首已被视为国宝，北京故宫博物院中均有收藏。一般除鸡血石以外，一方好的印章，都离不开钮首的雕饰，它能增加印章斑斓的色彩，生动的造型，特别是赋予生物以灵性而神韵溢荡。

第十二章 属天功自然文理——篆刻艺术的材料美

任何一种艺术品，都必须借助一定的物质材料，作品的艺术价值，往往受有关材料的质地价值和观赏价值的影响。象牙雕刻所以高贵，除了有精湛的雕刻技巧之外，就在于象牙材料的珍贵，以及其质地的细密坚韧、色泽的脂润光洁。如果象牙不具备这些特点的话，那么技艺高超的雕刻家，是决不会觅它作为雕刻材料的。篆刻艺术家的刻印选材，大凡也是这样。一方具有欣赏价值的上乘材料作印材，再配以精湛的篆刻技艺，犹如锦上添花。所以，篆刻家或篆刻收藏家都十分注重材料美与篆刻美的统一。

篆刻艺术的取材，非常广泛，各类物品几乎都可以被选作印材。金属类的，有铜、金等；矿石类的，有水晶、玛瑙、翡翠及各种石料；动物类的，有象牙、牛角等；植物类的，有黄杨木、竹根等等，此外还有人造的材料，如有机玻璃等等。不同的材料具有不同的光泽、色彩和肌理效果。或晶莹温润，或斑斓耀目，或纯净明洁，或五彩缤纷，各具特色。

在众多的材料中，作为最理想的材料，要数叶蜡石一类的石料。古代篆刻材料以铜、玉居多，并以玉为贵，所以长时期来一直是贵玉贱石。至元明之间石章的崛起，叶蜡石才得到充分的开发。好的石章，其价格已大大超过玉的价值。叶蜡石分布极广，除了名闻遐迩的福建寿山石、浙江青田石之外，广西的绿川石、辽宁的赤峰石、山东的莱州石、内蒙古的巴林右旗石等都属于叶蜡石类。在同一地区产的叶蜡石中，又具有不同的品种。以浙江青田石而论，有红、青、黄、黑等不同的颜色，因此，产生的艺术感受也不同，名品有竹叶青、老虎花、桃花红、紫檀花等，其中尤以灯光冻最为著名。灯光冻早在明代便已贵于玉。明屠隆《考槃余事》中谈到："青田石中有宝洁如玉、照之灿若灯晖，谓之灯光石，今顿踊贵，价重于玉，盖取其质雅易刻，而笔意得尽也。"故而材料的广泛而众多，色彩的丰富而艳丽，光泽的晶莹而光润，肌理的离奇而幻变，构成了材料美的无穷魅力。

篆刻的材料美的发现，需要人们的劳作。"玉不琢不成器。"最珍贵的田黄石，本产于福州市北郊四十公里的山村水田间。没经加工的田黄石，只是一块泥石而已。未经打磨的再好石料，也难见其"庐山真面目"。因为毛糙的石料，表面呈灰白色，没有光泽，也不透明，光线照射在高低不平的石面上时全被吸收了，使固有的石质和色彩得不到充分的反映。所以只有经过精心的打磨，使其光洁细腻，其固有的肌理、色彩、质地才能鲜明夺目地显示出来。

一、奇妙的肌理

印材的肌理，就是指石料中呈现的自然纹理。石质材料的肌理图像，是石材在地质变化过程中，不同色彩的岩液流动交溶在一起产生的。这种凝固之后的色彩与形态，就成为变幻无穷的肌理迹象。

品评优质的石章，常以肌理图纹作为十分重要的标准，许多名品就是以肌理效果而命名的。寿山石中的"鱼脑冻"，所以取"鱼脑"命名，正由于在透彻的石质中间，呈有类似鱼脑状的圆团，重叠分布，若隐若现的原故。浙江青田石中的"冰纹封门"也因其肌理图纹而得名。冰纹封门产自封门坑，石多裂纹，经过长时期的摩挲，原有的石纹的颜色逐渐加深，成为紫酱红，随着时间的推移，裂纹组成巧妙的网络，以冰纹名之，就十分富有诗意。

石章的纹理，斑斓多彩，千变万化，归纳起来主要有这样几种类型：一种是球状肌理，有的似葡萄晶聚，斑斑点点，鱼脑冻就是这一类。一种是波状肌理，不同色彩、浓淡的石质交流，如水波荡漾，云霞飞流。还有一种是线状肌理，或粗或细、或隐或现。

石有纹而贵。同一块好的石章，有没有肌理图纹，观赏价值大不相同。石章中最珍贵的是田黄，素有石中之王的美誉。乾隆皇帝曾取此石治印，故田黄享有"印帝"之尊。田黄亦称阗黄、填黄。它产于福建寿山乡的山间水田中。田黄除了橘皮黄的色彩和明净透明的质地之外，就在于田黄具有特殊的肌理效果。俗语说，"无纹不成田"，"无皮不成田"，"无格不成田"，都是强调了肌理的重要性。田黄之璞者，有虾蟆状的皮纹，细洁润密。透明的石质中，有萝卜丝纹或橘瓣格纹的肌理，这种别具一格的皮纹、丝纹、格纹，成为鉴别真假田黄的标志。如果不具上述的某些特征，那么就不是真的田黄了。由此可知肌理的观赏价值与经济价值了。

石章的肌理还贵于妙用。篆刻中应用较广的有对章，对章不仅要求尺寸大小一致，雕钮对称，更重要的还应是石章的肌理对称。前两点是比较容易做到的，而最后一点即肌理图纹的对称，却不易做到。肌理不对称的对章总显得美中不足。巧匠制对章，则长于巧干，他先备以一块具两方章的石料，作成其方整，然后中间对剖，遂成对章。这样剖割出的石面，便具有完全对称的肌理图纹，再加以雕琢钮首，就制成完美的对章了。以此对章敬贺新婚，其意坚贞如石。

自然文理属天功，天功之美妙无穷。篆刻艺术的肌理美，就贵在天然之为，遂成灵章。老子有云："道之尊也，德之贵也，夫莫之爵，而恒自然也。"不以人为的这种自然的肌理效果，便是篆刻艺术材料美的精华之所在。

二、艳丽的色彩

世上万物，由于物质构成的差异，对太阳光的吸收程度的不同，便产生各种色彩的变化。印章材料的广泛性决定了印章色彩的多样性。其中色彩变化最为丰富的，也要数叶蜡石了。我们从一些石料的名称，就可以感受到：如青田石中的"竹叶青"、"红木冻"、"墨青花"、"蓝花钉"；寿山石中的"艾叶绿"、"玛瑙红"等等，真可谓赤、橙、黄、绿、青、蓝、紫，无所不有。不同色彩的相互调和，又产生更复杂的变化景象。把不同色彩的石章放在一起，就形成天然的五彩缤纷的调色盘。由于天然所成，所以无论雪白、火红、碧绿、金黄，都能取得丽而不媚、艳而不俗的艺术感染力。

印章中色彩最艳丽的要数"鸡血石"了。鸡血石，产于浙江昌化。有水坑、旱坑之分。水坑质地细腻，旱坑则坚燥，并多砂钉，难以奏刀，人称"水门汀"（水泥）底。鸡血石的优劣主要是以色、底的情况不同而定。品优的"鸡血石"印章各处是鲜红的"血迹"。四面有"血"的，则次一等，仅两面、或一面的更次之。"鸡血石"光有"血"还是不够的，底的好坏也是重要的因素。底以"羊脂冻"为最佳。"羊脂冻"白如玉，晶莹呈半透明。"羊脂"衬"血"，色彩对比最逗人喜爱，不由得使人联想起唐代吴融所作《红白牡丹》诗："不必繁弦不必歌，情中相对更情多。殷鲜一半霞分绮，洁澈旁边月飐波。"

"鸡血石"也有乌冻底的，虽然它比不上"羊脂冻"，但有时色彩相间得当，也能取得意外的良好效果。如羊脂冻、乌冻相交为底的"鸡血石"，白、红、黑三色形象地构成"刘关张"的，被列为珍品。

除浙江昌化产鸡血石外，内蒙古也产有鸡血石，只是鸡血斑不如昌化产的那样凝聚，显得分散而成水流状。

鸡血石做假的甚多，数十年前，便有人用水泥杂以洋红等色彩作伪，这样加工成的石章，如不用刀试刻是很难识别的。如今科学昌明，用树脂一类的材料加工成的"鸡血石"，更为逼真，这就要注意防止受骗。

印石中红白黄绿，虽然色彩丰富，但黑色的石料则比较少。于是为了色彩搭配上的需要，使质地不佳的楚金石有了一席之地。

楚金石，乌黑油亮，雕制有钮首的印章，点缀众石之间，虽不被视为珍璧，但在色彩的相映之中，也不失雅趣。据记载，楚金石是一种二千四百多年前就被开发的石料，并被利用雕制工艺品。因为石料产在湖南一带，当年是楚国的所在地，于是就取名曰"楚金"。就其质地分析，是没有什么可取之处的，其学名为"钙性黏土板岩"，其中含有15%的炭质，故呈黑色。此石在湖南湘西，广布于山间。正是特殊的黑色，使楚金石得宠。

石质的色彩艳丽，虽属天功，但人为的作用也是不可忽视的。邓石如刻："江流有声，断岸千尺"，其创作动机的激发，正是由于人为的作用，使印石变色所致。为此邓石如在此印的边款中作了记述:"一顽石耳……乃命童子置火具安斯石于洪炉。顷之,石出幻如赤壁图……"

加温不仅可以使一般石料变色,即使对玛瑙一类的玉石,也可产生色变。天然的红玛瑙比较少,而市场上我们见到的红玛瑙,便是在加温的情况下取得的。这样做的目的,正是为了追求一种妍丽的色彩。

三、古朴的斑蚀

篆刻材料,经长久的风化、腐蚀,以及碰击,会产生斑斓剥蚀形迹,这正是耐人寻味的金石气。这种古朴的艺术趣味,体现了篆刻材料美又一表现形式。

篆刻材料的斑蚀古旧美,集中表现在古铜印上。秦汉时期的古铜印,通体呈暗褐色;凸出的部分,由于受到摩擦,铜的本质得到充分的显现,金光灿灿;深凹部分,由于受湿气氧化的作用,产生鲜艳而又沉着的铜绿色。天然的剥蚀与人为摩挲,使古铜印的文字线条粗毛与光洁相交成趣,增加了苍茫挺劲的气息。

石质材料,虽然坚实,不像铜质材料那样容易被腐蚀,但在物理作用的碰击下,较铜印更易产生斑损的古朴美,同时,石质经风化与长期把玩,色泽也会明显加深,明末清初时期的冰裂纹印章,就是长时期油污的浸入,使原来不明显的裂纹不断增深,最后形成紫酱红的肌理网络纹。

其他竹质、木质的印材,经过长期的把玩,人体汗水的影响,色泽会不断加深,变成通体暗红,其中有些脉络色彩特别明艳。石质与竹木质产生的这种变化,俗称"包浆"。

总之,不论哪种材料,经过长期的化学与物理的作用,所产生的古朴斑蚀艺术美,是新材料所不具备的。

具有古朴美的篆刻材料,我们不能依托前人为我们留下,于是材料的仿古术也就产生了。它使新的材料能产生古朴斑蚀的效果。

仿古术并不是现代人的创造,由于对古朴美的爱好,所以在古代已有人模仿更古时代材料的古朴效果。从实物来分析,这种仿古术已有千年以上的历史,就玉器而论,其始于宋,盛于明清,并已形成独特的美学标准和完整的"致残"、"烧古"等一系列技巧。

清代著名的仿古大家姚宗仁,他得祖传淳炼染玉之法:"钟氏染羽,尚以三月,何况玉哉！染玉之法，……，时以夏，取热润也；炽以夜，阴沉而阳浮也；无溃无瑕，谓其坚实难致入也，乃取金刚钻如钟乳者，密施如蜂虿，而以琥珀滋涂而渍之。其于火也，勿烈勿熄，夜以继日，必经年而后业成。"这样仿成的古玉，具有"毳其采，绀其色，而璘璘，其文者骤视之，若土华剥蚀，炎刘（汉代之别称）以上物也。"篆刻材料仿古的技巧，实际也是从这类仿古术中演变来的。由此也可知人们对古朴之风的尚好。

篆刻材料仿古通常是采取"熏"、"煮"、"染"等手法，使之具备"土华剥剥"的古朴美。

熏，使用勿烈勿熄的暗火，使材料加温，让物质内部产生化学变化，改变原来的色彩与质地。同时暗火中产生的烟雾，含有焦油一类的物质，其吸附性、浸透性极强，经过长时期的熏烤，能使材料外表染上一层棕褐的古旧色彩。如玉等坚硬之物则需"经年而后上成"，如果急于速成，那么表面看上去，也有一层旧气，但不能浸透到内部。古人把这种"欲速而毋容待"的，比作"与圬墙又何以殊哉"？只有火候到家，材料表里应合，才能得浑朴古淳的效果。石、玉及其象牙等都可以采取熏的方法，加速其古化。

篆刻材料的熏色，并不复杂，取木屑、烟香之类，使之点燃，上架铁网，将印章材料放在上面，为了使烟雾集中，需在四周封围，形成"烟室"，让材料一直处在浓烟弥漫之中。熏烟过程中，应不时翻动材料，使其均匀受到烟染。

煮，选用中草药和化学品，加水与篆刻材料一起煮烧，加料烧成的汁水，为棕褐色，由于配料比例的差异，便可以模仿不同材料、不同年限的色泽变化。欲求较深的古色，可以反复煮烧制。

染，即用化学原料配制成需要的色彩，将材料浸泡其中，使其表面染上某种色彩。最简单的方法有用高锰酸钾溶液浸泡的。但染色的方法一般效果都不太理想，因浸透性差，易变色，故不能长期保持，也容易露出破绽。

做旧的技法，常常可以组合进行，如冰纹石章，可先用火烤，使其产生龟裂，然后用药水煮，使裂缝中透进颜色。于是就能取得古朴淳郁的冰纹效果。

总之，新的材料，不论是哪一种，都具有不同程度的火气，适当的加工，虽不能达到真古董的价值，但毕竟能起到除火气、增逸气的艺术效果，这对追求篆刻艺术的完美性说来是必不可少的。

结语

　　篆刻艺术美的形式表现是多样的，前面虽然谈了十二个方面，但依然是一个概况。因为篇幅的限制，每一个方面尚不能谈得周详。仅以材料美而言，离开了具体的实物，或彩色图片，是很难表达清楚的。同时，篆刻艺术美的有些方面也还没有涉及。如印面的色彩美，由于印泥的古今制作方法的不同，印泥的品种的不同，以及应用的场合的不同，钤拓出的印蜕便产生不同的色彩效果。又如两方或两方以上的不同数量的印章组合就会产生不同的效果，同样是几方优秀的作品，如何组合，效果是完全不同的，组合得好能锦上添花，组合得不好，便相互抵消，于是篆刻艺术的组合美也成为一个相当重要的课题。由此还可以引申出篆刻艺术的印谱美，总之篆刻的艺术美，可以从宏观和微观的两个方面，不断地加以分析，便能不断有所发现。

　　此外，重要的是，对艺术品的欣赏难以以统一的语言作交待。因为任何一件成功的艺术品，给予人们美的启示是多元化的，何况艺术的欣赏要受到时间、空间与欣赏者自身因素等方面的限制。故而对篆刻艺术作出欣赏，只能从某一方面取得强烈的感受，而难以全面地洞察其真谛。确切地说只能是一家之言，对初学者也只能起到某种启示的作用。艺术欣赏是一门学问，出现谬误是常有的事，所以谓之"抛砖引玉"，倒并不仅仅是一种客套，作为欣赏者取得的收获，更不能越俎代庖，代替他人在欣赏中的感受。艺术欣赏还有其特殊性，常言道："只可意会，不可言传。"有些感受也确实很难用语言来表达清楚。

篆刻艺术的欣赏，也是发展的。首先受到篆刻艺术发展的直接影响。如果篆刻艺术，只有秦汉而无明清，只有铜铸而无石刻，那么它的欣赏趣味也就没有如今这样丰富了，夏虫不可语冰，对于现代的篆刻艺术的意趣，古代再高明的欣赏家，也难以作出评点的。同时，篆刻欣赏还受到其他方面的影响，如科学技术的发展，无论从宏观还有微观方面，都把艺术欣赏引入奇异之境。例如现代的印刷技术，使我们有条件收集天下的篆刻名作，便于我们综合分析；现代摄影放映技术，又能使篆刻作品放大数百倍，便于欣赏每一个细节的刀迹变化。种种的奇特的效果，就可以依赖现代科学的方法或手段取得。在这方面正有待人们去探索，谋求更好的欣赏方法。

总之，篆刻艺术的欣赏，也是一种艺术，需要我们用开拓的目光进行多方面的努力，以提高我们的欣赏水平，从篆刻作品中获求更多的美的享受。而对于篆刻者来说，还要从中吸取艺术创作的养分，以求得创新，获得发展，并不仅仅是为了欣赏而已。

图书在版编目(CIP)数据

篆刻自学与欣赏/汤兆基著.—上海:上海书店出版社,2015.10
ISBN 978-7-5458-1171-1

Ⅰ.①篆… Ⅱ.①汤… Ⅲ.①篆刻—技法(美术)②篆刻—鉴赏—中国 Ⅳ.①J292.4

中国版本图书馆 CIP 数据核字(2015)第 239460 号

责任编辑　杨柏伟
技术编辑　丁　多
封面设计　杨钟玮

篆刻自学与欣赏
汤兆基　著

出　　版　上海世纪出版股份有限公司上海书店出版社
发　　行　中国图书进出口上海公司
版　　次　2015年10月第1版
ISBN 978-7-5458-1171-1/J.314